"一带一路"民间文化探源工程

邱运华 总主编

祈风沐雨

——海上丝绸之路与八闽文化调研文集

曾章团 主编

学苑出版社

图书在版编目（CIP）数据

祈风沐雨：海上丝绸之路与八闽文化调研文集 / 曾章团主编 . — 北京：学苑出版社，2023.9
　ISBN 978-7-5077-6757-5

Ⅰ.①祈… Ⅱ.①曾… Ⅲ.①海上运输—丝绸之路—调查研究—文集②文化史—福建—调查研究—文集　Ⅳ.① K203-53 ② K295.7-53

中国国家版本馆 CIP 数据核字（2023）第 179773 号

出 版 人：	洪文雄
责任编辑：	杨　雷
出版发行：	学苑出版社
社　　址：	北京市丰台区南方庄 2 号院 1 号楼
邮政编码：	100079
网　　址：	www.book001.com
电子邮箱：	xueyuanpress@163.com
联系电话：	010-67601101（营销部）、010-67603091（总编室）
印 刷 厂：	北京建宏印刷有限公司
开本尺寸：	880 mm×1230 mm　1/32
印　　张：	13.75
字　　数：	313 千字
版　　次：	2023 年 9 月第 1 版
印　　次：	2023 年 9 月第 1 次印刷
定　　价：	60.00 元

"一带一路"民间文化探源工程

编委会

总 主 编 邱运华
副总主编 吕 军
执行总主编 王锦强
编　　委 孔宏图　张礼敏　吴维敏
　　　　　　程　溪　王皓如　吴晓凤
　　　　　　尚光一
本书主编 曾章团

总　序
开通大道，走向世界

"一带一路"成为中国式发展理念——"世界不同民族和不同国家文明互通互鉴"的代名词。"丝绸之路"，这个由德国地理学家李希霍芬在其地理学著作里提出的术语，获得了从未有过的崇高荣誉。李希霍芬是自然地理学家，总体来说他不太注重人文和社会地理因素而偏重于自然地理，但这一学术倾向并不妨碍他在《中国》（1877年第一卷）一书中叙述大量的人文和社会元素与自然地理之间的关系。他把《汉书》、马里努斯、扎勒密简要点及的中亚大道——贯穿现在中国新疆与中亚、西亚阿拉伯世界腹地的道路，用"丝绸之路"这一术语表达出来。尽管他更多地使用"交通""道路"这样的术语，而不是诗意性的"丝绸"，甚至"丝绸贸易"这样的术语。现在想来，李希霍芬看重的"交通""道路"，未必离得了人与社会。我以为，"交通"和"道路"更为精确地表达出地理学家李希霍芬的真实意图。

"丝绸之路"在本质上是古代中国走向世界的一条通衢大道。当然，这样性质的大道不是只此一条。

古代中国走向世界的道路有很多条，每一条都充满艰险与神秘。但是，中华民族祖先血液里流淌着探险冒险的基因，他们走向未知领域的勇气巨大无边。西部的戈壁、沙漠阻挡不了他们的雄心，北部的无边草原、沙漠和森林也不能阻挡他们。张库大道从张家口经由包头可以直达乌兰巴托（旧称"库伦"），有人认为：张库大道作为贸易之途，大约在汉代已经开始，出现茶的贸易，大约不晚于宋元时代。东北部从辽宁省和吉林省之交的腹地开原往东，明代设有辽东镇25卫，皆设置有交通驿站，沿着驿路，每15—30千米建有一座驿站或递运所、铺、亭、路台等，形成交通传递系统。东北亚所谓"丝绸之路"，并不像通往西域的丝绸之路那样，沿途扬起阵阵烟尘，来来往往的中西商贾带着满载货物的驼队、马帮，构成一幅壮观的瀚海行旅图，而是通过设关互市、贡赏等形式，把明朝内地的彩缎等物运往东北边陲，与各民族进行交易。在古代，正是靠这条交通要道，把内地的丝绸、茶叶等商品运往东北亚地区，把古老的长江、黄河流域文化与东北亚文化联系起来，使这一地区在明代显得生机盎然。2017年，中国民间文艺家协会组织了一批专家沿着这条道路一直走到黑龙江与乌苏里江交汇口，进行了一次系统的民间文艺考察调研活动。

西北和东北的道路仅仅是古代中国走向世界的一部分，在西南部和南部还有多条通向域外的交通道路。例如，商业化程度很高的"茶马古道"。有若干条"茶马古道"从中国西南各地通向东南亚和南亚，而在西藏边陲的阿里地区，原古格王朝所在地，就发现了在丝绸上绘就的古代唐卡。中国民间文艺家协会唐卡调查组在阿里地区的科迦寺发现两幅传统唐卡，一幅背面边沿有"浙江杭州织局益昌"的字样，另有一幅唐卡有吉祥童子图案。可以想见自古以来中国内地商贸、文化与西部边陲之地的长久交往。

在通往世界的道路中，特别应该提到的是"海上丝绸之路"。当然，"海上丝绸之路"更是一个比喻。著名历史文化专家常任侠先生把先秦时期徐福的故事视为"海上丝绸之路"的最早起源之一，他在《海上丝路与文化交流》里，叙述了中国通过海上丝路与古代日本、印度、东南亚诸国进行物产、宗教、文学、艺术等方面的相互交流；郑和七下西洋更是"海上丝绸之路"谈论的重点内容。2017年11月，中国学者与来自亚洲、非洲、欧洲等地的学者会集科伦坡城，召开了"国际儒学论坛：科伦坡国际学术讨论会"，主题是"海上丝绸之路的历史交往与亚非欧文明互学互鉴"。会议上，埃塞俄比亚学者把中国与非洲的交往追溯到公元前2世纪的西汉时期。斯里兰卡凯拉尼亚大学学者阿玛勒赛格尔（Amarasakara）通过总结斯里兰卡境内有关中国的考古发现情况，如古都博隆纳鲁瓦山寺中国晋代高僧法显故居遗址，以及古代中国钱币、古代中国陶瓷瓷片等，证实了中国古代与斯里兰卡地区存在着经贸、文化、宗教的交流情况。澳门大学学者汤开建则就耶稣会士传入澳门的欧洲图书，结合16世纪末中国境内的第一座西式图书馆——圣保禄学院图书馆藏书的相关史料，详细考证了明清之际欧洲图书传入澳门的情况，认为中国大陆的西学东渐在很大程度上与此相关。

2017年是中国民间文学的"丝路文化年"。中国民间文艺家协会主持的"一带一路"民间文化探源工程，针对"一带一路"沿线民间文化资源进行系统梳理和选点研究，开展了福建海上丝绸之路重要节点的代表性民间文化考察活动；以冼夫人传说为核心议题对南海（广东茂名博贺）开渔节以及海上丝绸之路与岭南文化进行了调查研讨；围绕"阿凡提类型故事"主题展开了新疆民间民族文化调研；"重拾黑水魂——黑龙江丝绸之路"沿着明朝亦失哈将军走过的水路梳理了"鹰路"文化历史脉络；召开了探索"丝绸之源"的嫘祖文化调研座谈会；展开了贵州"南方丝绸之路与夜郎古国"民间文化生态考察调研等活动。这个系列的民间文化探源，力求立足当代、观照历史、面向未来，致力于通过新经验、新启示、新方法、新途径来提振民族文化、地域文化的精气神，得到专家学者以及所在地民间文艺工作者的高度认同与积极配合。上述调研成果及今后开展的系列考察活动成果，均将以调研文集形式陆续出版。

鲁迅先生有句名言："世上本无路，走的人多了，也便成了路。"这句话反过来说更具当下价值：世上原有的路，若是没有人走，便无所谓路了。中国古人踏出了迈向世界各地的通衢大道，在上下几千年的历史长河中，通过中外商贾、政治家和平民百姓的来往，成为交换、交流、交往的大道。古人常把"道路""大道"哲学式地理解为通向真理的路径。而我们当代人自谓"世界公民"，切莫冷落了这些"大道"，使之荒芜了；自中国通往世界各地的大道，中国人要继续走下去，也欢迎世界各地的人们继续走进来。在这个意义上，重拾"一带一路"上的民间文艺，重温"一带一路"上世界各地民间文化交流交往历史，具有重大的现实意义。

是为序。

邱运华

2018年4月13日于北京万芳园

前　言

　　本书作为"一带一路"民间文化探源工程的一部分，是丝路文化起点考察与民间文化生态保护行动走进福建省的成果。本书汇集了福建省内外研究民间文化的专家学者，对散布于八闽大地的历史文化遗存和有代表性的民间文化项目的调研考察报告、心得及论文。这些不同视域的文章不仅是对福建省民间文化家底进行的摸底，而且也是对当下民间文化未来生存和发展方式的探寻。

　　就本书的具体内容而言，第一部分"海丝民间工艺的源派与吐纳"，通过实际调研收集了资料，探讨了福建的建盏、漆艺、仙作、石雕、寿山石等传统民间工艺的源流、特色与传承，并就其在当前社会环境中的技艺传承与业态发展进行了探讨；第二部分"海丝文化遗产的传播与活化"，秉持通过文化遗存见证海丝辉煌的理念，具体对建筑营造技艺、地域文化风貌、民间文学等传统文化现象进行了抽丝剥茧式的厘析，并就传统文化资源的活态保护提出了前瞻性思考；第三部分"海丝民风信俗的寻绎与流布",基于海上丝绸之路的视角,对送王船仪式、福建茶文化、畲族山歌、福建舞狮、福船文化等丰富的社会文化现象进行了考察与分析;第四部分"海丝文化产业的探索与开拓",则对海丝文化资源在当代基于文化产业思维进行创意开发与业态培育的思路、理念、举措进行了具体探讨。

目 录

第一部分 | 海丝民间工艺的源派与吐纳

因茶而生的建窑建盏及其艺术特质　　　　　曾章团　黄文勇 / 002

涵融开放与自足的漆艺术美学价值　　　　　　　　徐东树 / 016

海丝文化下福建民间工艺造物智慧　　　　　　　　陈晓萍 / 024

海丝之路与仙作红木古典艺术家具　　　　　　　　连铁杞 / 035

惠安雕艺中含蕴与彰显的民俗文化　　　　　　　　林瑞峰 / 041

福州寿山石的材质雕艺与文脉源流　　　　　　　　方宗珪 / 055

福建瓷器在海丝之路上的流布传播　　　　　　　　杨国栋 / 079

闽南传统建筑营造技艺继承与发展　　　　　　　　蒋钦全 / 094

非遗保护理念与泉州北管传承弘扬　　　　　　　　黄嘉辉 / 145

第二部分 ｜ 海丝文化遗产的传播与活化

明清漳泉人迁居台湾与民间美术传播　　　　　　　李豫闽 / 158

福建海洋文化史的地位与发展脉络　　　　　　　　夏　敏 / 170

后申遗时代泉州古城品牌的简与繁　　　　　　　　游孙权 / 187

海丝文化与福建民间文学精神追求　　　　　　　　陈华发 / 192

红粬黄酒文化之乡屏南北墘村风貌　　　　　　　　王锦强 / 202

海丝视域中关锁塔传说与人文价值　　　　　　　　曾晓兰 / 206

漫谈福建茶的"海丝"之缘　　　　　　　　　　　郭　莉 / 215

海上丝绸之路与闽西古村落的崛起　　　　　　　　钟德彪 / 229

世界遗产项目鼓浪屿的源流与特质　　　　卢志明　李梦丹 / 277

第三部分 ｜ 海丝民风信俗的寻绎与流布

王爷信俗与送王船仪式的文化功能　　　　　　　　夏　敏 / 288

穿行在青山绿水间的福建畲族山歌　　　　　　　　陈美者 / 310

郑和航海文化与福船文化本源含义　　　　　　　　刘宗训 / 317

海丝文化背景下福建望夫塔的传说　　　　　　　　杨　杰 / 330

闽台风狮爷崇拜及其文化价值探析 　　　　　　　　曾晓兰 / 344
地域形象构建中福建舞狮活动研究 　　　　　　　　苏雪莉 / 351

第四部分 | 海丝文化产业的探索与开拓

寿山石雕刻艺术发展现状及其对策 　　　　　　　　王来文 / 362
福建漆艺发展现状与转型升级策略 　　　　　　　　郑　鑫 / 386
博物馆文创与传统文化资源的开发 　　　　　　　　尚光一 / 398
建盏产业中的共生模式与文创模式 　　　　　　　　王晓戈 / 414

第一部分

海丝民间工艺的源派与吐纳

因茶而生的建窑建盏及其艺术特质

曾章团　黄文勇

　　窑址位于今福建省北部南平市建阳区水吉镇后井、池中一带的建窑，以烧造著名的黑釉茶盏闻名于世。古代文献记载和现代考古资料表明，建窑烧造黑釉盏始于五代末北宋初，一直延续至南宋晚期，其间有数百年的历史。因瓷器产于建州，故称"建盏"。建窑烧制的黑釉"建盏"绀黑细致、造型敦实、斑纹炫目、胎体浑厚，其独特的黑色釉，是其最主要的特征。

　　建窑亦称"建安窑""乌泥窑"，其窑口主要有南平建阳水吉窑、南平茶洋窑、武夷山遇林亭窑，三处窑址统称建窑系，以烧黑釉瓷闻名于世，但水吉窑无论在规模上，还是数量质量上都是其他窑无法比拟的。

　　建窑建盏胎骨乌泥色，釉面多条状结晶纹，细如兔毛，称"兔毫盏"。也有烧成"鹧鸪斑盏""油滴斑盏""曜变斑盏"等的"建盏"。釉下毫纹，是利用酸性釉料所形成的酸化痕迹作装饰，因建窑瓷皆仰烧，釉水下垂，成品口缘釉色浅。由于器壁斜度不同，流速快，成纤细毫纹，流速稍慢则粗，就成兔毫之状。有的器底刻有"供御"或"进盏"等字样，为贡瓷。

建窑所产的黑釉"建盏"影响十分广泛，深受日本、韩国等国家和中国台湾等地区茶道的重视。其中，"曜变天目""油滴建盏"等南宋旷世珍品被日本视为国宝级文物，饮誉四方。

一、建盏为何出产在水吉

首先，因茶而生。闽北地形多为丘陵，山清水秀，气候宜人，自古是著名的产茶区。建阳周围的武夷山、建瓯、政和均为知名茶产地。宋代，建州（今建瓯）、崇安（今武夷山市）均有进贡皇宫的御茶园。

地处闽北的建州是宋代首开斗茶风范的地域，这是因为此地盛产极品茶叶"建茶"。当时斗茶所用的茶叶，大都为建茶中的贡茶。朝廷于是在这个地方建立了完善的贡茶制度，建立了一套完整的评定茶叶品位高下的形式规矩，斗茶之风由此而生。每年春季新茶制成以后，"斗茶风"初始时，是茶农比茶优劣的一项赛事活动。

北宋著名茶学家蔡襄在《茶录》中细致刻写了斗茶的过程和要诀，提出斗茶赢家的标准："视其面色鲜白，着盏无水痕为绝佳。"——斗茶者先要将茶叶碾成细粉，置于茶碗之中，然后用沸水注入，使茶与水融合到最协调的程度。在比斗过程中，首先要看茶末是否浮出水面，如果茶末浮在水面，茶不能与水交融，说明茶末碾得不够细致；再看茶的颜色，对白茶来说，茶色越好，说明它的品种越纯，品级就越高。而"斗茶"，又必须是黑釉瓷的茶盏，最为匹配。皆因斗茶最讲究斗色，茶为白茶，茶汤呈白，黑与白的对比最为分明，因此，黑瓷茶盏最为贵重。《茶录》里写得很明确："茶色白，宜黑盏。建安所造者绀黑，纹如兔毫。其坯微厚，熁之久热难冷，最为要用。出他处者，或薄或色紫，皆不及也。其青白盏，斗试家自不用。"建安（今指建阳）所造纯黑兔毫，是当时的极品。就连宋徽宗赵佶在《大观茶论》中也认为："盏色贵青黑，玉毫条达者为上。"为此，黑釉建盏便成了皇族、士大夫不惜重金追寻的宝物。

在晚唐五代时期，建窑仅是一个生产青釉器和酱釉器的普通窑场，后改烧釉面无斑纹的黑釉茶盏，为建盏的诞生奠定了基础。中国古陶瓷研究会原会长叶文程认为，从青釉→酱釉→普通黑釉→建盏釉，这个过程是渐进的，其显著特点是，坯与釉的氧化铁含量越来越高，釉层越来越厚，使烧制工艺难度加大，生产成本提高。宋人饮茶较之唐人更加细腻和精致，并且更讲究艺术化，点茶和斗茶是他们生活的重要内容，这对宋代的茶具又有了新的要求。对于茶饮的神往则直接刺激了茶具的生产，全国各地的窑场林立，生产的茶具数量惊人，但因建窑出产的独一无二的黑釉茶盏，因其釉色美丽、黑白分明而独占鳌头。它的黑艳釉色正好迎合了当时建茶的点茶、斗茶的方式，既能满足文人们的审美趣味，也能满足普通百姓的生活需求。由此，"建窑"的炉火愈烧愈旺。

其次，择地而生。烧制"建盏"，周围要有缓坡地形和足够的燃料，以适应修建龙窑之需和应对大规模烧瓷的能量消耗。建阳水吉镇地处丘陵地带，遍地环山，但山丘海拔都不会太高，坡度适当，可依山兴建几十米甚至上百米的超长龙窑。丰沛的雨水和肥沃的土壤、气候造就了漫山遍野的茂密植被，为龙窑柴烧所需的燃料提供了保证。

再次，运输便捷。便利的运送渠道，即发达的交通以供外销。上可经仙霞关进入江浙，下可达建州，直抵福州、泉州。此外，途经水吉背靠闽江支流建溪的主要支流南浦溪，本身就曾是闽北的大型古码头。建窑所在的池中、后井二村离南浦溪更是极近。通过水运，沿着闽江，可直达福州、漳州、泉州。

最后，最关键的一点，即要有烧制黑釉建盏特殊的原材料，即含铁量高，能形成析晶的胎土、釉料。水吉一带地层里蕴藏有大量的氧化铁含量高达8%的瓷土、釉矿，这是其他地方窑址所缺乏的。

二、"一带一路"的"高贵使者"

建盏所特有的艺术魅力和独特的实用功能不仅令国人叹为观止，成为宋代社会的特殊文化载体，而且，它还伴随着对外贸易和文化交流的大军沿着"海上丝绸之路"漂洋过海，风靡海外，成为"一带一路"高贵的使者。

宋元时期，社会稳定，经济繁荣，对外文化交流频繁，瓷器成了重要的出口商品，大量外销海外。特别是南宋时期，朝廷鼓励出口，同时，为防止钱币外流，规定换取外货不得使用金银铜钱，而以瓷器绢帛为代价兑换，因而瓷器外销出口量很大。早在镰仓幕府时代（1192—1333），日本的僧侣们来到浙江天目山学佛，回国时就带走了一批建窑建盏。因此，日本人也称建盏为"天目瓷"。伴随着中国茶道在日本的传播和发展，建盏愈来愈受到日本各界的青睐。

建盏的外销既有陆路，也有水路。宋元时期，福建的泉州、福州等港口均通过海运将建盏出口到伊朗、埃及等西亚、北非和中欧等国家。泉州港当时为世界最大的港口之一，号称"东方的威尼斯"，是"海上丝绸之路"的起点站。2007年4月，"南海一号"沉船从广东阳江一带打捞出水的文物中发现了大量的黑釉建盏。

是何原因使建窑黑釉瓷会惊现在"南海一号"沉船呢？原中国陶瓷研究会会长，厦门大学历史系叶文程教授说："在'南海一号'沉船上发现有建窑黑釉盏并不奇怪。前不久在'华光礁一号'宋代沉船上探挖出的古瓷器里也有建窑黑釉瓷器。前些年，在韩国西南木浦市海域发现的一艘元代沉船，在千余件瓷器中，建盏就有117件，最引人注目。"，"宋、元时期，不少商船满载着各种精美瓷器从泉州出海，沿着海上丝绸之路，驶往东南亚、非洲，乃至古罗马帝国的市场上交易。作为黑釉瓷代表的建窑系以其状如兔毫、油滴、鹧鸪斑纹的建盏自然备受客商的青睐。因此，迄今为止，在菲律宾、印度、马来半岛，埃及的珍宝市场上，仍发现有建盏出售就是明证。"

黑釉建盏的魅力不仅使日本、韩国人叹服，远在大洋彼岸的美国人同样格外垂青这块小小的黑盏。

1935年6月,在芦花坪建窑遗址上,出现了一位蓝眼睛高鼻梁白皮肤的外来者,他在一片废弃的、年代久远的瓷片堆积层上,拾起一片发出紫色光芒的,斑纹呈现出兔毛状的残片仔细端详时,只见他的双眼发出惊喜的蓝光。他高喊道:"喏!这就是我千寻万找所要寻找的'天目盏'!"这位外来者就是时任美国驻中国福州海关官员的詹姆斯·马歇尔·普拉曼。

次日,他付出高价,雇来4人用扁担挑着整整装满8箩筐的瓷件,得意地雇船水运出山。回国后,普拉曼将建窑带回的建盏写成《建盏研究》,并发表在1935年10月26日《伦敦新闻画报》上,轰动一时,让他成为第一个发现建盏真正来源的西方人。普拉曼认为建盏是"China's great yet humble ware"(中国伟大却又含蓄的器物)。这是对建盏的评价中,颇受世界认同的一句话。建盏的伟大与含蓄,在于建盏虽然是人工烧出来的器物,却有巧夺天工之美,同一种釉,同一座窑口烧出的建盏,都会产生各种意想不到的变化。建盏的含蓄,在于隐而后显。建盏色调黑沉,质朴无争,这是"隐"。然而在点茶时,黑色的釉面衬托出茶汤之洁白,形成鲜明对比,这是"显";在光照之下,建盏釉面上金属结晶形成的斑纹,会显出变幻的辉彩,这也是"显"。

而今,普拉曼带回大量的建盏考古实物珍藏在密歇根州立大学艺术博物馆,吸引来全球众多的收藏家和游客。

进入21世纪以来,海内外有不少人士都在为恢复、传承建盏的技艺不懈地探索、试制,其中有不少陶瓷家已在尝试的道路上取得骄人的成果。

三、建盏的文化与艺术

建盏艺术就是在追求不变中的变，而且是在窑火中去捕捉最佳的影像，是在窑中作画，追寻神变。斑纹中微细的改变都非常困难。建盏的斑纹不是知道配方就可以重复制造的东西，它的烧成受到许多因素的制约。所以无论古今中外，优秀的建盏作品非常稀少。

建盏是土与火高难度结合的艺术，是真正的、纯粹的陶瓷艺术。建盏的特点是制作难度大，烧成率低，成本高。所以浓缩的才是精华。建盏器型也很简单，就是一个普通的茶碗。正是简朴，才有大巧若拙。剔除表面形形色色障眼的东西，才能展现最原始的纯真之美。

同时，建盏之美还是一种禅艺术之美，它不是"形色"之美。形色之美就是表面美，特点是漂亮、艳丽、饱满、光润、精美等，表面很张扬、浮躁，外强中干，实际没内涵。禅艺术就是走向内在，走向自然的深层，返璞归真。禅艺术特点是隐而不显，含而不露。表面很沉静，实质有活力、有滋味，外枯中膏，无一物中无尽藏。优秀的建盏斑纹形状千变万化，斑纹有立体感、层次感，并有明显的金属感，色彩随光线的强弱而突变。细细品味，其釉色如同宇宙星辰深邃神秘，冥冥间如有神在。它的品质胜幽兰，高贵而素雅，饱含中国文化精神，也与茶的品质相符。

因此，也有人说，读懂了唐三彩，就读懂了大唐太平盛世的豪气干云；读懂了明家具，就读懂了明朝清廉简刻的涉世之法；同样，读懂了风靡南宋的建窑黑瓷，就读懂了宋人的风雅。

宋代建盏随着历史的潮流和时代风云在变化，更着重讲究韵味，更重视艺术作品中的空灵、含蓄、平淡、自然的美。讲究的是细洁净润、色调单纯、趣味高雅，它与上唐之鲜艳华贵，如唐三彩；下与明清之俗丽，如明中叶的"青花"到"斗彩""五彩"，清代的"珐琅彩""粉彩"等，迥然不同。

建盏与其他瓷器不同，其艺术风格追求的是朴实无华，摒弃矫揉造作，自然造化甚至达到了某种极端，这种独特艺术风格的形成与当时社会的审美时尚紧密相连。

建盏的美，需要静心地品味它，它不施浓墨重彩，却得以窑内自然形成的多彩绚烂，而这种绚烂却深深地隐藏在它低调而恬静的外表下，只有聚足与它的缘方能深知它的美……建盏的黑，是包容万事万物的神秘色彩，乍看平淡无味，却又暗藏各种美丽的釉色，正契合"外枯中膏，似淡而实美"（苏轼语）的禅意。得于自然、归于自然，正是佛教圆通空灵之美，道教幽玄旷达之美以及儒家文雅含蓄之美的最终结合点。

（一）大方简素的器型

建盏的造型典雅、胎质古朴、釉色璀璨若星，完美地展现了宋代这种天人合一的审美情趣。

建盏的造型俊巧多姿，秀丽典雅。建盏中最具代表性的造型是束口盏，它的特征是撇沿束口，腹微弧，腹下内收，浅圈足，口沿以下1～1.5厘米向内束成一圈浅显的凹槽，整个造型呈"V"形。

当两条倾斜的线呈这种线型时，会相互排斥、相互抗衡，给人以舒展、开阔的视觉印象。而且，这种"V"字线型，体量关系对比强烈，它的口沿部分体量大，圈足部分体量小，两者之间相互衬托，体量小的圈足，衬托出体量大的口沿更为突出，使视觉感更为明确；反之，体量大的口沿，烘托出体量小的圈足更为精巧，亭亭玉立。

从空间虚实对比来看，束口盏的造型，口沿曲折，外缘向内收缩，约束成一圈浅显的凹槽，内壁则相应形成一周凸圈，这种凹凸线角，构成的虚实空间比较合理，空间关系虚实相辅，能够丰富造型形体，增强器形特点。

从造型的整体效果来看，束口盏的腹与足比例协调，构成形体的外轮廓线形收放适度，轮廓曲线由外敞的口边向内缓收至圈足，这种一收一展的微妙处理，赋予整体以舒展秀美典雅的风韵。

（二）变幻莫测的釉色

建窑釉色主要分为两大类：黑色釉类和杂色釉类。建窑黑釉的烧制原理简单地解释为：建窑黑釉是铁系结晶釉，施釉普遍较厚，在1300℃左右的高温熔烧过程中，将单质铁从釉和胎里还原出来，根据窑内火候的高低和氛围变化，从而产生了不同的花纹。这种花纹的产生难以预见，难以把握，可谓自然天成。

如今人们耳熟能详的建盏有三大类，即曜变盏、鹧鸪斑盏（油滴）和兔毫盏。其中最珍贵的是"曜变盏"，曜变是建盏的极致之美，它是一场意外，或者说邂逅，可遇不可求。

曜变的斑点给人感觉是沁浸釉中，曜变盏最令人难以割舍的地方，是斑晕在光线照射下放射出七彩光芒。更重要的是，随着人的目光转移，光彩会不断变化。小小一只茶盏，色彩变幻无穷，有如"盏中宇宙"，怎么看都看不尽。

建盏的美是独特的，欣赏建盏，并不在其外表，而在其内涵与气质。与传统要求的透明轻巧的陶瓷制品不同，建盏颜色深沉，形体厚重，大巧若拙。建盏的胎土、釉料、制作工艺不变，产生的器具外观却千变万化，不相雷同，完全自然形成，是自身气质的表现，这也恰恰是中国传统文化所推崇的。

（三）自然朴拙的烧制

建盏是土与火交融而诞生的伟大艺术品，用其饮茶是品位与身份的体现。每只建盏从诞生便注定独一无二，拥有与生俱来的骄傲。这是任何茶器都无法比拟的。现代建盏传承了中国宋代浓厚的茶文化。其色彩和纹饰的多样性，都是烧制过程中形成的，人为是不可控的。

四、建盏技艺的恢复与传承

由于历史原因，自元以降，建窑已经湮没了八百年，直到20世纪初,日本人山本由定找到建窑的窑址并做了详细的考察,由此揭开了建窑神秘的面纱。

为了恢复、探索烧制建盏的技艺,国外一些陶瓷家做了一些尝试与探索。20世纪50年代,美国人阿弗雷德(Aifred)率先烧制出了外观有斑点的黑釉碗。20世纪70年代末,日本奈良市陶瓷家安藤坚用了6年时间,经过万余次的烧成实验,仿制出了6只与宋代建窑曜变天目碗颇为相似的产品。但陶瓷专家认为,这些仿制品与宋代老盏相比,无论是形似还是质似,都有很大的差距。

在看到外国人对建盏如此垂青,并已经开始使用建窑的瓷土不断地进行烧成试验后,中央工艺美术学院陶瓷系梅建鹰教授按捺不住自己的热情,他向时任陶瓷系党委书记的王舒冰力陈,要将建窑建盏恢复的事纳入重要日程。王舒冰立即通过组织,电告福建省政府,陈诉恢复建盏的必要性和重要性。于是,1979年9月,福建省科委拨出专款30万元,用于研制建盏的攻关事宜。很快,由中央工艺美术学院、福建省轻工所和建阳瓷厂等部门和单位组成的仿制建窑宋瓷"建盏"兔毫釉科研小组,全力破解古代建盏的烧制技术。第一批攻关小组由省轻工研究所邹应霖、德化瓷厂技术员孙建兴、建阳瓷厂技术员何华、许家有等组成,之后不断扩大。经过数百次烧成试验,攻关小组终于在1980年底,仿制出一批兔毫建盏。

1981年5月7—10日,福建省科学技术委员会邀请了故宫博物院、中国历史博物馆、轻工业部陶瓷所、外交部总务司、上海博物馆、上海硅酸盐研究所等30多个单位的50多位专家、学者对仿古建盏产品进行鉴定。分析结果后专家在鉴定书上写道："仿宋兔毫盏不仅形似、质似，而且达到神似。"无论是釉色、纹理，还是胎骨、造型等都达到了以假乱真的水平！此举，标志着沉默八百年的黑釉建盏重现人间，这颗瓷坛皇冠上的"黑珍珠"终于揭开神秘的面纱，再次惊艳于世！

仿古兔毫建盏虽然烧制成功，由于当时人们尚不了解"黑精灵"建盏"隐"性的无穷魅力，导致市场的冷清。高额的项目经费难以解决，项目组被迫解散。

然而，真正热爱建盏的人并没有放弃。黑釉瓷器研究者李达先生最早着手进行仿制建盏的试验，他精通化学，在烧成黑釉建盏中，烧制出的银油滴斑纹十分成功。其作品胎骨似铁，釉色古朴典雅，枯高幽玄，静谧脱俗，釉面斑纹天然形成，富于变幻。斑纹晶莹清晰，金属感强，具有鲜明的个性和浓郁的传统风格。1996年，中国古陶瓷研究会和中国硅酸盐学会古陶瓷专业委员会分别载文高度评价李达先生的研究成果。1997年，其作品《油滴建盏》入选为国务院紫光阁收藏陈设品；作品《油滴建盏》《兔毫建盏》被故宫博物院永久收藏。2003年，李达被评为中国陶瓷艺术大师。这位对建盏烧制理论与实践最为丰富的专家被誉为当代中国陶瓷科学和艺术新领域的开拓者和国内仿制建窑建盏的"泰山北斗"。

1981年夏，毕业于西北轻工业学院（现为陕西科技大学）陶瓷专业的孙建兴在建阳举办的"恢复仿制兔毫建盏鉴定会"结束之后，于当年底即被调往南平。他看到建盏的前景无限。1982年，他与同在福建省轻工业研究所的妻子栗云运用在建阳建窑的实验成果，经过无数次的烧成试验，帮助南平陶瓷厂仿制出了一批兔毫盏，该制品经有关单位（所）专家鉴定，确认仿制是成功的。

暑去冬来，春华秋实。一晃20多个春秋，在孜孜以求、执着创新的理念下，如今，已然作为国家级非物质文化遗产建盏技艺传承人的孙建兴带领着他的团队已先后成功研制出了黑釉金、银、黄、红、蓝、虹彩兔毫盏；金、银、红、蓝、虹彩油滴盏；白点、蓝点、黑点、银点、虹彩点鹧鸪斑建盏和异毫、毫变、窑变、黄天目、蓼冷汁、灰背、铁锈斑、木叶、玳瑁、柿红釉等三十几种建盏，真正揭开了建盏烧制的奥秘。

一叶一枝不成林，万紫千红春满园。地处建窑所在地的一些明智之士从消费者的价值取向和市场大气候中，从弘扬、传承非物质文化遗产的巨大声浪中，以前瞻性的目光，悟出眼皮底下的无价瑰宝——黑釉瓷器恢复、开发的价值，便一而再，再而三地吁请疾呼。虚怀若谷的当地政府、部门领导同样看到建盏恢复、开发的历史和现实意义，于是出台了一系列保护、恢复、传承的正式文件和优惠举措。自2012年起，先后开展了成立协会、辟建商街、支助企业、招商引资、抱团参展、注册商标、出版图书、竞艺比赛、送样检测、设立微博、搭台宣传等围绕建盏为主题的工作和活动。

百转千回，建盏又与以武夷岩茶为代表的建茶重逢了。以选用黑釉茶盏盛茶、饮茶之风已然渐成时尚，并逐渐从闽北刮到福、厦、漳、泉等沿海地区，进而乃至京城都市流行。走进茶店，最显眼的柜里必有几件精美的建盏与大红袍、金骏眉、正山小种等名茶陈列在一起，相得益彰，缺一不可。茶友们聚在一起，端着用金兔毫、银油滴斑纹的茶盏，盛上绿莹莹、金黄色的茶汤品茗，惬意极了。

随着建盏重回茶饮，需求量日益倍增，沉寂了千年的芦花坪又重新开始喧闹起来。蛙声、蝉声、鹧鸪声一齐发出欢快的叫声，鹧鸪重新张开它美丽的羽翅，熄灭数百年的碗窑重新燃起熊熊的炉火。以国际工艺大师、国家级、省级非物质文化遗产的传承人李达，黄美金、黄文勇父子，何华，叶礼忠，许家有，陆金喜，蔡炳昆、蔡炳龙、蔡炳盛三兄弟，廖成义，蔡龙，林杰等为代表的一批新老制瓷人才经过千炉百炼，终于烧制成功兔毫斑、鹧鸪斑、油滴斑、柿红斑、异毫斑、金油滴等多种彩斑建盏。他们烧制的建盏纷纷在国际、全国工艺品展销会上摘金夺银。

如今，每每看到栩栩如生，斑纹状如野兔毫毛、鹧鸪羽毛神韵的建盏重新问世，仿如一只只野兔、鹧鸪活灵活现地出现在人们面前，都为之欢呼，为之感慨！

涵融开放与自足的漆艺术美学价值

徐东树

一

走过8000年历史的中国古老漆艺术，正遭遇着全球化时代的多元当代艺术的冲击。文化错位与碰撞恰恰提供了富有活力的艺术成长空间，漆材质的优越性正展露其不尽的内涵。在21世纪之初，在"后现代"艺术淡出历史的时刻，在当代艺术的黄昏中，中国却迎来漆艺术的复苏、成长与初步的收成。这令人在惊奇中深思，漆艺术的可能性与生命力何在？

中国的原生大漆，本是大自然的一项特殊馈赠。中国有着最适宜漆树生长的土壤与气候，一直是世界上最大的生漆出产国。欧洲曾试图大量移植漆树，一直未能取得成功，这迫使他们利用先进的科学技术发明了化学漆。日本和韩国以漆艺作为民族重要文化象征，至今仍然大量依赖从中国进口生漆，以维持其漆器产业的规模。中国生漆，也称"大漆"，或直接称"国漆"，以区别于境外的化学涂料、杂土漆以及其他复合树脂漆。

古代的漆字为"桼",是象形字,上木下水,中间左右各一撇,表示插入树干之竹片(或贝壳或树叶,有的地方用金钢刺叶),将漆液如接水般导出。而"漆"最早是指地名"漆水",在今陕西境内。到后来"漆"才与"桼"通用并逐渐代替了"桼"字。不少学者认为,在现代汉语里"漆"这个词使用过于随意,使它的含义变得很模糊,因为化学"漆"与天然树漆在日本或者欧洲语言中,使用完全不同的词语来表达,天然漆与化学涂料并不共享有"漆"这样一类称呼,这是由于二者的化学与物理属性有着许多本质上的区别。大量的化学涂料在英文中一般都依其主要成分来命名。

生漆是最卫生、最健康的涂料之一。除了在液态时,对部分敏感性皮肤有很强的刺激之外,它的制成品绝不含有任何毒副作用。几千年来,中华民族就一直在使用漆制作各种饮食器具。在李时珍的《本草纲目》中生漆还是一项常用药材。生漆的物理与化学指标是其他合成树脂和现代化学漆无法比拟的:漆膜不溶于任何动植物油和矿物油,并能耐各种溶剂,优质大漆甚至能扛得住"王水"(硝酸、硫酸、盐酸的混合剂,几乎可以溶解所有金属)的腐蚀[1];它的单位面积抗冲压能力在各种涂料中也是名列前茅,漆膜的硬度可达0.65~0.89,而一般合成漆的漆膜硬度仅0.2~0.4;漆膜光泽明亮,而且持久,漆膜密封性好,黏性佳,与木质的附着力强;漆膜具有良好的电绝缘性能和一定的防辐射性能;等等。由于天然生漆具有防腐蚀、防渗透、防潮、防霉、耐酸等性能,漆膜具有硬度强、耐磨的特点，并有美丽耐久的光泽，因此生漆有"涂料之王"的美誉，广泛地应用于国防军工、化学工业、石油工业、冶金采矿工业、纺织印染工业、医药工业以及古建筑和文物的保护。

惊人的物质属性是漆材质艺术潜能的深厚物质基础，漆艺术则是人们在漆材料长年累月使用中，逐渐发展丰富起来的一种创造性应用。经过漫长的历史积淀，漆逐渐成为一种重要的艺术载体，数千年来历经波折沉浮而文脉不堕。

二

在最适宜漆树生长，也最早使用大漆的中国，宽广时代挟裹着深厚文脉的宿命式新生，漆艺的丰富文化潜能正在展示着东方艺术精神的当代价值与艺术观念。我们不妨试着挖掘其独特的文化品格与价值属性：涵融性、开放性、多维时间性。

漆材质具有非常强大的亲和力，不妨概括为"生命涵融性"，这源于其超强的跨材质亲和品性。盛产于东南亚（主要是中国）的漆液是一种绿色、温润、有生命感的珍贵的可固化物质。"百里千刀一斤漆"还需"百日工千层漆"，生长、采集、加工、制作、成物，漆材料的成型与应用，有着复杂的程序与漫长的沉淀，更包含了长时间创作的生命投注。张颂仁曾经概括出漆"幽、贵、浑、宝"四个品性，[2]认为漆具备无可取代的独特美学品格。干固之后的大漆，具有内敛深透的珠玉气象，肌理莹润，质感华贵。漆的光感是内敛性的，是从里面透出来的，其触感温和而深沉，可与中国君子如玉的美学追求相应和，尤其在使用功能上，具有"和而不同"的卓越品质。漆材料既可独立为主角，更可与不同材质相共事，金银铜铁、木竹瓷石都可以与漆材料合作。漆艺也通过其他添加颜料调配出缤纷色泽。"千文万华"正是其融涵万物的东方式雍容气度的展现。不同于当代艺术强调的区分的、排斥的属性，漆艺术具有涵融、建设、增华的属性。

漆质地与美感的涵融性决定了漆艺的"有机开放性"。漆的创作技艺从最简约的素髹到后现代的并置，具有无穷的跨语言挖掘可能；其作品形态从器物、绘画、观念到装置都可以呈现；其观念内涵从保守到前卫，从实用、省思到反叛都可以跨越。漆艺可在单一与多样之间、实有与虚无之间、传统与当下之间、外来与本土之间建立亲和的开放性。不同于当代艺术的无机杂乱，漆却是有机开放的，其材质本身就具有无限潜能，具有强大的审美穿透性。

漆艺术展现了东方式的"多维时间性"，在一种"后艺术"时代充分展示了其对于线性发展时间的超越。漆在时间中自然地生长、养成、凝结、延续、创造，接近于一种生命回转的存在方式，既慢慢生成又缓缓变化。在科技加速发展的普遍焦虑化时代，漆艺术不会像存在主义那样，在时间迁移中焦虑、恐惧而转向虚无。漆艺创作，需要在独特的气候条件下经历长时间的自然干固过程；漆艺成品，需要时间慢慢展开其光泽；漆艺留存，将在未来逐渐获得时间的包浆。这种美，包含了多维的时间叠加，植物的时间、漆的时间、人的身体与精神的时间、文化的时间乃至时间本身，都在重叠交织中生长，在有限中指向无限。东方人可以在时间中自足，而漆艺则是这种诗意生命的可感载体，沉浸于现代化工业赶超的氛围是不容易体会其内涵的。而漆艺术则提供了一种难得的契机，维系着自然、时间同生命的内在有机联系，让人们可以从一种原生于农业形态的文化样式中，品尝慢生活可以凝结出的独特精神果实。

三

东方漆艺的自足、丰富、雍容与深沉，由材质与观念共同构就。漆高贵的唯一性在于其具有近于完满的"漆德"。我愿意这样赞颂她："漆，以木本生，尽其精水为用，受火炙成剂，制器几与金石坚久，其德是恒。"[3]在东方文明重新走向世界中心的时代，其兼具木水火金石五种物质德性的高贵性能使人获得文化自觉与自信。在科技繁荣的后工业时代，漆艺可以贡献其具有未来精神指向的东方艺术方式，以生长、兼融的方式呈现有限时间与生命的无限价值。

漆艺这一早成而晚熟的艺术，应和着中华文明的某种宿命。有学者说中国是一个同时具有前现代、现代、后现代文明特征的"混现代"特殊国度。也有人可以由此对应说，漆艺是一个古典、现代、后现代艺术重叠杂糅的门类。[4]这些说法表明，我们目前还是无法摆脱文化上的"西方中心主义"幽灵，全球化语境也不可避免要以西方为参照，但不代表需要彻底的文化认同，我们可以有不同的参照可以凭借。

漆艺恰恰提供的是西方之外的审美与文化价值参照。它关乎一种全然不同的生命与精神安顿方式，其自身具有相对"自足完满"的特性。在文化越是开阔与深厚的时代，才更能彰显其丰富意涵及其不可取代性。这个时代恰逢其时，只是未被充分了解与推介。

经过两三代艺人的努力，有了"从河姆渡走来""湖北国际漆艺三年展""全国漆画展""福州国际漆艺双年展"以及全国美展等重要力量的推动与检阅，漆艺术的新浪潮隐隐呈现，并沉淀、收获了一批代表性艺术家和他们的作品。

漆艺高贵而丰繁的审美价值透过开拓者多年探索、沉淀的成果，连接过去并指向未来，接续传统又向当代开放，在时间中凝结又在时间中延展，从中可以一窥东方艺术慧眼在当代的某种精神缩影。当代漆艺界经过老中青三代的努力，涵盖了平面到立体、器物到观念的全面拓展，古今中外各种艺术要素在漆艺中相遇、融汇与升华，当代漆艺获得了前所未有的深度与广度。

华夏多维丰富的古典精神通过漆语言的当代建设，打开了古今东西方的艺术界限。在当代与古典之间，在适用与艺术之间，在传统物象与当代表达之间找到诸多遇合与转换。

功成名就的老一辈艺术家重在培育多元漆艺术语言。他们借力于新中国学院教育的综合素养，融汇传统工艺、古典文人、民间民俗、外来艺术等多元文脉，借鉴了其他艺术门类的语言表达成果，成功转化成漆绘画的成熟语汇，为漆艺术的表现力建立了学术性高度。以中国当代漆画为代表的漆艺术语言建设，虽然比越南漆画语言的成熟晚了几十年，但已有后来居上的气象。

中年一代的漆艺术家有更多个性化风格化的探索。他们借助改革开放的文化新视野，从各自的个性化立场出发，站在前辈建立的高度上展开漆艺更细致深入的独特风格探索。长时间的漆艺劳作，把他们打磨成既富于沉思冥想气质的"手艺人"，又兼有民间与文人、传统与当代的文化眼界。在一个资讯发达的新时代，历史与时代的文化碎片在他们手中，通过漆艺术语言的发掘得以不断生发创造。他们因大漆的开放、涵融，而具有更丰富的跨界能力，造型与内涵上都具有发散性与想象力，创造了一批兼具时代新意与古典精神的漆艺术品。

新一代的青年漆艺家重建了漆艺术的生活秉性与根基。成长于信息化时代，有着开阔全面的文化素养，青年漆艺家们进一步拓展了漆艺的领地，并重新勾连了与日常生活的密切、内在的精神联络。他们更擅长在个人生活的事物与细节中去挖掘、表现大漆的亲和与高贵。无论器物还是图像，他们熟练运用大漆，更善于在寻常器物中赋予其咀嚼不尽的非凡品格。他们不太剧烈地表现，却具有一种诗意、感性、明亮、细腻而不乏硬朗大气的品格追求。哪怕是强烈对比的运用，都有几分温和的韵致，都能呈现一种朴素典雅又悠远苍凉的漆语言的厚度。

中国当代老中青三代漆艺术家的成就背后，是他们共享了这个时代的文化优势：他们都在学院训练、漆艺传承、艺术探索三个方面做了大量、长期、有效的自我建设，具有面对艺史的眼界与勇气，他们通过漆艺术的创作，打开了古今中外的文化通道。毫无疑问，当代漆艺家正在为漆艺术的尊严与丰富做出贡献，同时也在当代美学的拓展上做出举世瞩目的成就。我们有理由期待，中国漆艺界将再续辉煌。

参考文献

[1]何豪亮.中华髹漆学"天然涂料"大漆条目[M].北京：人民美术出版社，1985.

[2]张颂仁.漆的艺事与漆品初探[J].湖北美术学院学报，2010，50（3）：38.

[3]徐东树，黄小我.两岸民间艺术之旅[M].福州：海风出版社，2012：164.

[4]相关讨论在"涉事——沈克龙艺术展"研讨会摘录中有许多碰撞与展开。徐天进主编.涉事——沈克龙大漆作品[M].北京：人民美术出版社，2013：97-199.

海丝文化下福建民间工艺造物智慧

陈晓萍

福建民间工艺以材美工巧在中国艺术史上占有独特的地位，并且闻名世界。自宋元海上丝绸之路开通以来，福建的民间工艺便源源不断地通过东南亚进入中东，而后进入欧洲，又传向五大洲四大洋。福建历朝历代的手工艺人，居东南之隅，承中原汉文化文脉，接海洋文化洗礼，在移民潮涌、人多地少的境况下，凭借一技之长维持生计，下南洋，成为中华文化的传播使者。中国传统民间工艺造物中，深受中国哲学"天人合一""技以载道"影响，常常用工艺技巧来表达、阐释对社会和人生的种种思考。由于受到异质文化的侵入，福建民间工艺造物活动在坚持中国传统造物思想的同时，又有自己的文化特征。这一切，都与福建独特的地理位置和漫长的历史沿革有关。

福建地处东南沿海。由于地理环境特殊，历史上福建长期处汉文化边缘地带。福建社会是个多元的社会，无论语言、风俗和各种有形的文化，均有多种来源、多种发展的途径。本土文化和外来文化的冲突与融合，使福建成为中原农耕文化和海外异邦文化的存在体，福建民间工艺的特性正是由这种多元社会的生活和艺术方式决定的。它的造物是讲天时、地气，围绕"男耕女织"进行，最初的物器都与使用有关，抱朴、向素、实用，具有与农耕文明相适应的智慧；它的装饰风格是自然的，其纹样和主体是自然中的山水、动物、植物等，亲切、温情，给人乐观向上力量，与先民创造的闽越文化气质相通；它的造型内容和图样呈综合状态，佛教与伊斯兰教等宗教艺术相融合，风格独树一帜，具有开放的品格，与福建多质文化相吻合。

民间工艺造物活动是社会制度、技术状况、生产方式、风俗习惯以及世界观、价值观等的综合体现。从先闽文化印纹陶及早期那些丰富的殉葬品可以看出，福建造物活动从很早时候就已超越了单纯求取生存的物质世界的界限，建立起了物品世界和包括人类精神现象在内的生活世界之间彼此呼应的联系。人造物可以为人类精神的丰富性寻到一个直观宣泄口和栖息地。

福建历史上在不同时期受到不同地区文化影响。这些性质各异的文化类型都能不同程度地集合在一起，都带来新的创作理念，审视方式和对物、器的独到处理方式，直接影响着福建民间工艺，成为中西方艺术融会贯通的一个显例。它走在"玩物丧志"中国传统伦理文化边缘，让奇技沿着功能主义方向发展，不仅美化百姓生活，还走出国门远销海外，使造物技巧在当时社会发展到极致，为我们留下了丰富的文化遗产，包含着不少造物思想和生活智慧，呈现明显区域特色。

一、超现实的艺术追求与融会贯通

我国传统造物思想源远流长。"知者创物，巧者述之；守之世，谓之百工。百工之事，皆圣人之作也。"意思是说，有智慧的人创造出器物，有技巧的人则遵循制造器物的道理和方法；所谓百工，就是那些使造物之术保留在世界上的人，而所有造物之术都是圣人所创造的。器物的制造不是从零开始的创造；它越过"思想"环节，直接表现为依章循法、按部就班的规范化制作。器物的制造更多同制作者的制作技艺和经验、同巧联系在一起。

用中国传统造物思想观照福建造物活动，可以发现福建造物活动与传统造物思想的主线是若即若离的。自清以来，流传在闽南沿海一带关于民间工匠李周的传说，可以看出福建造物观摆脱了传统的圣人创物说法，突出个体能人，偏重"思想"与"知"，在现实中进行艺术创造，激活旧图式，创造新样式。如惠安南派石雕艺术代表性作品绣球狮，是清代惠安工匠改造北方唐狮模样而制作出的一个新模式。将北狮的悍健威猛改为玲珑精美，石狮呈摇头摆尾、嬉戏滑稽的喜乐慧巧状，线条圆转流畅，神态天真活泼，象征吉利、迎祥、纳福，营造了喜庆的艺术效果，开创了南派纤巧、流利的艺术风格。作者就地取材，用南方质地较韧的辉绿岩，便于精雕细琢。采用多处镂空，多层结构，雕工十分精细。这种绣球狮成为惠安石雕的基本造型图式流传至东南亚及海外。

超现实的艺术追求，使福建民间造物能快速完成对外来文化的选择与消化，并融化于自己的艺术血液中，在一个个有限的宗教空间里成功进行了多元文化空前融合的艺术实践。现存泉州灵山圣墓中的雕刻与建筑形制具有阿拉伯与波斯的风格，为唐代之物。圣墓中的回形廊、棱形柱均为唐代雕刻，具有伊斯兰教的风格特征；其他3座回字形须弥座式的石墓，将佛教中的覆莲图案、须弥座式与伊斯兰的"圆拱形"等因素相结合，形成复合型的造型特征。这种混合型的造型图样在"宗教博物馆"之泉州屡见不鲜。一方面是可见许多中国传统的民间图样，如凤鸟、牡丹、海棠、菊花、狮子戏球等；另一方面又可见浓厚的古希腊艺术，如科林斯式柱头、半人半兽门楣石、人面狮身间柱等建筑构件。这样的造型图样，是制作者在知觉心理下用惯性的手法创作出来的，是对海外宗教结合本土文化做文化注释。泉州崇福寺两尊宋雕的佛像，一尊为达摩坐像，面部形象如西南亚人；一为修行尊者，头上卷发，胸前肋骨突出，有外媒记者撰文认为修行者取材于印度的佛之涅槃。开元寺现存许多建筑构件上的雕刻，其图像保留着不少中亚地区的造型要素。特别突出的是开元寺大雄宝殿与甘露戒坛梁柱上的飞天雕刻，混合了印度传入的"嫔伽圣禽"的雕刻艺术与中国传统的"飞人"雕刻艺术，别具风格。还有泉州工匠建的艾苏哈卜寺，其混合的伊斯兰教式风格，直接影响波斯一带和巴格达地区的建筑风格。用一朵盛开的莲花承托着大十字架，这种基督教碑刻的图像在沿海地区不少。有"八闽第一建筑大师"

美誉的惠安王益顺父子，他们建造的台北龙山寺，是木雕与绘画相得益彰的典范，它传承了中国传统木雕艺术的意蕴，又明显地突出古印度、古波斯与古希腊文化，成为当地造寺的范本影响至今。福建的瓷器、漆器等也以融通中外、造型奇特，纹饰丰富而闻名中外。

福建造物图形样式不断出新的同时，雕刻纹饰也由仿自然物转为文人书画山水、欧式等样式。清朝惠安石雕李周把绘画艺术运用于石雕工艺，林清卿将国画雕在寿山石印章上首创"薄意"及山水木雕，陶瓷出现书法文字题记或诗文等中外纹饰等新式样，福建造物的艺术风格发生巨大的变化，由质朴粗犷飘逸向精致细腻灵动发展。明清以来，民间工艺出现了许多艺术个性明显的流派和彪炳史册的大家，在中国艺术史上独树一帜。

二、备物致用的民生思想

中国传统造物坚持"致用利人"，"利人乎，即为；不利人乎，即止"。强调实用功能，体现了造物态度和人文关怀思想，也规范着福建造物活动的方向，朝世俗化、功能化发展，并具有全球的视野，达到"立成器以天下用"之目的。福建早期的造物活动与人们的衣食住行相关，与人们各种宗教信仰和生活信念有关，与墓葬习俗有关。从福建各地出土唐宋前陶器、铁器、铜器，多为日常必需的炊事饮食用具；出土的各种陶俑、墓砖画像和遗存的墓园中的石雕、塔与墓葬习俗有关。

由于福建当时佛教兴旺，大建寺院，唐期间，福建佛道寺庙建有1500多座，手工造物现象多集中在寺庙宫殿里，如寺院壁画、佛像雕刻及建筑彩绘。随着市民阶层的兴起和海内外市场的发育，促进手工相关行业的发展，也促进了许多新的工艺种类，从以往与神事、葬俗的仪式性产物转化为现实的与观赏相关的娱乐性产物，适应社会不断变化的大众审美要求和文化时尚变迁。如雕刻，大型的雕像不见，小型的各种材料制作的雕像层出不穷，晋江安海庐山工匠邱教贤和后人，把佛像庄严的神采风姿和面谱特色归纳为36种基本类型。社会上出现一大批受到市场百姓喜爱的名家，他们创作的作品贴近现实生活，充分满足人们视觉需求，极具观赏性和亲和力。德化瓷圣何朝宗以佛仙题材的瓷塑驰名中外，他用建白瓷泥料创作的观音等作品，风格神韵别具一格，匠心独用，广受赞誉，当时就有人作诗称赞："除非观音离南海，何来大士现真身。"他做的建白瓷，传到日本和欧洲等国，被视为无价之宝，被称为"世界最精良的瓷器"。民间传说他每有新瓷都置于窗台让人详议，不满意就砸碎。对自己较满意作品，他都背部加盖印章，作品极少类同。何朝宗以严谨认真的创作态度和超群的技艺把瓷塑造型艺术推到一个前无古人的高度，被百姓称为"瓷圣"。明清时期，福州沈绍安，象园柯世仁，陈天赐，莆田廖明山，惠安李周，福州杨玉璇，漳州周彬等也冠绝一时，备受社会称誉。

伴随海丝之路的拓展，海上交通繁荣，宗教文化交流频繁，当时的港口城市福州、泉州、漳州等，木竹雕刻、草藤编织、丝绒刺绣、蜡烛制造、雕版印刷、金银加工、纸织画业等关系民生的行业依托手工业作坊，生产各类产品，充分满足百姓各种需求。建寺、造塔、修桥，蔚然成风。民间素好木偶戏，木偶头制作业也十分兴盛。方宗珪《寿山石全书》记载，寿山石雕在两宋期间通过作坊形式进行大批量生产，品种丰富，交易活跃，已形成一个规模庞大的手工艺行业。林瑞峰编著《惠安雕艺》显示，宋以来，惠安雕刻类产品多以实用为目的，含建筑构件、碑刻墓石、宗教人物、园林景观、艺术摆件、实用器具六大系列上千个品种，用于房屋建筑、宫观寺庙、墓葬、神佛雕像、家具、日用器皿、摆设观赏等。在国内市场稳定同时，福建民间工艺走出国门。如德化窑，以市场为导向，不仅生产的大部分适应国内民间需要，百姓常用日常器具以及文人墨客和宗教方面的用品和摆设品，而且还专设外销窑，针对海外市场需要组织生产，如生产的"象牙白""猪油白"梅花杯、龙虎杯等产品大量销往法国、英国等欧洲国家，成为绅士喝饮料的器具，广受海外市场欢迎。德化窑产品以其品质和数量的优势成为大宗出口商品，既可销售又可作为古代航船上压舱、镇颠之物。据国外考古发现的资料，在欧亚非广大地区的遗址中都相继发现德化古外销瓷。当时，寿山石等品种成为国外热销产品。

三、观象制器，巧法造化的和谐理念

观象制器这一理念强调在造物活动中，人们必须将自然的因素纳入眼帘，予以重视，必须在工匠的主观性与那些来自自然的因素之间取得平衡，而不能单方面地专注于自身而置自然于不顾。要学习自然，从自然中得到启发，人造物与自然保持和谐。这在福建造物活动中比较明显，如蔡襄造洛阳桥就是造化自然的例子。洛阳江"水阔五里，深不可测"，在建桥工程中，蔡襄集中了能工巧匠的智慧，充分考虑自然环境条件，依照天气和江水变化部署施工，创造了"筏形基础"，船尖形的桥墩分开水势，减少了浪潮的冲击力；同时又利用江水的浮力，发明了"悬机浮运"，借助潮涨船高，把一块块重达数千斤的大石板，轻轻托举起来铺在桥墩之间，使洛阳桥渐渐显出宏伟的雄姿。蔡襄从洛阳江中每一块礁石上生长的密密麻麻的牡蛎丛得到启发，想到让牡蛎繁生，把桥基和桥墩石胶合凝结成牢固的整体。于是创造了"种蛎固基"法，把牡蛎种到洛阳桥墩上，仿佛为桥打上了无数钢钉，使雄峙江上的石桥更加坚不可摧。历经7年建成的跨江接海大桥屹立在万顷碧波上，大桥两旁有扶栏五百、七座亭、九座塔、石狮二十八和武士石像，这是宋代第一座梁式海港大桥，现是中国古代四大名桥，闻名中外。宋以来由于海上交通贸易需要，闽南造桥兴盛，营造技艺十分成熟，现存的安平桥、东关桥、江东桥等古桥，都是与自然和谐相处的典范。闽西北的木拱廊桥营造，从营造习俗中可知，其在满足交通功能时，还要考虑风水地理、民间信仰、娱乐聚会等，以实现各界和谐，是实践"观象制器"的例子。民间造物中，根据与自然相联系的一些形状进行创造很普遍，如泉州开元寺石柱上24个妙音鸟以及生活中的鱼盘、门锁、香包，等等，福建民间工艺中的瓷塑、雕刻、剪纸和建筑营造等造物活动均离不开动物、植物题材，创作象生作品非常普遍，这象生图案不仅有功能意义，而且还包含了中国民间文化独特的象征意义。如雕刻类仿生作品，其表现内容是吉祥观念和吉祥物的创生与利用。吉祥图案的构成多取事物的形、声、质、意，以一事物或三五种物品组合，表现一种或多种吉祥寓意。翠竹，喻气节；松鹤，象征长寿；瓶中月季，意为四季平安；蝙蝠梅鹿，寓福禄双至；牡丹荷花，意为荣华富贵等，达到有图必有意，有意必吉祥的艺术境界。吉祥图案和神话、民间故事、历史事件、戏剧情节、民风民俗相融合，广泛运用于福建民居、寺院、宗祠所有的建筑构建，成为福建百姓寓教于乐的艺术形式，和谐生活的重要内容。福建观象制器，通过从形到理到德的模仿，巧化自然塑造人格，达到天人合一。

四、审曲面势，因材施艺的创作思维

东汉学者郑司农认为："审曲面势，审查五材曲直、方面、形势之宜以治之，及阴阳之向背是也。"即在实际着手制作之前，首先应该对材料本身的天然特性有一个把握，以便决定把它派作什么用场，让它成为怎样的形状和部件，采用哪种工艺方法对它进行加工，等等。"审曲面势"强调了工艺、技术和材料的关系。告诉人们，器物或部件的最终形式基本上是功能要求和材料技术相权衡或平衡的结果。这也体现了中国制造传统的特点和放弃个性表现去换取客观精神的准科学传统。福建造物活动中可以看出这方面的事例。如闻名中外的寿山石雕，其艺术成就是对"审曲面势"最好的注释。几百年来寿山石艺人创作的法则"一相能抵顶九天工"，即"相石"，告诉人们，工艺前要对石材的质地、形态、纹理和色泽等进行一番比较，然后按功能要求，根据材料特点选择恰当题材、造型和技法。相形度势，因材施艺。而在实行雕刻中，要灵活利用石料的"俏色"和层次变化，注意石形，"鲜花插头前，好色排前面"，做到质、形、色有机结合。由于寿山石属"彩石"，材料有特殊性，"相石"贯穿创作前和制作的全过程，这使得寿山石雕从古至今，每个艺人创作的作品都独一无二，这也使得寿山石雕艺术充满无穷的魅力。

福建天然资源十分丰富，雕刻用材种类繁多，仅木材即有红木、龙眼木、桧木、红豆杉、沉香等近百种，福建匠人对材料的选材，也表现了不一样的自信和自如。根雕制作如何利用天然材质来处理造型，家具制造中如何利用木材的特性、纹理处理不同的结构，等等。在建筑构建营造中，根据不同部位使用不同雕刻技法，在有限的空间去彰显饱满的美学元素。如木雕主要装饰部位在构架和门窗上，梁架常用深浮雕，雀替用圆雕，门窗则为浅浮雕，装饰题材丰富多样，充满生活情趣。而大件作品雕刻时还要注意安装所处空间以及所需要的观瞻角度和效果，要与周围环境的自然条件及建筑群体相互映衬，紧密协调，以产生更好的美感。瓷塑形象如何利用陶泥质地烧成莹润变化釉面又体现功能的作品等。

福建民间工艺造物在继承中国传统基础上，又从自己的文化中汲取独特的养分，充分发挥想象力，自信选择不同材料，不仅为传统图式注入新的美学意味，而且不断开拓创造新图式、新工艺、新品种。如脱胎漆器"建窑"黑釉系列产品、妙音鸟、石雕蟠龙柱、绣球狮，龙眼木雕、纸织画、木偶头等新工艺，薄料髹绘、铜雕、锡雕、薄意、影雕和多层镂空通雕雕刻技法及全木结构藻井俗称"蜘蛛结网"绝技，等等。福建造物以创新雕刻工艺凸显独特的个性。

五、技以载道的功利意识

福建民间工艺造物传统重视技艺，重实用性，较少受到中国传统重道轻器观念影响，自成体系。20世纪50年代，为爱国侨领陈嘉庚兴建的厦门集美鳌园，是福建造物活动服务国家精神文明建设的表现。园中650件青石浮雕、透雕和影雕作品，或布于长廊照壁之上，或镶嵌于围栏护墙面之中，内容丰富，题材广泛，涉及古代历史故事，中国革命史，新中国建设史和现实生活中政治、经济、文化、艺术、地理、自然等方方面面，把历史与现实在有限的空间里作了翔实的艺术浓缩，创造了中国建筑雕刻艺术史上的奇迹。寿山石雕创作出7件长征组雕像，《红色闽西》等红色题材作品，木雕《人民好总理》《陈毅》，漆艺、陶瓷等民间工艺都围绕革命、现代生活等内容创作一大批积极向上、艺术精良的佳作，影响至今。总之，中华人民共和国成立后，福建民间工艺在道器关系上出现新变化，有可喜进步。

海丝之路与仙作红木古典艺术家具

连铁杞

妈祖信仰是郑和下西洋的护佑之神,而妈祖的声名远扬,亦与郑和船队声名远扬息息相关,同时郑和下西洋也为包括莆田仙游在内的诸多沿海地区的产业发展带来了新的契机。2003年金秋,笔者受湄洲妈祖祖庙邀请成为妈祖金身巡安澳门护驾团成员,这个宝贵的经历使笔者进一步了解妈祖文化、郑和下西洋与仙游红木艺术的关系。"仙作"作为仙游县以及莆田市的重要文化产业,日渐兴盛、迅猛发展,成为中国古典艺术家具四大作之一;仙游也成为中国最大红木古典家具生产基地、中国古典艺术家具之都。

一、妈祖与海上丝绸之路

海上丝绸之路,作为古代中国与世界其他地区进行经济文化交流交往的海上通道,又称香料之路、陶瓷之路,在不同的历史时期其运输着包括丝绸、瓷器、茶叶等古代中国盛产的多种大宗商品，并同时将珠宝、香料、花草、奇木异石等外来商品运输回国进贡宫廷。作为古代中外最重要的进出口海上通道，海上丝绸之路在当时世界贸易网络中地位尤为突出，造成的文化传播影响也尤为巨大。

对古代航海者而言，大海深不可测、风浪凶猛无情，就连渔民出近海讨生活都频频遇险，更别提越洋远航将面对怎样的风险和磨难了。为祈求旅途平安，中国民间的远航者们在船舶启航前要先祭妈祖，并在船舶上立妈祖神位供奉，祈求保佑顺风和安全。随着历史上宋代出使高丽、元代海运漕运、明代郑和下西洋、清代复台定台等历程，妈祖文化肇于宋、成于元、兴于明、盛于清，并渐渐形成"有海水处有华人，华人到处有妈祖"的真实写照，成为海洋文化史中最重要的中国民间信仰崇拜神之一。发展到近代，妈祖文化更为繁荣，成为海内外华人华侨共同文化认同的重要文化信仰。

历朝海上丝绸之路途经国家众多，旅途漫长，在看似遥遥无期的海上征途中，妈祖既是护佑平安的保护神，也是远航者们心中的信仰寄托。通过海上丝绸之路的不断传播，妈祖文化在建立古代中外关系、搭建海上贸易网络、促进沿海港口开发、推动科技文化的交流发展等方方面面，充分发挥其外延作用，并在历史海洋中留下了诸多航迹。据统计，仅直接记载妈祖信仰的中外历史文献资料最保守的估计超过一百万字，可见，妈祖文化已经成为那些古代海上丝绸之路起点和途经城市所共同拥有的文化遗产，已经成为联系这些城市的一种精神纽带。

二、妈祖与郑和下西洋

以明代海上丝绸之路航线来看，向西航行的郑和船队，曾到达亚洲、非洲39个国家和地区，与各国建立了政治、经济、文化的联系，完成了七下西洋的壮举，如此，开始于汉代的海上丝绸之路，经唐、宋、元的不断发展，迄于明代达到高峰。有关文献记载，妈祖信仰兴于宋代，而妈祖信仰的对外传播高峰期，则是在明永乐年间。郑和七下西洋，不仅拓宽了中国在海外的商道和影响力，将妈祖崇拜带到西洋诸国，更是其重要贡献。

一些研究妈祖信仰文化的学者认为：中国封建帝王向来以"天朝"自居，派使节去外国"册封"，明王朝为了炫耀天朝的尊威，借妈祖女神以增加"真命天子"的色彩。也有学者提出：妈祖的影响属宗教意义的影响，郑和的远洋是国家的影响，国家之影响和宗教之影响有机地结合起来，这恐怕在中国历史尚属首次。郑和远洋出访西洋诸国，显示的是国策，郑和既是国家的友好使者，同时又充当了中国本土宗教的传播者，使得郑和下西洋这一事件本身具有了国家和宗教的双重影响力。所以说，郑和七下西洋与妈祖信仰有着割舍不了的关系。

大量史料证明，妈祖信仰在这场伟大的航海征途中，作为精神支柱为船队的顺利出发和凯旋发挥了极其重要的作用；而郑和七下西洋也把妈祖崇拜由海内向海外传播扩大。大明宣德八年（1431），郑和、王景弘等人在第七次出使西洋前夕寄泊福建长乐时，镌嵌《天妃灵应之记》碑于南山宫殿中，碑文记载:"诚荷朝廷威福之致,尤赖天妃之神保佑之德也。"《八闽通志》《御制弘仁普济天妃宫之碑》《天后显圣录》等中都有着郑和历次出发或凯旋时,包括在福建停泊与补给时祭拜海神妈祖的记载,也对当时福建沿海海上贸易活动带来了积极的促进作用。

三、郑和下西洋带来仙作家具发展新契机

郑和船队带来的繁荣文化、贸易活动等,都对当时包括莆田仙游在内的福建沿海地区的地方产业发展有着积极推动的作用。郑和船队曾到过越南、印度尼西亚的爪哇和苏门答腊、斯里兰卡、印度和非洲东海岸,给这些国家带去了中国的丝绸和瓷器,而带回来的,主要就是红木,因为红木分量重,正好做压舱之用。红木运回中国后,一些能工巧匠把带回的木质坚硬、细腻、纹理好的红木做成家具、工艺品,供皇宫帝后们享用,于是便有了后来名扬海内外的"明式家具"。

在这个过程中,莆田市仙游县的师匠们充分应用了郑和从印度及东南亚压舱引载回来的名贵红木——黄花梨、紫檀、红酸枝等,制作红木家具的原材料应用越来越广泛,同时制作家具的技艺也越来越精进,形成独有特色。可以说,这些漂洋过海、来之不易的名贵红木给当时莆田仙游的红木家具产业带来了发展的新契机。

仙游素有"海滨邹鲁""文献名邦""科甲冠八闽"和"神仙游过的地方"之称。仙作古典家具既因"海上丝绸之

路"和"海上有妈祖、山上有九仙"的文化背景,又在历史上"三蔡"(蔡襄、蔡京、蔡卞)的影响下,在北宋时期最为盛行,成为中国宋式家具发祥地。仙作家具将精湛的工艺和榫卯结构发挥到了极致,是中国古典家具传承的一个重要环节。

一是榫卯。仙作家具有着复杂而巧妙的榫卯结构,榫头与卯眼之间完全不用钉子,鳔胶黏合也是一种辅佐,榫卯的连接之合理,工艺之精细,扣合之严密,结构之稳定,有天衣无缝之感,充分展现了宋代工匠的妙创。如夹头榫——代表三代同室,老人含饴弄孙。腿足上端开口,嵌夹牙条与牙头,顶端出榫,与桌案案面卯眼结合,结构稳固,是三代人同享生活的象征。

二是雕刻。仙作家具上镌刻着古老雕刻印记艺术,绵延千年依旧熠熠生辉,做工精细考究,构思精妙,层次丰富,格调高雅,寓意深厚,能赋予名贵红木无穷的美学意蕴。色泽厚重的紫檀,细雕后更凝重沉穆;色泽温润的黄花梨,素雕后莹润剔透;纹理瑰丽的红酸枝,细琢后素雅或繁厚。这是原木的自然神秀与雕刻技艺的奥妙交相辉映,挖掘出器物内在所蕴含的艺术潜力,使之灵动起来。

三是典雅。仙作家具集实用与艺术一身,已无原来的单纯笔墨绘画之平面二维空间之艺术意趣了。尤其是它有效地调动了平、圆、透、镂、微等雕刻艺术的技巧,使其通过凹陷和突出两者之间的变换交替,用丰满和虚空之间的穿插,重构审美对象;运用对应因素相互变换,充分利用材质之特殊性,发挥刀痕凿迹之"木趣"与其年轮木纹材质机理之"木韵",使其体现变化随其原有画图之笔意融入客观视觉，营造出三维艺术之特殊效果，实现其创造理念与观赏者的审美观念的和谐与默契，从而提示其内涵美，激发起观赏者对作品意境的联想与共鸣，诱人深入雕刻所凝固的音乐和里头的史诗之艺术境界。这也形成了仙作古典家具那种国画工笔与雕刻工艺完美结合的显著特点。如《吉祥如意》《平安富贵》厅堂椅，《十大圣人·十大谋士》《十大才子·十大才女》的屏风，《圆明园四十四景》挂屏，《妈祖巡海图》插屏等。仙作家具经过了明代的造型简洁、明快清新的艺术风格和清代的结构考究、装饰华美的繁厚样式的中国传统家具辉煌和鼎盛时期。

近年来，仙游县工艺美术产业得到了快速发展，被福建省列入"加快产业集聚、培育产业集群"的重点项目和莆田市"十一五"期间重点发展的十大产业集群之一。全县现有工艺美术企业4000多家，从业人员达20多万人，拥有中国工艺美术大师1人、中国木雕工艺大师4人、省级非遗传承人5人、省工艺美术大师14人、省雕刻艺术大师21人、省级工艺美术名人26人。"仙作"古典家具制作技艺被列入首批国家级非物质文化遗产保护名录。

惠安雕艺中含蕴与彰显的民俗文化

林瑞峰

一、概述

惠安县位于福建中部，湄洲湾和泉州湾之间，依山临海，与台湾省隔海相望，是海峡西岸的一颗璀璨明珠。自北宋太平兴国六年（981）从晋江析出置县以来，一直隶属泉州。惠安地域文化和传统特色文化凸显，有惠女、惠建、惠雕三大文化品牌。惠安石雕作为传统美术、惠安女服饰作为民俗、闽南传统民居营造技艺作为传统技艺，均列入国家级非物质文化遗产代表性项目名录内，而惠建、惠雕则成为惠安的文化产业和支柱产业。雕刻是惠安的传统产业和地方特色产业，其包含石雕、木雕、泥塑、砖雕、漆线雕、金银雕、纸塑、树脂雕，等等。在这些行业中，石雕居首，并已形成庞大的规模。

明代，惠安就有专门的工匠，编入"匠户"，另立簿册管理。20世纪50年代以来，惠安的建筑工匠参加了境内外大批水利工程、国防工地的建设，以及"北京十大建筑"、集美学村、陈嘉庚陵园、集美海堤等大型建筑物的建设。雕刻艺匠参加国内许多大型建设和纪念性碑塔、陵园石雕件的加工与安装；他们还参加台湾公用（包括寺庙）和民用建筑物的建设。惠安的石雕作品遍布海内外，惠安建筑工人的足迹，走遍大江南北神州各处。惠安已被誉为"世界石雕之都""中国民间艺术（雕艺）之乡""中国雕刻艺术传承基地""建筑之乡"等。

惠安石雕含建筑构件、碑刻墓石、宗教人物、景观造像、艺术摆件、实用器具六大系列上千个品种，主要用于房屋建筑、宫观寺庙、墓葬、神佛雕像、园林景观、城市雕塑、人物雕像、家具、日用器皿、摆设观赏、旅游纪念等，多以实用为基础。产品畅销欧美、日本、东南亚等几十个国家地区及港澳台地区。工艺表现形式主要可分为圆雕、浮雕、透雕、沉雕、线雕、影雕。在加工能力上，具有雕刻原材料的多样性、机械化程度高、加工能力强等特点，是目前国内产业规模最大、工艺水平最高、品种最齐全、加工能力最强的石雕石材工艺品生产加工与出口基地，形成功能齐全的产业链，并延伸拓展玉石雕刻、建筑装饰装修产业。今日的惠安石雕，集设计研发、生产加工、建筑装饰、销售服务于一体，全县从事石、木雕生产企业900多家，其中规模以上企业195家。雕艺人才队伍不断壮大，全县从事雕艺产业人员达10.8万人；2016年，全县雕艺产业生产总值168亿元。

一个有着千年历史的产业，在漫长的岁月里，必定形成与之相适应的民俗文化，或隐或明地告之世人其存在状态。如果说，传说与禁忌，是民俗文化的一种隐性体现；那么，雕刻中的各种传统题材，则是非常直白的显性表现。

二、民间传说

关于惠安石雕的掌故，人们往往津津乐道李周南台桥得月华的传说。

传说中的李周，是惠安崇武五峰村出名的石雕师傅。他的身材矮小又胖墩墩的，像个装酒的陶瓮，人家都叫他"瓮仔周"。据南郡会馆和兴化会馆的史料推算，他是清康熙至乾隆年间人。家住崇武五峰峰上村。少孤，资质敏悟，技艺超群，据传是他最早把绘画运用到石雕工艺上，使工艺大进。崇武石雕艺人推他为始祖，学术界推崇他为福建青石雕承上启下的人物。山法雨堂的龙柱（原置于南郡会馆）、西湖开化寺的石狮（原置于兴化会馆）、万寿桥的18只拳头狮等，都是他的遗作，至今极受赞赏。

瓮仔周家境贫寒，10多岁就到福州一个开石店的石雕师傅那里当学徒。那时学功夫（闽南话：技艺）很不容易，学徒每日要烧水、泡茶、扫地、煮饭、炒菜、洗碗箸，有时还得上街买东西。学功夫只得偷空站在师父身旁看几眼，全凭瓮仔周自己头脑灵巧。瓮仔周跟的这个师父脾气坏，从不曾给他指点什么，遇上不顺心的事还打骂学徒出气。

这年中秋节，师父请了几个朋友饮酒赏月，让瓮仔周上街买酒。谁知买酒回来路过南台桥，手中的酒瓶被人撞掉在地上，瓶碎了，酒也没了。瓮仔周吓得浑身发抖，心想回店师父是一定不会放过他的。

将近半夜，游人散尽。瓮仔周还呆呆地立在路边，进退不得。后来见身后有一块番薯地，他就躺到薯畦沟里，把薯藤叶拉来盖在身上。他望着天上一轮明月，心里一阵悲凉。来福州半年多了，什么功夫也没学到手，又挨打挨骂，不如回家。可是一想到家里穷得几日揭不开锅盖，回家还不是饿死？

瓮仔周正想着，突然天黑地暗，星月无光，天像是要塌下来。他起先吓得半死，后来想到，左死右也死，就让天来压死好了，就壮起胆睁大眼睛要看一看天是怎样压下来的。谁知过了一会儿，天空露出一条缝，一道月光不偏不斜直射到瓮仔周身上，只见一位仙女从月宫里轻飘飘朝他而来。他赶紧站起身，只听得仙女轻轻对他说道："千年难逢的天开门让你遇上，你又独得了月华，世上没有第二个人有这个福气。现在，你可以说出一件你想得的世上最宝贵的东西来，我一定能满足你的要求。"瓮仔周听后又高兴又为难。他穷得一无所有，什么都欠，要金？要银？要珠宝……突然他想到母亲说过的：金山银山吃会崩，学会功夫吃不空。就对仙女说："我只要一件'不求人'。"仙女问什么是"不求人"，瓮仔周说："让我学起功夫一学就会，不必看人脸色求人。"仙女听了很欢喜，连说一定办到。说完又轻飘飘朝月宫而去。

第二天，瓮仔周回到石店。说也奇怪，师父连问他一夜不归的话都没有，还听他讲巧遇仙女的事听得哈哈大笑，说是做梦。从这天起，瓮仔周真的拿起工具做什么像什么。他本来喜欢拿木炭在地上画画，只是画得不好，现在画起来活灵活现，谁见了谁称赞。他捏的坯更是神情毕肖，连老师傅也佩服万分。大家都说瓮仔周独得"月华"，功夫高超。

惠安雕刻艺匠的技艺，在国内外誉声鹊起、赞不绝口，人们称之为"心灵手巧""巧夺天工""中华一绝"。其实，得"月华"显示着"灵""巧"，既是古代惠安雕刻艺匠的企盼和愿望，把自己精湛技艺的显现归结于与神灵的天人合一，也是现代人对上述赞誉的最好诠释。

三、习俗禁忌

早期的惠安石、木雕，并非独立的行业，从属于闽南传统建筑营造业。其时，惠安是著名的"五匠"之县。"五匠"指的是泥水匠、石匠（分晟石、打巧）、木匠（分大木、小或细木）、砖瓦匠、竹篾匠。前三种工匠从事现在的建筑业和雕刻业，而砖瓦匠从事作为建材的砖瓦的烧制，竹篾匠则编制装材料的各种竹料工具。由此，雕刻业中不可避免地带有传统建筑营造业的痕迹。

（一）行话

行话是行业自己制定，代代相传，本行业能听懂，别人听不懂。在商贸活动中，当着别人面前，为不让别人听懂，设这些数字行话，也是僻话，以免漏失价格、斤两信息。木、土、石行业数码（旧时代做账数码）如下：

1：（一）；2：（二）；3：（川）；4：（X）；5：（8）6：（·）；7：（·-）；8：（-·-）；9：（久）；10：（十）。

（二）寸白

民间建筑几百年来严格要求使用房屋寸白，而惠安石雕、惠安木雕产品的建筑构件，也须按寸白来制作。特别是宗教题材的石、木雕作品，讲究尺寸的"字"，即闽南习俗的"兴、旺、衰、微"。几尺几寸为"兴"、几尺几寸为"旺"、几尺几寸为"衰"、几尺几寸为"微"，是很明确的，不可混淆。尺寸一律使用鲁班尺，高、长、宽按照"天父""地母"之规定。所谓"天父"就是指墙身，厝顶高度，必须符合规定的数字，例如：一四七、三六九高度尾数，所谓"地母"就是指厅、房的长、宽度必须符合规定。例如：一三五、二四八的中丁尾数。厝顶坡"加水"。高度必须依照后墙脚高度按130%、135%、140%系数及参照"天父"之规定进行施工。虽然已实施公尺制，但房屋寸白仍然存在。

（三）民居建筑中的"石作"

闽南地区民居建造中，"石作"（石雕的建筑构件）在不同构筑部位，其有具体要求和不同的做法。

下落、顶落厅前走廊大石砛的长度应略超过厅的"木心中丁线"，称为"出丁"，旧时传说只有"出丁"主人家里才能生男孩，寓意人丁兴旺。砛石的宽度大约是长度的十分之一，台阶一定要"三踏"（三级台阶），称为"天、地、人"三才，对主人家有利。

1. 其使用工具：

（1）构尺：长一丈三尺，每寸有一刻度，每尺一标识鲁班，主要记载大祖厝的长、宽、深、高度。不用时，要用金花（纸质）、红布绳捆好，放置于祖厝拜顶端的木栋之上，该"构尺"只有同"灯"号（本姓氏同宗支）的人建房方可使用。

（2）丁竿：为六角形檫木制成，长度根据建筑厅堂宽度再加上入厅壁"半丁"出超若干，分五肚（五面）彩绘凤凰等吉祥物，因长度超建筑物"半丁"才会出"人丁"（男性）。"丁竿"两头底座分别一边画螃蟹，一边画青蛙，吊在厅前次脊下空中。"丁竿"能起镇龙脉避邪的作用。

2. 下落、顶落厅前石砛与厢房之间应留有缝隙，称为"子孙缝"，这样主人家才能子孙满堂，兴旺发达。

3. 下落、顶落厅前走廊的角门（左右两扇边门）位置不能超出砛石，若超过称为"落丁"不吉祥。同时两扇门的开启应向内，不能向外，称为"开门入内"，寓意招财纳宝。

4. 屋檐落水口应超出砛石四寸，滴水才不会滴在砛石上。

5. 安装大砛石，安装大门时要祭祀"土地公"，以期庇佑。在安装大门时，门框上方双边均应压挂红布，以示主人家红运当头。安装砛石，俗称"下大石砛""点石砛"。点石砛由主持石作的匠师施仪主事，他用蘸有公鸡鸡冠血的宝剑点大石砛，口中念诵吉语，并将包有五种谷子的红包置放于大石砛正中预先留好的地方。主人家要将事先准备好的"红包"发放给参与安装的所有人员，以图吉利。

（四）对雕刻器具的尊敬与崇拜

匠师善待工具，不但能使工作顺利完成，同时也能体现他们对工具神的崇敬。多数匠师视工具为祖师爷所发明，亦可视为祖师爷的化身，工具亦被赋予神格。在学徒向师父拜师学艺时，除了设案祭神，师父通常要准备一种最具代表性的工具赠予新收的徒弟，一则赋予重任，另则告诫职业的规矩，他们视墨斗与曲尺为鲁班先师的象征。即将墨斗与曲尺视同为神敬拜，切忌有冒犯渎神的举动，墨斗与曲尺不可丢弃，不可用脚跨越。特别是墨斗与曲尺被妇女跨过，传言即将失灵不准确。因此，惠安石雕匠师在使用墨斗与曲尺完成弹墨绳定直线和划定直角与尺寸后，都要小心翼翼把墨斗与曲尺放在不易被人接触碰到的地方。

（五）石雕匠师在日常工作中的禁忌

不雕刻没配对的狮子、虎爷等瑞兽，不雕刻石敢当类的辟邪镇煞之物。此类雕刻应由专业的单身匠师进行或由道行修养高的匠师化装念咒后施作。石敢当碑是民间宗教信仰的表征，其碑是以花岗岩石浮雕狮头形象，其间眼瞪大，舌头露口，额上有"王"字，显得神力威武，旨在驱邪魔、镇境界、保安民。现在农村旧宅尚有石敢当，在道路直冲建筑物，直冲处的外墙壁镶石敢当的刻石或镶有雕刻虎上身的石雕。以前一般石雕工人不喜爱雕刻石敢当。原因是石敢当是神碑，不属于一般工艺品，要择良时吉日，三牲洗礼作为启工仪式敬奉。雕刻匠师生肖不宜属猴，避免寅申冲，而石敢当三字雕刻完后，要用牛屎覆盖起来，三字覆盖后谁也不能随意拉动，要待到立碑时道教法师开光点眼后，才能启动。逢年过节、初一、十五，恭奉者要亲视临酒礼牲仪供奉以敬之。

在设计创作与雕刻加工中，所表达的花枝（如梅花枝）和祥瑞动物（如龙、凤、麒麟等）的尾巴皆不能垂直朝下，因为闽南语方言中"梅"与"尾"谐音，都有"倒霉"之嫌，令业主讨厌，同时也使产品构图布局失去生机的美感。

（一）（二）（三）掺杂着风水文化的成分，（四）（五）既带有儒家文化的"三纲五常"伦理，也带有道教文化的扶乩制煞的内容，都是民间习俗在行业中的表现。

四、传统题材

题材源于生产、生活，反映了一地、一时的风情风貌。惠安石雕表现的传统题材大概可以分为人物、动物、水族、山水、花草、花鸟、博古、草龙（螭虎）、草花（缎线）、卍字框等十几类。

人物题材内容最广泛，应用最全面。在技艺表现形式上，圆雕、浮雕、透雕、沉雕、线雕、影雕皆有涉及，其他的题材就没有如此全面覆盖了。

人物题材包括宗教题材（佛教、道教、伊斯兰教、基督教、印度教等的神像为主，具体内容有如来、观音、弥勒、罗汉、达摩、和合仙、八仙）、民间信俗（福禄寿神、天官、八仙、大力士、土地爷、关帝、土地神、妈祖、行业祖师、祖先等）、历史典故和戏剧故事（二十四孝、刘海戏蟾、三国演义、水浒传、红楼梦、说唐故事）等等。这里面，宗教题材的功能是宣传教义，对本教神祇的崇拜。民间信俗题材的功能是作为精神寄托，趋利避害。历史典故和戏剧故事题材的功能是宣扬传统的儒家思想、三纲五常、忠孝节义、惩恶扬善等，营造传统社会的文化风气，巩固传统社会的秩序。

动物题材包括狮子、麒麟、龙、鹿、虎、马、羊、象、龟等。图式有狮子抢绣球、双龙戏珠、麒麟送子、太平有象、万事如意、富贵万代、福寿双全、蟠桃献寿、多福多寿等。龙纹表示神威和力量，狮子象征人世的权势、富贵。这些题材的功能是祈求生活吉祥如意。

水族题材以鱼类为主。图案有鱼水相依、年年有余、金玉满堂，等等，主要依谐音，来表达富贵、余裕，如两条鲇鱼并列，"鲇"谐音"年"，鱼为"余"，合成"年年有余"；如果两条鲇鱼首尾相连，或童子持着莲花、莲叶抱着鲇鱼，则称"连年有余"，有着生活富裕、年年有节余的寓意；图案中有多条金鱼，"金鱼"谐音"金玉"，代表生意兴隆，财源广进。

山水题材采用素描的山水画，呈现自然风光、田园风景、湖光山色，图案是各种山水相配，江河湖海，亭榭楼阁，小桥流水，皆予入画，喻意江山多娇。图案雕有山水松树或者青山海水，表示福如东海，寿比南山。线雕与影雕使用较多。

花草题材常被用作边饰或主体装饰的陪衬，且占有很大比重。人们多用弯卷盘绕的造型强化蕴含在植物图案中的动感，表现对欣欣向荣的生命与活力的期盼。如松、竹、梅"岁寒三友"，梅、兰、竹、菊"四君子"。牡丹代表富贵，芙蓉代表荣华，芙蓉花与牡丹花的纹图，象征荣华富贵。石榴，取它多籽的特点象征"多子"，与佛手、桃合称"三多"，即"多子、多福、多寿"。葫芦或石榴或葡萄加上缠枝绕叶，表现"子孙万代"等。兰花、灵芝表现"君子之交"，灵芝、兰花、牡丹花组成"兰芝富贵"。

花鸟题材有凤、鹤、喜鹊、鹭、蝙蝠以及牡丹、芙蓉、海棠、松、竹、梅、灵芝、菊花、莲、莲藕、荔枝、寿桃，等等。凤凰是古代传说中的"百鸟之王"，凤凰的形象经常用于帝后的用具及衣物的装饰，所以也是帝后的象征。凤与龙在一起，表示男女和谐美满，是婚姻和婚庆的象征。锦鸡站在花丛上，意为锦上添花。月季花每月开花，喻为四季花，边上有太平鸟，寓意四季太平。

博古题材也是吉祥符号。图案内容有博古架上摆各种器物如花瓶、香炉的左右耳环上雕有象眼、象鼻，意为太平有象，表示天下太平，吉祥如意；摆有蝙蝠、寿桃、石榴、如意等，蝙蝠、寿桃和石榴表示多福、多寿、多子，一柄如意代表"九如"，是谓三多九如。"九如"具体指"如山、如阜、如陵、如岗、如川之方至、如月之恒、如日之升，如松柏之荫、如南山之寿"，原为颂赞人君之语，逐渐变为祝寿之词；摆有毛笔、银锭和如意，则借其谐音表示必定如意的良好祝愿。或图案仅画葫芦、扇子、鱼鼓、花篮、阴阳板、横笛、荷花、宝剑八种法器，这是八仙持的神物，用法器寓意八仙或八宝。

草龙（螭虎）题材。传说中没有角的龙，又叫螭虎、螭龙。用螭龙表示美好吉祥，如二龙戏珠图案中两条神龙和一颗宝珠，宝珠可以避水火。代表逢凶化吉，吉祥如意。也有专门用曲齿龙来作为花纹，饰以图案之周。

草花（缎线）题材以各种植物抽象化为缎线。采用花卉或者农作物的叶、瓣、茎、果实，画成各种缎线，作为装饰花纹。如麦穗，喻岁岁平安，一连串禾穗则表示长命百岁。

卍字框题材即断字纹，起源于原始的太阳崇拜，本为太阳符号，后定音为"万"，象征无穷无尽，并被用于建筑檐口装饰，与"寿"字纹相配，取"万寿无疆"之意；用在门板雕饰上，与蝙蝠纹相配，取"万福"之意。比较常见的有卍（万）字、寿字和福字。除使用单个卍字，还将许多卍字上下左右相连，直至边框也不结束，寓意为万字不到头。

在惠安民间艺人眼里，天地万物，皆可为我所用。龙，传说是中国最大的神物，也是最大的吉祥物，具有至高无上的地位，称为百兽之尊。龙纹被作为"帝德"和"天威"的标志，龙的形象在传统建筑石雕装饰中大量出现。龙和凤都象征着吉祥，自古就有龙飞凤舞、龙凤呈祥的说法。虎，作为力量的象征被运用到各种装饰中。狮子有"百兽之王"的美称，具百兽中的地位和威望，用来象征人世的权势、富贵，作为单独的形象列于大门两侧，增添建筑物的气势；也直接用于建筑的装饰，比如说栏杆的望柱头雕刻各种神态各异的狮子，牌楼基座、柱础、建筑的木梁架上等部位都有狮子的形象。鹿在传说中常与寿星为伴，以祝长寿，且与"禄"同音，又表示俸禄或富贵；鹤也是长寿仙禽，常与其他长寿动植物组成"龟鹤齐龄""松鹤长春"等图案。蝙蝠的"蝠"字与"福"谐音，故在民居图案中运用极广，常见纹图有五只蝙蝠和篆书"寿"组成的"五福捧寿"等。除此之外还有"麒麟送子""马上封侯（猴）""六（鹿）合（鹤）同春""丹凤朝阳""三阳（羊）开泰"等题材。麒麟多陈列于醒目之处，以象征天下安宁和仁德等。至今在民间仍流传着"麟吐玉书""麒麟送子""麟子祝福""麟趾呈祥"等说法。"麒麟送子"和"观音送子"都是为了满足老百姓多子多孙意愿的象征形象。鹤是一种吉祥长寿的象征。它与其他象征长寿的龟、鹿、松树组合，构成"龟鹤齐龄""鹤鹿同春""松鹤长青"等象征长寿的图形。松、鹤二者共同寓示长生不老，多寿多福。蝙蝠，取其谐音"福"，在传统建筑、家具、服装和器皿上，它的图案到处可见。以龙、凤、麒麟等为代表的神异形象，几乎完全是人们为表达观念而主观臆造的；而狮、虎、龟、鹤，以及其他众多的飞禽、走兽、虫鱼等动物也被赋予了人格化的精神，反映了人们欲借助这些动物神异实现自身理想的强烈愿望。至于小到吉祥符号、文字文辞，也非常广泛地应用各种程式化的吉祥符号，如常见的有卍字流水、盘长纹、龟背纹、回纹等，常被用作花边装饰或衬托主体图案；有的字如寿字象征长寿，福字象征幸福，都有吉祥意味，被装饰成许许多多不同的字体寿字、福字，称为"百福百寿图"。这几种图案巧妙地组合在一起，还可表现各种各样的题材。如，用蝙蝠、卍字、寿字图案组成"万福万寿"，使用蝙蝠（或佛手）、葫芦（或石榴）、桃（或寿字）图案组成"多子、多福、多寿"，用卍字、柿子、如意图案组成"万事如意"。

结论

追求吉祥如意，是凡夫俗子最大的愿望。惠安雕艺工匠们，千百年来，打开想象的空间，不断汲取历史知识，充实雕刻的题材，丰富了民俗文化的内容。他们以一个美丽的传说，烘托自己传神的技艺；又把建筑学上的禁忌和习俗，作为本行业的规矩，从而反证了惠安建筑和惠安雕艺互为交融、传承的民俗文化；与此同时，在传统营造技艺的实施过程中，大量应用各种雕刻题材的图案，巧妙反映了业主及本人对现实生活、未来的追求。

可以说，在现实世界中，各种界别各种层面对追求幸福生活有不同的认知程度。随着历史的发展，人们对社会文化的认知，从单调到丰富，使得民俗文化从各种形态上予以表现，故在喻示手法上既有明喻（题材），也有暗喻（传说、习俗禁止）。最大的表现，在于题材的内容，集中反映着各种文化的交融，或直接，或间接，世间万物，为我所用，这应该也是惠安雕刻艺匠们心灵手巧的另一种体现吧。

福州寿山石的材质雕艺与文脉源流

方宗珪

寿山石,是以产地命名的珍贵宝彩石,自开发以来,在数千年的历史进程中,以自己独特的意蕴,融汇自然美与艺术美的语言,形成了"寿山石文化"现象。她是立足于中华文化沃土上的一朵奇葩。

一、造化天成,品类繁复

福州因城中三山闻名遐迩,可在城外还有一组"外三山",却鲜为人知。外三山指的是位处北郊的九峰山、芙蓉山和寿山。明谢肇淛在《游寿山九峰芙蓉诸山记》中说:"郡北莲花峰后万山林立,而寿山、九峰、芙蓉鼎足虎踞,盖亦称'三山'云。"寿山石的产地便是在以寿山为中心方圆数十公里的山峦溪田之中,以"山清、水秀、洞幽、地灵、人杰、石美"而著称。

传说女娲娘娘炼五色石嵌补苍天之后,有日来到寿山,被辛勤劳作的村民所感动，于是点化群山顽石变成五彩斑斓的寿山彩石。这固然是一段美丽的神话，但恰好说明寿山石是福州特有的一种"上天馈赠"。作为寿山石文化载体的寿山石品正是以产地命名的一种珍贵的宝彩石，它专指福建省福州市晋安区寿山乡的寿山村及其周边（北面的日溪乡和南面宦溪镇的峨眉村）所出产的可用于雕刻艺术品的叶蜡石、地开石。

然而并非世上所有的叶蜡石和地开石都能称作"寿山石"，寿山石与寿山石文化唇齿相依，离开了寿山地域，所出之石就不能称为寿山石。而且，在这庞大的寿山叶蜡石矿藏中，也仅限于适宜雕刻艺术品的矿石才能称得上寿山石。区分工业用矿石和工艺用矿石，全凭工艺人手上一把刀。宋梁克家在《淳熙三山志》中对寿山石赋以八字评价："洁净如玉，柔而易攻"，堪称精辟。古代文献将这类石头统归为"珉石"类。"珉，石之美者，似玉非玉。"汉朝许慎在《说文解字》中如是说。

在数万年乃至上亿年前的中生代，位处我国东南沿海的福建，地壳曾经出现一次大运动，到了侏罗纪晚期火山喷发强烈，位于八闽中部的福州尤其突出。火山喷发既是一场灾难，但也给后来生活在这里的人类送来了两份大礼：温泉和寿山石。

寿山一带山峦在这次地质大动荡中成了"寿山—峨眉晚侏罗世火山喷发盆地"中心。这里的山体在火山喷发的间隙期或结束后，由于地层大量酸性气体、液体的流动，对围岩矿物进行交代、分解。围岩中的钾、钠、钙、镁及铁等元素与热液相互反应，从而产生出具有千变万化的色彩、质地和纹理的矿床。数百年来，经过代复一代鉴赏家们的不断研究，根据不同地域、矿洞出产矿石的外观特征，将寿山石分作田坑、水坑、山坑三大类，分别命名上百个石种与品目，形成科学的"寿山石品种体系"。

田坑：专指环绕寿山溪畔水田底零星埋藏的"寿山独石"，素有"石中之王"称誉的田石就是田坑石中的代表。可别小看了这条在寿山村形如"如意"的小溪涧，它分别发端于村中三个支流：最远处是源于村庄西北部的柳岭之麓贝叠，称"大洋支流"；另一支流始于村南外洋的坑头尖山与高山峰交界的山坳，称"坑头支流"；第三支流出自高山西北麓，称"大段支流"。

真正出产田黄石的"田坑"范围，仅限于坑头支流至碓下结门潭这段长约八公里的沿岸水田深处，以及溪底砂土层中，面积仅为一平方公里上下。故村间传有"没汲坑头水，不出田黄石"之说。

田坑石属于一种稀有的次生寿山石矿块，它的生成可追溯至距今数百万年以前的第三纪末期，由于矿山地质的变化，坑头、高山矿脉中的部分优质冻石从原生矿床分离后，经风雨等外力的作用，从山上滚落溪中，再经溪水冲刷、运送、迁徙到溪畔基础层上，随后被砂土覆盖从而深埋田底成了"无根而璞，无脉可循"独具特色的稀有宝石。鉴赏家按色、质分定田石的品目，有田黄石、白田石、红田石、黑田石以及金裹银田石、银裹金田石等。

白田石不是整块纯白色而是白中泛黄；红田石并非纯正的红色，而是黄中含有红橙色；黑田石也非漆黑一块，通常是黑中带赭，文人形容它的颜色似"秋梨染墨水"。无论黑田、红田还是白田，基础色调都是黄色，正因如此，田石被统称为"田黄石"。田黄石在封建社会深得帝王喜好，从而身价倍增。但就矿质而言，它与其他寿山石并无明显区别。

　　水坑：是指位于寿山溪支流发源地坑头尖山麓的矿脉出产的寿山石。由于矿洞位处溪旁，水分充足，围岩坚硬，矿层稀薄，矿质洁净通灵，寿山石中的晶、冻石佳品多出水坑矿脉垂直倾斜，坑底不断有地下水渗出，更因矿层稀薄，犹如夹心，极少有大块的矿石出现。清代有诗句形容采集艰难，云："唯有水洞在涧底，四时暗溜鸣嘈嘈；其间结窝不可觅，觅得一线群欢号。"鉴赏家们依据水坑石的"色""象"命名，比如"鱼脑冻"顾名思义很像鱼脑；"水晶冻"则似水晶；结晶体中有细密红点飘荡其中，形如片片桃花，就被称作"桃花冻"；"牛角冻"则因色彩纹理和透明感近似牛角而得名。

　　山坑：泛指散布寿山石矿区山峦中的寿山石，分为寿山、峨眉两个区域、十四亚类，著名品种有高山石、都成坑石、芙蓉石、月尾石、旗降石、荔枝洞石、善伯洞石等数十个。按出产矿石的山峰命名。又根据每块石材的质色形象分别命名品目、雅号，例如高山晶、芙蓉冻、虾皮青、朱砂红，等等。此外，按照透明度的不同，称为"冻石""晶石"。

　　山坑石不仅种类繁多，色彩丰富，在它们美丽外表的背后，还有着许多传闻逸事。

例如高山石中有一个叫"嫩嫩洞"的矿石，清末初产时没有出过什么好石头。可在1913年，出产了一批优质晶石、冻石。一经推出，便轰动了收藏界，从此便以"民国二"来命名该洞在这段时间所产的矿石。

善伯洞石也有它的典故。传说古时寿山有一位名叫"善"的村民，年轻时好吃懒做，东摸西盗，终于被众人逐出村子。在村外摸爬滚打了数年的他，决心改邪归正，重新做人。回到村里他开始自力更生，农闲时还常常帮助石农开矿采石，也时常到山中寻找矿苗，终于在与月尾峰相邻的山中发现了新矿脉。大家见他变成一个勤劳的人，并且开采到了好石头，都为他高兴，此时善已老了，人们都亲切地称他为善伯。可惜好景不长，矿洞塌方，善伯不幸被埋在洞中身亡。人们为了纪念他，称这个矿洞为善伯洞，把这里出产的石头称为善伯石。不同时期开采的善伯石也有不同的称呼：比如善伯洞是清朝开凿的矿洞，那个时期出产的矿石被称作"古善伯石"；20世纪前期开采的矿石被称为"老性善伯石"；20世纪后期开采的矿石则被称为"新性善伯石"；而21世纪以来新产的善伯洞石，因其质介于善伯洞石与月尾石之间，故又以"善伯尾"或"月尾仙"称之。

历史上，寿山石开采业曾出现过三次高潮。

第一次挖山凿洞的采石高潮出现在两宋时期。据文献记载，那时的开采业由官府管理经营，规模庞大，品种颇多，出产石块度大者可达一二尺，色具红、青、紫、白、黑各色，其中有一种色绿如老艾草者称为"艾叶绿"石，最为珍贵，被宋、明间的收藏家视为极品。

毛奇龄《后观石录》云："宋时故有坑，以采取病民，县官辇巨石塞之。"可知到了南宋后期由于官府采取"病民"政策，矿工奋起反抗，曾轰动一时的寿山石开采业开始由兴转衰，最终停歇了下来。

第二次高潮出现在清初靖南王治闽期间。清朝初期，清政权为利用汉人，分别封吴三桂、尚可喜和耿仲明为"藩王"。耿仲明称"靖南王"，镇守广东，死后其子继茂承袭王位，顺治十七年（1660）从粤入闽，于康熙十年（1671）去世，其子耿精忠袭爵继续镇守福建。

耿氏父子统治福建期间，凭借权势凿山挖田开采寿山石，除自己享用和进贡朝廷、馈赠权贵外，还垄断石市牟取暴利。诗人查慎行曾在笔下描述这种凄凉的场面："初闻城北门，日役万指佣千工。掘田田尽废，凿山山为空。昆冈火连三月烽，玉石俱碎污其宫。况加官长日捡括，土产率以苞苴充。今之存者大洞盖已少，别穿岩穴开芙蓉。居人业此成石户，斑白老叟携儿童。"

康熙十二年（1673）康熙皇帝为削弱藩王势力，颁布撤藩令，导致三藩叛乱。清廷派康亲王率军入闽平叛，耿精忠被迫投降最后被处死。此后在康雍乾三朝寿山石开采一直兴盛，高兆《观石录》说："丁巳（康熙十六年）后大开山，日役民一二百人。环山二十里，丘陇亩亩，皆变易处。"当时开矿盛况，可想而知。只是田黄、水冻之类珍品资源越来越稀见。

晚清时期，社会动荡，寿山石的开采日渐式微，尽管在民国初期稍有起色，但规模和康乾盛世时期已经不可同日而语了。抗日战争期间整个行业更是一落千丈，呈濒临停歇的状态。

中华人民共和国成立后寿山石开采重新兴起，矿山由乡村（公社）组织专业队集体经营，主要提供石雕工厂生产使用，产量明显增加但品种单一，主要出产高山石、虎岗石、老岭石和柳坪石等。20世纪80年代初，在改革开放的大背景下，农村实行承包责任制，大大调动了石农探矿采石的积极性，山涧田野到处可见人们寻觅矿苗、挖掘田石的身影。一些荒置许久的老坑如太极头、善伯洞、旗降洞、芙蓉洞重新开采。同时，荔枝洞、汶洋洞、黄巢洞等新矿洞也陆续开凿。寿山矿区呈现出三百年未见的兴盛场面，堪称如日中天。这就是寿山石开采业的第三次高潮。

全民开采狂热的背后留下的是矿山过度开凿和自然生态的失衡。另外，由于石市管理混乱，也出现以假乱真、以次充好、干扰市场等现象。为此地方政府在世纪之交连续颁布了《寿山石雕石种名称标识规定》《福州市寿山石资源保护管理办法》等法规。寿山石还被列入国家"地理标志产品"加以保护。

二、妙手天工，雕艺精湛

古语道："玉不琢不成器。"寿山石虽美，若没有匠师的雕琢，恐怕也难淋漓尽致地展现出宝石的天然风采。所以寿山石雕在寿山石文化中占有主体的地位。寿山石雕的艺术价值涵盖了质料与加工两个方面，质料的天然之美与后期的工艺之美两者并非孤立存在而是相辅相成。每一块寿山石通过艺人的构思设计，将材质美与工艺美巧妙融合，才称得上是"天人合一、材艺一体"的佳作。世上找不到两块相同的寿山石，同样也不会出现两件造型一样的寿山石雕。行内世代相传的一句口诀"因料取材，因材施艺"就是对寿山石雕创作的经典总结。

人类利用寿山石制器的历史可以追溯到四五千年前的新石器时代。1957年，福建省文物管理委员会在福州新店浮村一处与昙石山文化年代相近的史前遗址中发现了一批用寿山石为材料制成的石器。据发掘报告称有石锛、石镞、石凿等20多件。与其他石质的石器相比，这些寿山石器体形略小，磨制精巧，达到较高的技术水平。这些闽族先人精心磨制的寿山石制品质地温润、色彩光洁，显示出古代劳动人民的审美意识和精致的雕刻工艺，从此拉开了寿山石文化历史的帷幕。魏晋南北朝时期，黄河流域战乱频繁，百姓流离失所，地处偏僻东南海滨的福建时局相对稳定，成为一方乐土。大量北方汉人移民闽中，促进了当时闽越地区社会经济的发展。南迁的移民带来了中原文化和先进的生产技术，同时由于民族大融合，包括寿山石雕在内的闽文化开始与中原文化融合发展。寿山石雕不仅有了新的艺术风格，在功能性上，还被赋予了新的意义。

汉代中原入葬时，有将一对玉石雕成象征财富的小猪，握在死者手中这一习俗，以祈求墓主在阴府仍可尽享荣华富贵的生活，称为"握玉"。而在福州地区的南朝贵族墓中，就曾出土过寿山石雕"卧猪"，它们成对排列，规格微细，高、宽仅在1厘米左右，长度约数厘米。雕工简略，突出刻画猪的嘴、脸和双耳，全身划阴线纹饰鬃毛，有的做卧伏状，有的呈长条状，造型浑朴，形态生动、刀法粗犷。从这些寿山石卧猪不难看出处于萌芽阶段的寿山石雕，在传承古老闽越文化的同时，还接受了中华传统文化的濡染，形成了浓郁的地域特征，反映出寿山石文化与汉文化的渊源关系。

唐代至后唐期间，寿山及周边大兴佛学、广建禅院。芙蓉院、九峰院、广应院、翠微院及林洋院五座宏大壮丽的寺院相继建成，其中位于寿山村口的广应院僧侣在附近山中采集石材时发现寿山石矿脉，遂凿洞挖掘，雕制佛像、香炉、念珠等宗教器具，并作为礼品馈赠四方信众。明代寺废后，村民在寺坪废墟上挖到埋藏古刹地下的寿山石及其雕刻品，并将它命名为"寺坪石"。明朝诗人徐渤《游寿山寺》云："草侵故址抛残础，雨洗空山拾断珉。"描写的正是挖掘寺坪石的场景。后人在故址上建了一座"五显公庙"，仍有石农在旁挖石，偶有所获。

宋代政治中心南移，北方百姓大规模迁徙入福建，福建跻身全国发达地区，福州也成了"百货随潮船入市，千家沽酒户垂帘"的大都市。

两宋时期，寿山石雕业得到长足发展，技艺也日臻成熟，艺人在继承晚唐雕塑传统的同时，逐步走向世俗化。当时石雕除由官府监制进献宫廷制作祭祀礼器和御赏品外，还有大量雕刻观赏艺术品供达官贵人收藏、摆设、雅玩。此外，民间工匠还开设作坊批量生产各种随葬明器。

据《宋会要辑稿》记载：绍兴七年（1137）六月十九高宗诏："明堂大礼，合用玉爵系是宗庙行礼使用，今来阙玉，权以石代之，可令福州张致远收买寿山白石，依降样制造，务在朴素。"另在《建炎以来系年要录》中也有"官庙当用玉爵、瑶爵十有五，以福州寿山白石代之"的记录。

多年来，在福州地区的宋文化遗址挖掘的寿山冻石观音雕像和宋墓中出土的大量寿山石俑都充分显示出民间匠师们的高超雕艺。

宋俑可分为人物俑、动物俑和灵异神兽俑三个大类，它们形象逼真，刀法简练：有充满市井生活气息的人物俑像，它们或憨态可掬，或庄重文静；也有刻画人首蛇身、人首鱼身的奇特神兽。它们或盘缠而立，或背负山岩，为他地墓俑所未见，反映出宋时古闽越地区风土人情以及人们对鱼、蛇崇拜的传统。

元朝政权施行民族歧视统治，采取分化政策，将各族人分为四等，最高等级的是蒙古人，其次是色目人（包括西域和西夏人），第三等是北方汉人和契丹人、女真人，第四等是南人。福建等江南人被列为"南人"，社会地位低微，同时施行"尚武轻文，鄙视文人"的政策。许多汉族文人以遗民自居，隐逸山村避世。同时借书画寄情，玩赏寿山石陶冶情操，还亲自操刀雕刻文玩自娱，作品风雅逸致，富有书生气，赏石篆印之风兴盛。

至元末，以王冕为代表的一批书画家创用花乳石制印篆刻，由此开启了中国石章篆刻艺术的新时代。由于寿山石脂润瑰丽，易于奏刀，深得篆刻家青睐。他们在刻印、用印的同时，喜欢观赏纽雕，抚玩印材。于是，艺人们在继承历代钮雕艺术的基础上，结合寿山石特质，创造出气象万千的寿山石印纽雕刻艺术风格。

明代寿山石雕在印章纽饰、文房雅玩方面尤其蓬勃，不仅受到文人墨客的推崇，还被选进宫廷制作帝王御玺。北京故宫博物院收藏一批明代寿山石质宝玺中，有"皇帝之宝"和"御前之宝"两方与文献记载明二十四宝相同印文的方形玺。此外还有宫殿名玺，刻有寓意吉祥词句、格言印文或图案的闲章，以及宫中进行宗教活动用印章等。纽饰多样，刻制精良，除螭虎、龙、狮之类古兽外，还有家禽、人物和仙佛等各种题材。

清初，寿山石雕刻艺术进入兴盛时期，毛奇龄在《后观石录》中记载他收藏的49枚寿山石章中，兽纽就有螭虎、辟邪、狻猊、青猊、天马、獬豸以及貔、虓等20多种。另有博古、人物、山水、花鸟等诸多题材。康熙年间，寿山石雕涌现出一批身怀绝技的大家巨匠，著名者有杨璇、周彬、魏开通、王裔生等人。

康乾盛世是清一代寿山石艺术空前繁荣的年代。北京、台北两地故宫收藏寿山石御玺、御赏品及镶嵌屏风、器具，不但数量多，而且雕艺精，堪称"国宝"。这些宫中瑰宝既有朝廷造办处利用闽省进贡的寿山石按皇上旨意由御工雕制，也有地方官吏进献民间艺人的佳作，促使这一时期的寿山石雕艺术出现宫廷艺术与民间艺术的交流，促使寿山石雕发展到全盛的阶段。流于民间的佳作也不少，乾隆年间闽中金石鉴赏家郑杰在《闽中录》说："余素有石癖，积三十年，大小得五百余枚，皆吾闽先辈所遗留。钮多由杨玉璿、周尚均二家所制……石既陆离斑驳，无妙不臻，章复规秦摹汉，诸法咸备。"

杨玉璇与周尚均都是康熙年间的雕刻大家，同时也是现今可考据的能够叫出名字的两个雕刻家，我们称他们为寿山石雕刻的鼻祖。他们的作品大量收藏于故宫。有人猜测这两位是不是进宫当过"御工"。可惜经过考证，并无此种可能。二位的作品底部都有签名，倘若是御工，则不允许任意签名，即使署款亦需称"臣"。他们的雕作之所以会出现在皇宫，最大可能是由地方官员作为贡品进献给皇上的。

古老的寿山石艺术在与宫廷艺术的交流中逐渐融合，同时与"姐妹"艺术的学习交流，使得艺术思路得以拓展，审美不断提升，工艺更加精湛。杨璇、周尚均虽然都不是福州人，但却被福州的寿山石雕界奉为"鼻祖"，正因为他们的艺术风格影响了寿山石艺几百年。

道光年间英国发动侵华鸦片战争，腐败的清王朝与英侵略者签订丧权辱国的中英《南京条约》，福州成为五口通商口岸之一。此后寿山石雕通过海路大量出口各国，寿山石雕也开始分为西门和东门两个艺术流派。西门派因从艺人员集中西郊凤尾乡而得名，由潘玉茂与其弟玉进、玉泉共同创立，以刻印雕钮及文房雅玩为主，作品淳厚古朴，清雅精致。东门派艺人多为东郊后屿乡一带农民，由著名艺人林谦培门生林元珠带领族人收徒传艺发展成为庞大的从业队伍，产品主要供古董商出口销往日本、东南亚及欧美各国。

龚纶在《寿山石谱》中评价东、西流派代表人物潘玉茂和林元珠时说："（玉茂）能仿周法制钮，所谓兽头、博古、薄意以及开丝、雕边诸技，无不力争上游，卓然名家。又能作为云烟灭没、开阖舒卷，亦有晚阳乍敛，倒影林薄意致。同时林元珠，名亦与之埒。但元珠稍肥俗，工致盖相亚也。"似有褒"西"贬"东"之义，也反映了当时文人的审美意趣。其实东、西两派各有千秋，东门追求作品的观赏性，雕刻精致；西门则注重作品的玩赏趣味，造型圆浑，刀法古拙，印章、手件适宜玩家摩挲把玩。

延至民国初年，寿山石行业曾呈现采石、雕艺两旺的态势，流派艺术更臻成熟，著名者有林元珠、郑仁蛟、林文宝、林清卿等人。特别值得一提的是林清卿，他致画理于石面，熔雕、画于一炉，独辟蹊径，开创了寿山石雕独有的"薄意"技艺，世称"西门清"。龚纶《寿山石谱》赞其"精巧绝伦，真能用刀如笔，在杨、周二家，别开生面者"。清末民初，寿山石产量丰富，比如前面讲到的被称为"民国二"的高山嫩嫩洞石等新品种。然而石成天然，难免含有裂纹或者杂质。林清卿早年随西门派陈可应学习石雕，20多岁时到福州拜师学画，想用画理来丰富石雕艺术技法。学成后他重回寿山石雕刻行列。正因为他能旁征博引，从国画笔墨与竹刻留青技法中得到启示，将"留青露肌、色分深浅"的精华引入石艺，使他的薄意能够独树一帜，卓然成家。

纵观寿山石发展的每一个重要过程，总有一些人站在时代的前沿，这些人传承传统、突破传统，终成一代宗师。

三、灵石可人，文士寄情

南宋著名诗人陆游《闲居自述》诗云："花若解语还多事，石不能言最可人。"石不能言，何以"可人"呢？宁静不语的石头往往能给人带来另一种美好的享受。"一石清供，千秋如对。"一切尽在不言中。它的"可人"之处，全赖于有人去发现、去解读。梅花如此，牡丹如此，寿山石亦然。一诗咏千古，故人文是寿山石文化的核心、内涵。

说到"寿山石"，许多人会有一种"可望而不可即"的感觉，以为它只是富豪显贵的奢侈品，与平民百姓无缘。其实寿山石不但品格高雅，而且平易近人，贵者价逾金玉，廉者唾手可得。既可以贡奉帝王，又能够亲近庶民，文人墨客在其中起到了重要桥梁作用，功不可没。倘若没有文人的参与，寿山石只不过是一种矿石，充其量作为工业材料，永远成不了"寿山石文化"。

迄今可以找到有关寿山石最早的文献记载，是关于南宋绍兴七年（1137）六月十九高宗下诏，令福州知府张致远收买寿山白石制作官庙祭祀礼器。身为南宋第一位天子，何以要下旨用寿山石雕制礼器呢？因为北宋帝王多具有文艺气质，特别是徽宗赵佶，精通书画，提倡风雅，还喜欢玩赏奇珍异石。在位期间大量收集江南花石，船运汴京供其享用，此举劳民伤财惹来朝野非议，史称"花石纲"。高宗赵构是他的第九子，幼受熏陶，资质朗悟，自然对寿山石素有向往。

靖康二年（1127），北宋灭亡。时为康王的赵构继位当上半壁江山的皇帝，史称"南宋"。在金军的追击之下，一路南撤，为保住赵宋政权，在疲于奔命期间，频繁祭祀天地神灵，却苦于没有足够的玉礼器，于是下诏以寿山石代之。寿山石在高宗心目中的地位，不言而喻。

南宋右丞相梁克家在他编纂的福建最早一部地方志《三山志》中，分别在地理类和寺观类中都记载"寿山石"，称："寿山石，洁净如玉，大可一二尺，柔而易攻，盖珉类也。"又说："五花石坑……惟艾绿者难得。"在这个观点影响之下，自宋至明，鉴藏家一直将"艾叶绿"奉为寿山石第一品。朱熹弟子祝穆在所著的《方舆胜览》中还将寿山石与荔枝、素馨、茉莉花海盐等同列为闽中特产加以介绍。

宋时寿山石为什么如此风行？这里还要提到朱熹和他的传人黄榦。朱熹在庆元年间为避伪禁曾来到寿山长箕岭结庐讲学，世称"贤场"。黄榦拜学于朱熹门下得其真传，朱熹称赞他："志坚思苦，与之处甚有益。"遂招为女婿，临终授深衣及一生著作，说："吾道之托在此，吾无憾矣！"黄榦早午就与寿山、寿山石结下深缘。绍熙元年（1190）他曾与文友结伴来寿山游览多日，留下《纪行十首》诗篇。其中题为《寿山》七绝一首："石为文多招斧凿，寺因野烧转荧煌。世间荣辱不足较，日暮天寒山路长。"脍炙人口，流传至今。诗中抒发了对灵石的赞美和其终遭受斧凿命运的感叹，寓情于石，抒发了自己的荣辱观。七绝《寿山》也成为历史上第一首吟咏寿山石的诗篇。

元明时期由于文人将石质印材引进印坛，开启了中国印玺艺术的"石章时代"。使得寿山石被广大文人墨客所认识，登上大雅之堂。明万历进士、广西布政使谢肇淛，博学多才，著述甚多，曾于万历四十年夏偕诗友陈鸣鹤、徐渤同游寿山，作游记一篇，感叹道："余游山多矣，未有若此游之快者。"三人还留下数首诗作传世。清朝对寿山石文化的研究也有很多，最突出的有《寿山石记》、《观石录》和《后观石录》三篇著述。

《寿山石记》作者卞二济，据考名卞鳌，字兴书，福建侯官人，明末清初诗人，与高兆、陈日洛等并称"国初七子"。这篇《寿山石记》未见单独版本，但前后两篇《观石录》和乾隆郑杰《闽中录》等文均有节录。

《石记》中将寿山石形色比作美玉、琥珀、玳瑁、朱砂、玛瑙，如蜜如酱；形容寿山石的纹理如鹰褐、如粉蝶、如鱼鳞、如鹧鸪斑。更有雪中叠嶂、雨后遥冈、月淡无声、湘江一色种种景色。或像葡萄初熟，颗颗霜前；或蕉叶方肥，幡幡日下，或吴罗飏彩，或蜀锦鸾文，又或如米芾之淡描，云烟一抹，又或如徐熙之墨笔，丹粉兼施。种种描写将读者带进寿山石的奇幻世界。

《观石录》作者高兆，福建闽县人，崇祯间诸生，明末清初学者、诗人、对寿山石和端溪砚石都有很深的研究，著有《端砚考》《观石录》等。《观石录》是寿山石文化流传至今最早的一篇论著，全文约有2700字，记述他在友人处所见的百多枚寿山珍石的质色特征，并逐一加以评论。在他笔下，寿山石"美玉莫竞，贵则荆山之璞，蓝田之种；洁则梁园之雪，雁荡之云；温柔则飞燕之肤，玉环之体。入手使人心荡"。形容寿山石不同色象之美，如云：白者"罹濯冰雪，澄澈人心腑""如梨花落初日"；白如肌肤者"何郎傅粉逊其本色"；白玉色，肤理微有粟起者"大似赵妃雪夜待人时"种种场景。新黄者"如秋葵，亭亭日下"；微红者"散若晚霞，时称晚霞红，霜姿玉色"；蔚蓝天色者"对之有酒旗板歌之思"；空山天色者"望之如郊原春色，桃李葱茏，出青之蓝、蔚蔚有光"。形容质地温纯深润的寿山石"太液之藕，大谷之梨，未足方拟"……言辞繁复绮丽。高兆用世间最美的语言来赞美形容寿山石，令美石如状眼前，听闻者虽目不能视实物，也能感受寿山石之美。

此外，文中还对寿山水坑、山坑两大类的石质特征做了精辟分析，对雕刻艺人的相石、解石以及磨光技术进行了理论总结。文中还对当时杨玉璇等名师巨匠的艺术成就予以高度评价。《观石录》完稿之后十年，作者又补跋记述在这段时间里藏石家们的不同命运及其藏石的聚散情况，感慨"山以寿名，十年中郡人恒夭折不寿。理或然欤"。

在《观石录》之后，又有一篇寿山论著《后观石录》问世。作者毛奇龄，字大可，浙江萧山人，明末诸生，康熙时召试鸿博，授检讨、明史馆撰修等职。著书甚富，尤好说经，是明末清初著名学者。他于康熙二十六年（1687）游闽时即对收藏寿山石产生极大的兴趣，便对自藏的四十九枚佳石作文一篇，因见友人高兆曾著《观石录》，故题名《后观石录》。

《后观石录》全文3600多字，除对每块寿山石的规格、色泽、石质乃至纽饰、雕艺作详尽记录、评介外，更重要的是还提出寿山石分类的新观点："以田坑为第一、水坑次之，山坑又次之。"这种三坑分类方法对近现代寿山石的品种分类、评价、鉴赏产生巨大影响。文中形容田坑说："每得一田坑，辄转相传玩，顾视珍惜，虽盛势强力不能夺。"在理论上确立了田黄石"石中之王"的地位。

后人将两篇《观石录》并称为"双璧"，视为最早研究寿山石的专论，给予高度评价。《后观石录》在乾隆年间被收录于《四库全书》中，广为流传，其社会影响远超过《观石录》。

乾隆年间郑杰《闽中录》中有一节专述《寿山石谱》。首次采用产地命名石种，如高山、都灵坑、芙蓉、奇岗等。从而改变了以往"因象命名，随色取号"的传统定名方法，为后世寿山石以产地命名奠定了理论基础。

晚清同治年间，一位名叫郭柏苍的学者在他的诗文集《葭跗草堂集》和另一本介绍福建物产、工艺品的著作《闽产录异》中列寿山石节，对寿山石的鉴赏提出颇有见地的观点，如"（芙蓉石）似白玉而纯粹，玉不受刀，逊于芙蓉矣"；"（水坑冻石）不取晶莹，但求其白如凝脂者，黄如油蘸者"。认为品评玩赏寿山石"须玩'冻'字，方知抉择"。

此后清末民初陈亮伯《说印》中则说得更直白，"马之似鹿者，贵也，真鹿则不贵矣，印石之似玉者，佳也，真玉则不佳矣（真玉不能奏刀，价固不如石也）"。此说与郭氏同出一辙。文人"重石轻玉，厚'冻'薄'晶'"的审美意识可见一斑。

民国初年，诸多专家学者著书立说对寿山石争相评研，其中从地质学角度进行研究者有梁津的《福建矿务志略》、章鸿钊的《石雅》、陈文涛的《福建近代民生地理志》以及李岐山的《福建闽侯县月洋等地印章石矿调查报告及开采计划》等。

而对于寿山石理论研究方面则有龚纶《寿山石谱》、张俊勋《寿山石考》和陈子奋《寿山印石小志》三部专著。

《寿山石谱》是历史上首部寿山石专书，1933年出版。书中分名品、产地、征故和雕冶四个部分，15000多字，详述寿山石矿脉、品种、雕刻、艺人及文史资料等内容。

《寿山石考》是稍晚于《寿山石谱》的又一部寿山石专著，1934年出版。书中分引胜、采产、品藻、雕纽、润色等十个部分，卷首附"寿山石坑图"，内容在龚纶《寿山石谱》的基础上有所扩大、补充。

《寿山印石小志》是一部专述寿山印石材质的论著，1939年出版。约1.5万字，分上下两卷。书中对寿山石各品种的产地、矿状、色彩和质地特征作详尽介绍，并从篆刻家的角度对各种印材的质地松、结、硬、软进行比较判断，这些经验之说对寿山石研究者具有一定的参考价值。同时对鉴定、评价寿山石也有他独到的见解，如序中道："顾世人恒偏于所好，重田黄而薄他石，爱旧藏而鄙新出。余窃以为未当也。"认为不同石种、各有所长，"何尝遽逊于田黄"。

中华人民共和国成立后，特别是改革开放以来，在"寿山石文化"这一新概念的引导下，寿山石的理论建设进入了一个新时期，各种专著、小说、图册、专刊、论文、诗词以及各种形式的文化活动层出不穷，堪称百家争鸣。

四、商贾追捧，拓展市场

寿山石文化的推广，自古以来市场运作一直在其中起着主导的作用，这是由作为载体的寿山石属性所决定的。寿山石从石料的开采、加工雕刻到成品销售，形成了一个特殊的产业链，而在这流通过程中，每一环节都必须通过市场来完成。

或许有人会说，寿山石文化既然属于意识形态的范畴，是上层建筑。那么它的推广应该与属于经济基础的市场无关。其实不然，我们可以从迄今年代最早的寿山石雕出土实物南朝寿山石雕刻品"卧猪"的造型推断，它应与早在汉时中原流行的随葬品"握玉"一脉相承，是专为殡葬需要而生产的特定明器，而非死者生前的玩物，由此可以得知当时寿山石雕刻品流通市场就已经存在。

宋高宗为制作宫廷祭祀礼器需要而下诏曰："令知福州张致远收买寿山白石……"中的"收买"两字，再参证文献中"宋时故有坑，官取造器"和"宋坑造器，民劳百之"等记载，足以佐证在两宋时期寿山石行业从矿山采石到雕刻作坊再到销售市场的繁荣。黄榦《寿山》诗中"石为文多招斧凿"句中的"文"字可以理解为两种含义：一指纹理，二指价值。因为在古代，"文"是金钱的计算单位，所以既可理解为寿山石因纹理美丽而遭采掘，亦可理解为其价值可观。而价值，则主要在经济活动中体现。

由于历史的原因，史料对寿山石市场的状况记述很少，难以窥视全貌。清康熙年间高兆在《观石录》中提到他的朋友陈越山带着口粮亲自上寿山组织开矿获得大量珍石并运到北京销售，使得寿山石名声大噪。毛奇龄《后观石录》亦记："康熙戊申（1688）闽县陈公子越山忽赍粮采石山中，得妙石最夥，载至京师售千金。每石两辄估其等差，而数倍其值，甚有直至十倍者。自康亲王恢闽以来，凡将军督抚，下至游宦兹土者，争相寻觅。"更详细记述了陈越山采石、贩石获利的细节和清初石市兴旺的情境。

陈越山何许人？据史料记载：陈越山又名陈日洛，字子荣，号越山，福建闽县人。出身官宦之家，善诗文，曾任福建长乐知县。与高兆、卞鳌等并称"七子"。卸任回乡后，热衷于收藏、鉴赏寿山石，并从中发现了寿山石潜在的商机，于是自备粮食入山觅石，再把石头加工成印章，运载到京师，开辟市场。因为经营有方，很快在上流社会受到追捧，获得高利，不但发了大财，自己也成了寿山石鉴赏大家。陈越山堪称寿山石儒商第一人。高兆《观石录》一书，介绍陈越山的藏石20余枚："美玉莫竞，贵则荆山之璞，蓝田之种；洁则梁园之雪，雁荡之云；温柔则飞燕之肤，玉环之体，入手使人心荡。"

清康乾盛世，是寿山石市场最活跃的时期，不仅在福建省内，而且北京、天津各大都市也掀起收藏寿山石的高潮，甚至通过海路运销各国。康熙二十三年（1684）统一台湾后"解除海禁"，恢复经济，对外交往也较明代更加宽和怀柔，东南沿海出现"联槟结槢、鳞次栉比"的景象。到了雍正年间，更大开洋禁，史称："厦门贩洋船只始于雍正，盛于乾隆初年。"这时候，寿山石雕也成了出口的大宗商品，并纳入征收关税的范围。雍正十三年（1735）朝廷海关颁布的征收税条例中已经对寿山石雕出口关税有了详细规定："寿山石器，百斤例八钱。图书石百斤、寿山石砚例四分。寿山妆台，每个例一钱。寿山石人物、坐兽，大百个例八钱，中八分，小八厘。寿山石山景，每座例三钱，石龟同。以上厦照征。"

鸦片战争结束后，福州马尾港被列为"五个通商口岸"之一，寿山石出口贸易量更进一步扩大。出口商品分为东洋庄和西洋庄两个部分，东洋庄主要销往日本、东南亚各国。西洋庄则以欧美市场为主。福州市内经营寿山石的图章店、古玩店，以总督府沿街最为集中，销售对象主要是政府官员、来闽权要及文人墨客。北京琉璃厂一带经营寿山石印章、艺品的商号有荣宝斋、德宝斋、英古斋、永宝斋等。其中许多经营者本身就是寿山石的鉴赏行家，比如英古斋掌柜王德凤便是以精于鉴定寿山石而闻名于京城。

清代寿山石内外销两旺的局面，一直延续到民国初期。直至抗战开始转兴为衰，跌入低谷。

中华人民共和国成立初期，寿山石雕行业生产以工厂企业为主体，产品销售主要通过出口公司渠道出口中国香港地区和世界各国，产品根据"以销定产"的原则，根据外商合同进行生产，多数为大宗规格品。市场经济发展，寿山石雕这一传统的文化产品急需寻找自己的定位、自己的市场。1980年春，福州雕刻厂与上海"朵云轩"在沪联合举办了一场"寿山石章展销会"，并邀请书画篆刻家座谈，听取他们对寿山石印章制作的意见，改进过去"偏重装饰而忽视实用性"的倾向，创作一批既迎合文人审美情趣，又适合篆刻创作和画幅钤盖的"书画章"。这些书画章得到国内印人赞赏，还通过上海工艺美术展销会等平台，扩展了内销市场。

同年11月，刚改制创建的福州雕刻工艺品总厂参加在广州举办的"福州工艺美术展销会"期间，一枚重121.5克的田黄石，被一名美国副教授以13999元天价购买，一石激起千层浪，打破了数十年来田黄"有价无市"的困境，从此在海内外掀起收藏田黄石的热潮。

1981年该厂又一鼓作气到刚刚建市的深圳特区举办规模盛大的"福州雕刻展"，吸引大批港澳同胞前来参观购买。其间香港商务印书馆领导层从这场展会在香港的效应，看到寿山石海外的广阔市场，决定邀请福州雕刻工艺品总厂赴香港举办"寿山石展览会"。经过一年的周密筹备，1982年冬寿山石首次在港举办专题展览，轰动港、澳、台地区，波及日本、新加坡等国。此后，寿山石连续不断在海外办展宣传，广交石友，令更多的国际友人认识寿山石，喜爱寿山石，收藏寿山石。

通过多年在国内外各大城市推广寿山石文化的实践，业界总结出一套"出版与展览结合，感性与理性融合，可观性与可读性并举"这种以著书立说、演说讲学和举办展览相结合的推广寿山石文化的新模式，取得了理想的效果。

20世纪90年代始，寿山石珍品频频在海内外拍卖市场亮相，吸引众多高端收藏家到场竞拍，成交价不断刷新历史纪录。2006年香港苏富比拍卖公司就曾经以2932万元港币拍出一件杨玉璇雕刻的田黄瑞狮纸镇，刷新了田黄石艺术市场价格新纪录。

目前，在外界经济环境的变化下，寿山石市场也和其他高端艺术品一样，受到很大的冲击。寿山石文化作为具有悠久历史的中华传统文化，它的魅力是永恒的。但是在其发展的过程中，也必然会受到社会政治、经济诸多因素的影响，会出现波浪式状态，不可能一帆风顺，直线上升。

只有从自身发展历程中吸取经验教训，深层次发掘其文化内涵，调整方向，使之适应现代人的需要，寿山石文化方能得以延续和发展。"什么好卖就拼命卖什么"是不可取的。市场会饱和，资源会衰竭，一味地只推崇某些石种，会让它在资源越来越少的情况下，路越走越窄。寿山上的品种如此丰富，雕刻风格那么多样，何必单恋一枝花？市场有旺有淡，寿山石所承载的深厚的文化底蕴才是它永恒价值所在。

福建瓷器在海丝之路上的流布传播

杨国栋

扬帆远航的海上丝绸之路上承载着诸多货物，其中精美的瓷器最多，影响最大，故而被世人称为海上"瓷器之路"。

一、德化瓷器美誉域外

绵延起伏的高峰山峦上，远远近近地冒着淡淡柔柔的青烟；山区的红泥巴黄泥巴野地里，简陋的房屋边堆垒着大小不一的砖瓦坛罐。熟悉山区生活的人们一看就能明白，这里开着窑厂。福建烧制砖窑的人多到每个乡镇都有，福建烧制瓷器的窑工也不少，不论在闽中，还是闽北、闽西和闽南，滚烫红热的瓷窑口边都留下了他们的身影或者足迹。

中国最为有名的瓷器是景德镇瓷器。景德镇陶瓷最早产于汉代，到了宋代已经非常兴旺昌盛。景德镇有着扬名天下的青化瓷、粉彩瓷、颜色釉瓷、玲珑瓷四大名瓷，这些瓷器都有着白如玉、明如镜、薄如纸、声如磬四大特点。故而景德镇被誉为"瓷都"。遥想当年，郑和七下西洋，每次都带去了大量的青花瓷，同海上丝绸之路沿线的30多个国家和地区进行交流交易，至今许多珍品被收藏在英、美、日等国的博物馆。外国人认识中国，据说就是从景德镇的陶瓷流入海外并被洋人接受开始的。

到了明代成化年间（1465—1487），福州成立市舶司，海上的航行和经贸日渐繁荣。与福建相邻的江西景德镇，其瓷器源源不断地向海外输出，走的海道，就要通过福州港口。在明朝嘉靖至万历的几十年间，景德镇的陶瓷产量很大，所能输往海外与外国人进行交易的港口，也主要是福州港。

福建的陶瓷业早于江西景德镇。闽侯县石山文化遗址和黄土仑文化遗址出土的陶瓷，以及闽清境内出土的现今留存在闽清博物馆内的陶瓷，有着4000至5000年的辉煌历史。

福建的陶瓷名声仅次于景德镇陶瓷。就古代海上丝绸之路而言，福建诸多地区烧制的陶罐和瓷器，通过远洋航道进行海上交流交易的历史比景德镇更早；通过古代海上丝绸之路进行的陶瓷贸易数量，也远远超过景德镇。

特别是福建的德化陶瓷。早在新石器时代，德化先民开始制作陶器。商周时期，德化陶器被市民所用。到了宋代，德化瓷器被人熟知。德化瓷厂以生产白瓷为主。瓷厂所在的德化县周边，有着丰富的自然资源，密布着烧制白瓷所需的瓷土矿场，宋元明时代德化就是华夏的瓷器著名产地。福建德化与江西景德镇、湖南醴陵并称为中国的"三大瓷都"。

德化瓷器具有质地优良、洁白如玉、温润清新、胎骨细密、透光度好、釉面晶莹光亮、透明感强等特点，在海内外享有"中国瓷器之上品"等美誉。产品在明代技术就已成熟完善。到了清代，德化白瓷更是声名远播，远销海内外，其产品在日本、英国等国家以及上海、台湾等地举办的博览会上先后四次获得金奖。

德化白瓷的种类繁多，以生产瓶、罐、杯、盘等日用瓷器为主，兼有雕塑艺术的陈设瓷器，多用贴花、印花、堆花作装饰，看上去十分精美。德化瓷器还有着大量的人物、动物为主题的艺术作品，其中又以佛像瓷雕闻名于世，在东南亚和日本等笃信佛教的国家和地区，销量相当不错。

在海岸线长、海疆辽阔的福建，早年海上丝绸之路的叫法并不十分准确和盛行，原因就是无论从福州海港、泉州刺桐港，还是漳州月港、莆田白湖港、福安赛岐港，向着海洋深处进发的航船，承载数量最多的便是陶瓷。故而福建沿海海上丝绸之路的起点港口，都愿意将古代海上丝绸之路改称为"古代海上陶瓷之路"。德化瓷器，在这条漫长绵延的海上航行路上，扮演了举足轻重的重要角色。德化白瓷从1000多年前的宋代开始进入海上航道的交流交易，元明清时代成为中国陶瓷出口数量最多的品种。郑和七下西洋，在福建长乐太平港休整期间，采购了大批量的货物，德化白瓷就是重要的产品之一。古往今来，德化白瓷仿如千年不老的美貌少女，在全球各地散发着光彩夺目的神奇魅力，产品永不停顿地远销至世界上80多个国家和地区。

德化瓷器受到市场的追捧，不是没有原因的。早在明清时代，德化的瓷雕艺术成就就已经很高。一代宗师何朝宗在进行瓷雕作品的创作过程中，极其大胆地吸收泥塑和木雕的优良传统技艺，师古而不拘泥，借鉴而不照搬，创新而不粗制，善于应用瓷器胎釉的质感特点，精心烧制各种释道人物形象，朝着人物造型逼真、神态活现、细部条纹细腻的原创路数发展，达到他那个时代白瓷艺术的高峰，故而引发了一般民众、释道信众和广大收藏家的热赞追逐，瓷品产量持续上升，也为"古代海上陶瓷之路"上的商家巨贾们开辟航道进行交流交易提供了优质产品基础。如果没有品质上好的经贸交易货物，古代海上丝绸之路到底能走多远，还是个问号。

当代著名诗人舒婷在她的《滴水观音》里这样写道：

> 从何朝宗指间坠下
> 那一滴汤圆的智水
> 穿越千年，犹有
> 余温

何朝宗的神明之脑和神来之手，加上神奇技法，塑造了通体洁光晶莹、闪烁不灭的渡海观音瓷像。人物神形兼备，端庄典雅。面部鬓纹错落有致，刀法讲究；肩后披风纹路清晰，手法新颖；一串滚圆的珍饰怀揣胸间，增添了观音几分气韵；尤其是那足踏水波，仿如善事过后漂海归来的造型，形象逼真，动感强烈，雕琢出观音救苦救难的神情气韵。故而有人赞叹道："除非观音离南海，何来大士现真身。"后来，人们将何朝宗雕塑的白瓷观音称为"何来观音"。久而久之,"何来"也就成了何朝宗的雅号。

与何朝宗同样有名的,是近代著名瓷雕艺术家苏学金。他是何朝宗瓷雕风格和技法的主要传人。出生在德化宝美村的苏学金,常年以"蕴玉"为号构建瓷雕作坊,进行瓷品的艺术创作。苏学金的瓷雕作品,题材主要是观音菩萨,譬如立莲、立龙、立鱼、坐岩、送子、善才、披坐等,还有部分其他神仙佛像。这些瓷雕作品,刀法讲究,技法纯熟,造型上突出神韵,线条上疏密有度,不同的观音姿态有着不同的表情风华,惟妙惟肖。他的"蕴玉"瓷庄闻名天下后,其白瓷艺术品也远销全国各地和日本、东南亚。其瓷雕艺术品还在大型国际展览评比中获得金奖。

建白瓷的设计生产,也是德化瓷器发展史上值得一说的事件。德化建白瓷装饰应用了印花、贴花、堆花和透雕四种手法,不仅美化了外观,而且丰富了装饰艺术的内涵。建白瓷常见的图案有松鹿、松鹤、八仙、蟠龙、梅花、盆景,等等,烧制者在这些品种上注入仿古的夔龙纹、云雷纹、饕餮纹等,使得整个作品生动灵光,神奇沽现。其中堆花技法使用最为普遍,对增强瓷器的立体视觉起到显著作用。

洁白透明的胎体,温柔静雅的釉色,丰富多彩的纹路,斑斓多姿的造型和内蕴深厚的装饰艺术,构成了古代建白瓷独树一帜、独领风骚、独步华夏的独到品性和独特位置。鉴赏者甚至以为,成功烧制的建白瓷,每一件都是艺术品位尚好的收藏品,尤其是建白瓷中的人物雕塑,散发着别样的神奇艺术魅力，令观赏者叹为观止。

明代建白瓷器，通过海上丝绸之路输入日本和西方世界，被誉为"东方艺术的明珠"。建白瓷一旦到了日本，常常被争相购买，一抢而空。真乃是瓷品市场上的"洛阳纸贵"。建白瓷自福州、明州流入日本，还出现日本富豪不惜代价掏出万金收藏的奇迹。16世纪末，福州港口输出的德化建白瓷，包括人物造型栩栩如生的雕塑瓷器，先是到了东南亚和日本，后被海上丝绸之路西来的葡萄牙商人见到，便装箱载入前来东洋进行海上贸易的大型商船，顺着原先的航道返回西欧，很快受到欧洲贵族阶层的欢呼和热捧。产品被销售一空后，懂得收藏或懂得艺术的贵族们，特意找到葡萄牙商家，提前预付定金，专订福建德化建白瓷艺术品，有多少要多少，可谓盛况空前。

二、汀溪窑瓷的典雅幽韵

樟树成荫、绿流滚滚的群山中，隐伏着陶瓷生产所需的上好矿土，被窑工们采挖出来后运送到窑厂。窑厂的大师傅并不一定马上就去揉捏、雕塑、烧制。窑厂制定了许多的行规，也在长久的历史中形成了许多民俗，一些民俗还蒙上了一层厚重的神秘面纱。比如矿土的多少，釉色的浓淡，手法的高低，那是有讲究的，有时辰的，也是秘而不宣、不与外人言说的。特别是开窑的时辰和季节，倘若掌握不好，烧制出来的瓷器艺术品，就很难有上好的质量和品相。哪怕是再了不起的烧窑大师，离开了时辰、季节和火候、燃焰的准确把握，出窑后的瓷器很可能就是废品一件。有些地方陶瓷窑厂的管理，在古代采取的是行业"青帮"体制，"青帮"头目是业内人士，甚至是业内高手。陶瓷的市场就掌控在他们手中；陶瓷的品相高低质地优劣，评判的标准也由他们说了算。倘若遇到背叛师门或者欺师灭祖的事件发生，那么就要受到"行规"或者"帮规"的严厉惩处，绝不手软。至于制瓷烧窑之祖传技法的传男不传女，不论南方还是北方，一概如此，代代不变。

更令人惊讶的是，一直到了民国初年，一些地方还残留着"赌窑"的风俗。原因是，并非每一个烧窑大师的每一窑瓷窑都是百分之百成功的艺术精品，而市场上对于青花瓷、建白瓷艺术品的需求总是十分旺盛。一些窑主和商家于是萌生了"赌窑"的想法。窑主给出一个适中的价钱，商家接受这个价钱，烧制得好，商家赢了，可以花费较少的价钱买到上佳的瓷器艺术品；但是如果窑主这一窑瓷器烧制得不好，付了定金的商家也必须接受，也就是说赔了本的买卖也得做。这同今日人们见到或传闻的"赌玉"、"赌石"、赌活牛身上的黄油等，是一样的做法。

陶瓷文化的主流，应当是精湛的制作手法和精美的艺术笔法，以及注入文化的精良品相和精确尚好的质地品位。却也不可忽视因紧缩的内心张力和提防心态，以及神秘面纱遮掩而引发的地域风情民俗，这使得陶瓷文化附上了古旧时代的胎记和风华。而"青帮"管理体制的出现，又掺杂了明清时代市民社会的地方风味，促进了市场经济的发育和资本主义的萌芽。

好在，古代海上丝绸之路的航行者对此并不太多关注。商家将主要精力放在了增加陶瓷的品种和提升瓷器的质量上面。他们更为关心的是消费者对于窑厂出品日用品或艺术品的反馈意见。这样可以倒逼着生产者改进工艺或造型。日本高僧村田珠光，几十年就喜欢使用福建莆田、同安生产的一种"珠光青瓷"茶具泡茶喝茶，这种瓷器在日本引起了很大的反响，也使得莆田的青瓷窑厂和同安的青瓷窑厂将生产高质量的"珠光青瓷"当作了重要目标。

20世纪50年代，福建地方曾经组织过一次对于陶瓷业的调查。人们发现，厦门同安、漳州漳浦、闽北松溪等地方，都发现了古代"汀溪类型"的陶瓷窑业体系，年代久远，时间跨度很长，从北宋直至明清都有。汀溪窑以烧制青瓷、青白瓷、青灰釉瓷为主，也有酱色釉瓷。产品的品种主要有碗、盆、碟、杯、盅、壶、瓶、罐、炉、砚台、小瓷塑等，几乎涵盖普通百姓日常生活的用具和喜好，可谓斑斓多彩，琳琅满目。

汀溪窑产出的青瓷和青白瓷，往往是宋元明清时代海上丝绸之路福建港口销往日本和东南亚的主要品种。青瓷和青白瓷造型美观，形态生动，纹路清晰，品相上佳。譬如瓷壶的造型，有敞口、曲线口、浅盘口等，多为长颈。壶嘴弯曲流畅，肩部丰满圆润。右边有长柄双棱或扁圆形把手。整个外观匀称协调，线条流畅，挺拔秀美。这同汀溪窑的工匠们掌握了娴熟的烧制工艺和良好的审美情趣有关；也同生产窑瓷的时代背景、文化氛围、思想观念，以及潮流观、审美观、价值观相契合。

汀溪窑产出的瓷器，色泽丰富多彩，釉色温润清新，质感视觉良好，纹路耐看耐品。数目较多的枇杷黄，一向为日本商家和民众喜爱；橄榄青、梅子青、青白釉、青灰釉、酱色釉等瓷品，也是海上丝绸之路交流交易中常被商家销往东南亚和欧洲的佳品。

汀溪窑产出的瓷器，纹饰相当丰富，名目繁多。植物类的纹饰有莲花、莲叶、丹桂、牡丹、菊花、卷草等；人物类的有武士、女神等；动物类的有双鱼、麋鹿、马、羊等。而篦点纹和篦线纹也被常常用到。在师傅们的刀法使用上，剔花是一种。起着纹饰层次分明、立体感强和浮雕效果极佳的功效。刻花是又一种。直接在胎体上刻出花样，再以"偏刀之法"产生线条流畅、纹路清晰的功效。卷草（蔓草）较多地使用刻花工艺，丰富多彩，花纹斑斓。还有一种是划花。就是用刀或金属片在坯体未干之前雕划花纹。有的瓷品外围是篦梳横划纹，里面是卷草、篦点或一叶，似有落花流水、飘影浮动的形象之感。再有一种是印纹。这类纹饰题材多为双鲤鱼，蜷曲前肢的小鹿，或者牡丹团花。双鱼往往首尾对置呼应，鱼尾翻卷如浪，形态逼真，栩栩如生。加之配上清澈淡雅的白釉，越发展现出鱼翔浅底的动态美感。

汀溪窑的瓷器产品，虽然也有不少走的是豪华版的贵族欣赏和收藏家鉴赏之路，通过海上丝绸之路进入了日本和欧洲，然而更多的窑主烧制的是平民百姓日常生活所用的器具，他们走的是平民消费之路，因而数量极其庞大，市场需求也相当旺盛。这为福建沿海港口扩大海上丝绸之路的经贸交易数量提供了条件。同样，随着航海技术水平的提升，新航道的开辟，船舰载重量和稳定性能的提高，以及航海灯塔的出现，海上航行风险的减少，陶瓷的销路也被不断打开，福建特有的"古代海上陶瓷之路"，迸射出璀璨夺目的绚烂光芒。

三、克拉克瓷的"海丝"路

遥遥陶瓷路，悠悠"海丝"道，当然离不开风景秀丽、古韵飘荡的漳州月港周边的各色瓷品。以平和南胜窑、华安东溪窑和榜山窑为代表的漳州窑，蕴藏着千年古风，百年沧桑，走出窑口后就在漫长的海上丝绸之路航道上，以其浑厚的质地、清新的品相、华丽的外观、柔美的线条，扮演着举足轻重的角色。不论是南胜窑，还是东溪窑，抑或榜山窑，它们烧窑产出的"漳州瓷器"被命名为一个颇具域外风情的瓷名，叫"克拉克瓷"。

说起这披挂着域外风味的"克拉克瓷"，还有一段历史典故。那是17世纪初，西班牙、葡萄牙和荷兰开启了大航海时代。就在荷兰东印度公司蓬勃发展的时候，有一次在海上截获一艘葡萄牙大型商船——"克拉克"号，船上装有大量来自中国东南沿海的青花瓷器，非常好看。因不明这些瓷器的产地，欧洲人便将这种瓷器命名为"克拉克瓷"。随着荷兰和葡萄牙开启的大航海时代顺利推进，漳州地面上的南胜窑、五寨陂沟窑、螺仔山窑、花仔楼窑、田中央窑、扫帚金窑、泥鳅空窑、狗头窑、窑仔山窑、田坑窑、大垅窑、二垅窑等，生产的青花瓷不胫而走，纷纷下海进入航道行驶欧洲，成为贵族豪门与普通市民争相购买的紧俏货。20世纪80年代中期，荷兰的阿姆斯特丹举行了一场题为"晚到了400年的中国瓷器来了"的大型拍卖会，拍卖品均为16世纪至17世纪从葡萄牙沉船上打捞出来的中国瓷器，或者此后通过海上丝绸之路流入欧洲的中国漳州瓷器和古董，其中被称为"克拉克瓷"的青花瓷器，占据了绝大部分，最高的价格拍卖到60万元一件。

海上丝绸之路见证了漳州窑青花瓷一段沧桑历史，反过来说，名号为"克拉克瓷"的漳州青花瓷器，也见证了古代海上丝绸之路的一段艰辛历程。瓷器与"海丝"之路的互证，恰恰勾画出漳州月港"海丝"经贸文化的灿烂全景。

小心翼翼地走进历史的故纸堆，认真仔细地爬梳漳州地面上瓷窑瓷器历史，不难发现，大明王朝的正德十四年（1519）至崇祯六年（1633），先后共有13位江西籍的科考士人进入漳州平和主政。时值漳州月港海上贸易十分繁荣的时代，瓷器又是对外出口的大宗商品。于是主政的官员们突发奇想，何不将声名显赫的江西景德镇瓷引进平和并在平和落地生根发展壮大？想到做到，主政的官员们很快将景德镇的陶瓷大师们请到了平和。大师们不负众望，寻找窑址，建造了一片片窑厂，挖来了上好的矿土，传授了精湛的烧瓷技艺，在淡淡青烟中，奇迹般地制造出了"平和版"景德镇青花瓷器，通过漳州月港进入海域，昂首阔步地走向海上丝绸之路，同洋人进行海上瓷器的交流交易。由于矿土等瓷器原料的差异，平和窑厂产出的青花瓷器，在成色上同景德镇瓷器稍有差异，胎釉也有差别，但其模印或刻划技法、线条纹理、构图造型等，同景德镇窑厂的产品如出一辙。这也是很长一段时间里平和窑产瓷器，在艺术上和品质上被专家或收藏家看成景德镇窑产瓷器的原因。

"克拉克瓷"传承了景德镇瓷器的许多优点，如造型美观、釉色亮丽、纹理细腻、线条清晰、声响如磬等。其产品多为青花瓷，宽边，胎薄，盘或碗的口沿绘有圆形开光的山水、人物、花卉、果实等。明朝万历年间产出的青花瓷，使用浙料绘画，有翠蓝、灰蓝、淡蓝几种色调，运用分水技法，形成三至四个色阶，看上去煞是华丽。之所以这样烧制，可能迎合了西方公众追逐雍容华贵的审美雅趣。

1994年11月至1998年6月，福建省的考古学家先后三次在平和县的南胜窑，包括花仔楼窑遗址、田坑窑遗址，以及五寨乡的洞口窑遗址、陂沟窑遗址进行发掘，得知这些窑口烧制的瓷器中以青花瓷为主要产品，其装饰题材、纹样、工艺手法，与阿姆斯特丹拍卖会上出售的"克拉克瓷"完全一样，也同在日本发现并被广大收藏家收藏却产地不明的"交趾香盒"（素三彩）完全相同，根据矿土和色釉、工艺手法、烧制窑口等，可以确认这些瓷器同出一地母胎。至此，一个长期困扰国内外陶瓷界和考古界的外销瓷器原产地之谜，终于被撩开神秘的面纱。据说，日本茶道学会的行家，对"交趾香盒"（素三彩）十分钟情，原因是将这种瓷器当作茶具用起来特别顺手，又由于这种瓷品烧制精良，杯盏精美，线条精细，纹路清晰，釉色斑斓，便具有了高贵豪华的收藏价值。

四、磁灶瓷器远走四方

面积不大的晋江磁灶,却有着1500多年的烧制窑瓷的悠久历史。

浸染着古早风尘的磁灶小镇,境内沿溪散落着许多古窑遗址。依据故宫博物院、厦门大学人类博物馆、福建省博物馆、泉州交通史博物馆等专家学者反复多次的调查、局部试掘,采集了大量的标本,从中发现南朝至清朝的古窑遗址有26处,其中南朝古窑遗址1座,大唐和五代古窑遗址6处,宋元时代的古窑遗址12处,清代古窑遗址7处。后来,人们将宋元时期的蜘蛛山古窑遗址、童子山古窑遗址、土尾庵古窑遗址、大坪山古窑遗址统称为"磁灶古窑遗址",列为福建省第一批文物保护单位。

早年的《晋江县志》对于声名远播的磁灶瓷器,有过这样的记载:"瓷器出磁灶乡,取地土开窑,烧大小钵子、缸、瓮之属,甚饶足,并过洋。"遥想当年,浩浩荡荡的船队起锚扬帆远航,漂洋过海,那船上装载了多少批次的古色古香的磁灶瓷器?没有人能够算得清楚。这些日常生活用品,既有观赏价值,更有实用价值,深受日本和东南亚国家民众的喜爱,被源源不断地销售一空。从20世纪50年代到21世纪初年,日本、印度尼西亚、新加坡、泰国、菲律宾、马来西亚、斯里兰卡、肯尼亚等东亚、东南亚、南亚和东非的许多国家,先后都有关于磁灶瓷器出土的消息传来。这就表明宋元明清时代,晋江磁灶的先人已经将他们烧制的瓷器作品,通过海运流入了这些国家。而一些国家的博物馆和美术馆，也收藏有磁灶古窑烧制的瓷器文物，也可作为磁灶窑瓷远走四方、流入异国他乡的明证。

依据史料显示，磁灶窑产瓷器品种丰富，器型多样。数目最多的是生活日用器具，如碗、盘、盏、碟、盆、钵、洗、罐、缸、瓮、灯、瓶、壶、盂、军持、水注等；陈设类瓷器有炉、香薰、花瓶、花盆，以及狮、虎、龟、蟾蜍、蛇等动植物模型，可谓五彩缤纷，琳琅满目。

磁灶窑产瓷器，在工艺上有自己的特点。胎质多呈灰色，颗粒较粗；瓷器胎上施釉处多上一层黄白色化妆土。在碗、碟、瓶、盘、盆、钵等日常生活所用瓷器中，釉色比较丰富，有青釉、黄釉、酱黑釉、绿釉和黄绿釉。装饰手法有刻划、剔花、模印、雕镂及彩绘等；装饰纹有花卉、卷草、瓜棱，以及篦划、云雷、弦纹、水波、点彩等，丰富多彩，风格明显。

磁灶古窑生产的瓷器中，有一种名叫"军持"的瓷器，原为伊斯兰教徒盛水洗手用具，大约在隋唐传入华夏。其形态特别，仿如祭祀器具，大量生产于宋元时代。原来，那个时候海港比较开放，泉州刺桐港发展到鼎盛时期，各种宗教信仰不断从泉州输出到东南亚等地区，军持、瓶、执壶、罐、碟等瓷器，成为宋元时代最大量外销的瓷品，而军持瓷器又是这些品种中数目最大的一种。它是伴随着宗教信仰一起乘驾航船顺着海上丝绸之路流入东南亚的，作为宗教信仰最为实用的器具，军持一批又一批地由磁灶古窑定制，远销海外，长久不衰。

明清时期，磁灶古窑以烧制单一的日用粗陶为主，仍然通过海上丝绸之路远销至海外。随着大批量的华人下南洋远走异国他乡，他们中不少人也将烧制陶瓷的技艺传到了南洋各地，促进了当地陶瓷工艺的发展壮大。例如，菲律宾米岸烧制的"文奈"瓷器，就是由晋江磁灶人吴姓侨民传授出去的。直到今天，海外的一些华侨后裔，还在传承着先祖留下来的烧瓷技艺，进行生产制作，市场经营，谋生繁衍。

进入新时期，磁灶人接过了先祖的烧窑技艺，却又依据经营市场的变化需求，将烧制陶瓷为主改为烧制瓷砖瓷片为主。1979年，磁灶人吴金世，在无数次的实验失败中终于有一天在古窑里成功烧制出现代版本的釉面砖，创造出现代人生活居住之建筑物的釉砖新款装饰材料，打开了广阔的市场空间。在吴金世的主持下，一批又一批磁灶人从古窑中获得新生，走进了现代建材行业的新天地。陶瓷产品转型换代升级后，建陶企业飞速发展，在国内市场的占有份额越来越大，并且将产品远销到港澳台地区和东南亚国家，在新时期的历史征程中再度扬帆远航。

20世纪末，晋江磁灶就被列为同广东佛山、山东淄博、河北唐山齐名的中国四大建筑陶瓷生产基地。2002年6月，磁灶又被中国建筑卫生陶瓷协会授予"中国陶瓷重镇"的荣誉称号。

漫漫航道，天风海涛，巨浪翻腾，险象环生，然而有了魅力无穷、缤纷多彩的中华瓷器、福建瓷器不断穿越险滩巨浪，"海上陶瓷之路"也就光华灿烂永不断流了……

闽南传统建筑营造技艺继承与发展

蒋钦全

闽南传统建筑发端于唐五代，成熟于宋元，兴盛于明清。历代匠师们恪守古代营造法则，创造性发挥工法技艺，加上对福杉、花岗岩、烟窑红砖、牡蛎壳独具慧眼、就地取材，使得闽南，特别是泉州的传统建筑，无论是民宅、官署，还是宫观寺庙、城堡桥梁，都色彩鲜明，布局和谐，细节精美，风格独特。聚群则华构联栋，艳若锦霞；散居则遗世独立，优雅伟岸，成为闽南城乡，以及遍布海内外的一道道亮丽风景。

作为中国古代丝绸之路起点，泉州曾为世人描绘了"涨潮声中万国船"和"市井十洲人"的壮丽画卷，海丝文化的独特符号也被镌刻在传统建筑之中，成为闽南建筑文化的重要组成和一种特色。在泉州市政府公布的"古泉州（刺桐）史迹"16个遗产名录中，海丝时期前后的许多知名闽南传统建筑赫然在列。

放眼望去，我们能看到闽南建筑文化守成和兼容的两面是如此异彩纷呈：在以"出砖入石燕尾脊，雕梁画栋皇宫起"为主色调的建筑群中，中西合璧的"骑楼"街屋、"洋楼"穹顶等建筑样式，也占有一席之地，风景各异，相得益彰。融古开今，洋为中用，开放多元，兼容并蓄，闽南传统建筑因此更富魅力。由于和海丝文化的紧密融合和相互影响，闽南尤其是泉州传统建筑的创造创新活力日渐强劲，逐渐跻身于中国传统建筑之林，与苏派、徽派、京派等著名建筑流派各领风骚。闽南传统建筑营造技艺已成为国家级非物质文化遗产。在新的历史时期，这些遗存得到悉心保护，经修补修复风采依然；同时，传统建筑文化得到挖掘整理，建筑设计不断继承创新，建筑工程如雨后春笋延续城市文脉、融入乡村振兴，闽南传统建筑文化底蕴越发厚实、鲜活，成为"让城市留住记忆，让人们记住乡愁"的重要载体。

一、闽南传统民居建筑概述

（一）闽南红砖文化区概述

"闽南"的地理位置指称福建的南部，地处我国东南沿海。包括泉州市、厦门市、漳州市全境，人口约1700万。闽南地理条件优越、历史悠久、人文荟萃、经济文化发达，号称"闽南金三角"，是重要的经济文化枢纽。

广义的"闽南"泛指闽南语通行区和闽南传统建筑文化影响区，其范围分布涵盖闽中、闽西的局部、广东潮汕局部和台湾及东南亚闽人聚居地。在这广大的区域中最典型的地缘特征

泉州古城

就是闽南红砖建筑,由此被定义为"闽南红砖文化区"或"闽系红砖文化区"。

(二)闽南民居的建筑特色

闽南人根据自己的生活环境和审美情趣,凭借自己的聪明才智,创建与自己生活环境相适应且符合自身审美情趣的闽南建筑,包括民居、祠堂庙观以及海防、景观楼台等多种功能的建筑。其中最富特色的是被称为"古大厝"民居中的宫殿式建筑。

福建南安蔡氏古民居建筑群

闽南民居是与闽南特殊的地理环境相适应的产物，具有浓厚的地域特色。院落大多坐北朝南，厅堂向天井一面门窗高大甚至完全开放，便于接收夏季的东南风和采光。闽南地下水丰富，居民通过挖掘泉井来取得水源并由此产生了相关的泉井文化。防止内涝也是古民居设计的一大特色：墙基全部采用石筑，木柱下垫托柱石；利用散水来保护民居，防止雨水和污水的冲刷和浸渍；防火巷借建筑物互相遮挡而获得较大阴影区，还具有通风排水的功能；山墙坡度大适应于湿热的气候，山墙有老虎窗便于散热、降湿、通风；沿海民居多采用硬山式屋顶并加盖压瓦砖，以防御台风的袭击，山区则多采用悬山屋顶便于挡雨。凹曲面屋顶，屋脊呈现曲线且檐角形成燕尾形。这种屋顶的形状源自宋代建筑风格，并且根据闽南自然地理条件产生适应性变化，有利于屋面处理雨水、消减风力及避雷，屋顶出檐平缓且稍向上翘以满足排水和采光的需要。

闽南匠人在建造房屋时很注重因地制宜、就地取材，围护结构以红砖、花岗岩为主，内部结构以木构架为主。闽南地区制砖历史悠久、工艺高超、质地缜密、色彩红润，可以组砌成各种砖花，构成鲜明的红砖文化；丰富的花岗岩资源可做成上等建房材料及石雕饰物，形成著名的石文化。

闽南建筑中最具特色的是以红砖为主导的建筑风格，它是在闽南红色土壤和潮湿气候等自然条件下，海外文化与乡土文化融合的结果，与欧洲起源于古罗马的红砖建筑有一定关联；民居中的石建筑与装饰的石雕，是在印度文化、闽南民间工艺、地理环境等多种因素作用下产生的。

闽南民居的大厝是中原士族文化的产物，传入后为适应泉州的乡土民情及地理环境发生了变异，并表现于建筑格局当中。大厝的建筑布局、功能分配，均体现了尊卑有别、长幼有序的儒家文化传统和严格的封建等级制度。正厝是主人居住的地方，两侧较低矮的护厝是用人居住的地方或储藏间。上落房间分配也有讲究：东大房归长子，西大房归次子，依此类推。

大厝的布局体现了闽南建筑文化的"风水"观念，具有按中轴线对称排列和多层次进深、前后左右有机衔接等特点。其间数取奇数，一般作三开间或五开间，进深有一进、二进、三进，乃至四五进。如二进三开间大厝，是由"下落"（或"前落"）、天井及两厢上落三部分组成。大门左右各有一间下房，合称"下落"。下落之后为天井，天井两旁各有一间厢房（或称"榉头"）。过天井为主屋正厝，中间是厅堂及后轩，其左右各有前后房四间（俗称大房后房），是住室和起居间，合称"上落"。厅堂是奉祀祖先、神明和接待客人的地方，面向天井，宽敞明亮。卧室房顶天窗甚小，房内幽暗，体现"光厅暗房"的特点。"上落"的房间也有讲究，以东大房为尊。大厝前加门庭，东西两侧及后轩外面，或加护厝，有单护厝、双护厝、环护厝之分，作为卧室或杂物储藏间。门庭四周筑起围墙，成为一个封闭型规整独立的建筑群。大门要逢大事才启开，平时由两侧边门进出，大门入口处正中又有木板壁，或置屏风。厅口、天井、厢房、墙基、台阶、门庭等铺砌平整条石，四周墙面贴砌红砖并构成吉庆喜彩图案。大厝屋顶多为悬山式曲线燕尾脊，屋面铺设红瓦间瓦筒，檐口装配瓦当和滴水。下房、厢房、护厝等次要房屋，泉州地区多为硬山式屋顶，漳州地区多为悬山式屋顶。

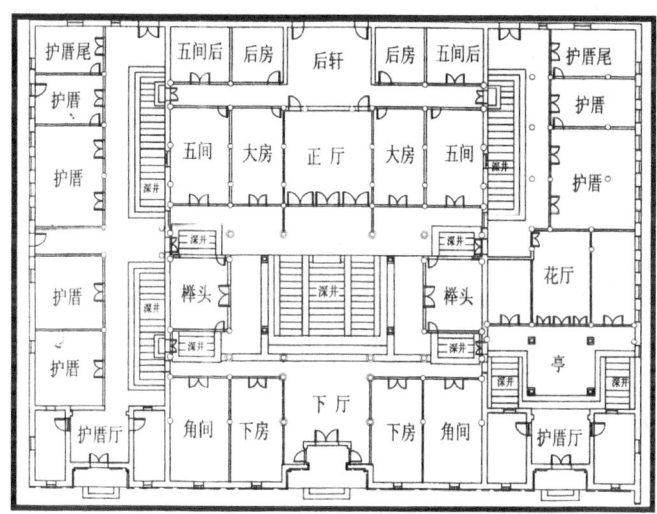

五间张双护厝泉州市江南镇杨阿苗宅平面图

闽南建筑重视风水术。"藏风聚气"的观念与闽南所处季风气候区有关。院落的围合式结构符合聚气、求吉的风水观，尤其是如何避免台风破坏是民居选址、布局、构造时要考虑的重要因素。

闽南文化兼容并蓄，以至多种宗教能够在闽南和平共处并渗透入闽南建筑文化。当地台风等自然灾害频繁，促进了相关信仰的盛行。因此，就有在民居屋脊上筑"风狮爷"的雕饰物用来压风，在民居巷口或屋旁设"石敢当"的石碑用以避邪，在传统民居的大厅中央以神龛供奉各路神灵祈求保佑等工法匠俗。

闽南民居秉承中国传统民居对称、严整、封闭的特征，在文化内涵上，体现与自然经济相适应的主次尊卑尚礼的思想；在砖石墙的装饰及美化上有着较为特殊的表现，中国各地的民居，大多是青砖青瓦，只有闽南民居使用红砖红瓦，称为"红料"。弯曲的屋顶、高翘的燕尾脊、色彩斑斓的红砖白墙、花枝招展的剪瓷、交趾陶等华丽活泼、夸张矫饰，又烙下海洋文化印记，彰显其特有的魅力与风格。

福建南安蔡氏古民居红砖墙面

闽南民居通常是南北稍长的矩形的院落式建筑，有明确南北中轴线，坐北朝南，以前（南）埕、后（北）厝为基本平面形式，先入前埕，再入后厝，后厝的入口大门朝前埕。前埕一般为矩形，由于前埕所占面积较小，所以矩形的东西长、南北短。前埕以长条石板铺砌，埕面有规则地纵横交错，与主体建筑相呼应，分成三个方块。中间方块的以中轴线对称的左右区域相同或相似铺砌，围以周垣，留下中轴线两侧对称的左右入口，或在南墙两侧，或分置东西墙，而南墙中轴线上的稍高的部分为"照壁"。这便构成了一个围合的院式"埕"，即为整座院落的前部。

"后厝"在前埕北面，包括中轴线上的"主厝"和对称的东西两侧的"护厝"两部分。"主厝"通常面宽为三开间或五开间，偶尔也可有七开间。从前埕中轴线上的大门进入是"前落"，横向排列有三间或五间、七间；前落后面是四方形的"天井"，天井环以回廊，两侧是对称的双"榉头"（厢房）；天井北面是核心空间"后落"，也是面宽为或三开间或五开间或七开间的一列（纵深为一间或两间），中为"厅堂"，两侧为对称于厅堂的"房"。"护厝"，通常东西两侧对称，自前埕也各有独立入口；入门后各有一列纵深排列、面向主厝的屋舍，与主厝间有狭长天井。作为主厝的护厝的附属空间，主厝每落或回廊两侧，都有侧门可通护厝，并以连廊沟通主厝与护厝。"前埕"和"后厝"的"主厝""护厝"构成了传统闽南民居的基本平面。

闽南民居装饰题材广泛，大多是吉祥文字与图案，技法富于变化。融石雕、砖刻、砖拼一体，瓦垄下有"垂珠"。外墙是房屋的门面，正门楣石匾上醒目地镌刻厝主的姓氏郡望，以

闽南民居门塔寿（砖雕）

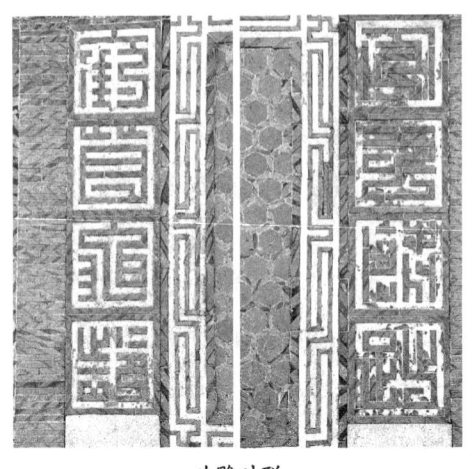

砖雕对联

示不忘祖源。外墙最下面的台基通常是浮雕白石螭虎，台基以上裙墙竖砌素面白石；裙墙以上身堵大多用红砖拼花，组成万字堵、古钱花堵等图案，中间装饰白石或青石雕成条枳窗。身堵以上水车堵多装饰泥塑彩绘或彩陶。山墙使用块石与红砖混砌"出砖入石"墙体，墙木板壁按照格扇方式分格，身堵木雕彩画，用柳条枳、马鼻枳、斜格枳等形式窗枳卡榫头拼成各式图案，也拼成篆书文字，以四字诗词、治家格言等最常见；腰堵、顶堵多浮雕花鸟人物。早年，简单的内墙在木框架内做"杆真墙"，或竹篾编成格堵，外抹白灰。闽南民居装饰繁复，工艺精美，反映了当地发达的石雕工艺和制陶工艺水平。

二、闽南传统红砖建筑营造技艺

闽南传统建筑（尤以民居建筑）个性突出、特色鲜明、造型优美、工艺精湛。红砖白石，燕脊翚飞；雕饰彩绘，流光溢彩，在中华民族传统建筑中独树一帜。其营造技艺、文化习俗充分体现中华传统的宗法礼乐制度和人文精神，具有深厚的审美情趣和文化内涵。

闽南传统建筑营造技艺根植闽南沃土，世代传衍、兼容并蓄、博采众长，形成独具地域特色且普适性极强的优秀传统建筑流派，是中华民族传统建筑的宝贵遗产。2009年9月，"中国传统木结构建筑营造技艺"入选联合国教科文组织人类非物质文化遗产代表作名录。闽南传统建筑营造技艺作为一大技艺，跻身其中，足见闽南传统建筑营造技艺的历史、社会、文化价值。随着社会经济、文化的发展与繁荣，研究保护、传承传播、创新发展闽南传统建筑营造技艺，显然是有着非同寻常的意义和前所未有的必要性。

（一）闽南传统建筑营造技艺的沿袭发展

闽南传统建筑营造技艺被建筑界视为南派建筑的精华，传统民居又以泉州独具特色，红砖是其典型特征。它的营造样式民间称之为官式"皇宫起"建筑。相传唐五代时期，闽国（909—945）闽王王审知爱妃黄厥系惠安后边村人氏，其娘家居屋简陋，难抵御风雨。闽王对黄妃宠爱有加，特恩准"赐汝母阜宫起"，即允许黄母按皇宫样式兴建宅第。由于泉州方言中"你母"和"你府"近音，当地误解为"赐你府阜宫起"。于是，"皇宫起"官式民居由黄妃娘家扩散开来，成为泉州府的民居建筑样式。这种高贵堂皇、精美华丽的民居自此遍布泉州城乡，继而传播至闽南地区及海内外。

"皇宫起"是闽南传统红砖民居起源的说法之一。业界和学界尚有"地理环境说""海外舶来说"等，见仁见智。闽南

惠安县张坂镇后边村"黄氏家庙"

传统建筑营造技艺从发端到兴盛已有千年历程。在这漫长的发展进程中，这些因素影响了闽南传统建筑营造技艺：（1）地理环境和海洋气候的催生作用；（2）闽地由封闭到开放，因而不断顺应社会经济文化发展的需求；（3）中原文明南渐的产物；（4）海洋文化的影响。也正是基于这些原因，闽南传统建筑营造技艺才具有很强的生命力和创新活力。千百年来，传统建筑营造技艺不仅在闽南经久弥新，而且扩展传播到域外的许多地区，彰显其独特的艺术魅力。明清时期，大批闽南人到印度尼西亚、新加坡、菲律宾、马来西亚等地谋生。经商回乡的游子在家乡建房子时，借鉴和吸收了西方建筑文化的有益成分，传承与创新了诸多工法技艺，丰富了营造艺术的文化传承，创造了"中西合璧"的样式。沿海的泉州、晋江、惠安、石狮等地，民居多为红砖白石建筑，有官式大厝和融合南洋、西方风格的洋楼，蚝壳厝以及朴素简约的土木石结构。清末民国时期，名师名匠层出不穷、传世之作林立，这一时期营建的诸如南安市蔡资深古民居、鲤城区杨阿苗古民居等，均以高超的营造技艺著称，成为闽南传统红砖民居的集大成之作，列入国家级文物保护单位和文化遗产名录，是研习闽南传统建筑营造技艺的活态范本。这份宝贵的文化遗产也为海上丝绸之路提供了隽永的佐证。

俗称"皇宫起"的官式大厝是闽南民居的典型代表，有手巾寮、三开间、五开间两边对称、二、五开间带单、双层护厝，横向扩展布局，纵深有二落、三落、五落不等，以庭为组织院落单元，庭廊、过水贯穿全宅，较多运用砖、瓦，多用石砌基础和红砖砌筑外围墙。规制布局以大门中线为中轴线，两边对称，横向扩展布局。其最大特色是穿斗木构架作承重结构，"墙倒屋不倒"。屋顶造型一般有硬山式顶、悬山式顶、歇山式顶，其中以硬山式居多，弯曲起翘"燕尾式"屋脊。

闽南地区盛产白色花岗岩，建筑装饰以石雕和木雕见长。其主要特点：一是规制严谨，风格独特。如披瓦覆壁筒屋面、飞燕饮尾屋脊，"出砖入石"墙体，堆砌的水车堵，色彩斑斓的镜面墙，白色花岗岩衬托的红色烟炙砖等，为其他地区民居罕见。二是建筑构件配以饰件。石、木、砖雕广泛应用于脊吻、斗拱、雀替、门窗、屏风、栋梁等构件，基本上达到建筑必有图、有图必有

闽南民居燕尾脊

意、有意必吉祥的艺术境界，体现"天人合一"的中国传统文化内涵和闽南建筑追求吉祥、和谐、堂皇的理念特征。

清中叶，南安石井海商郑远锦所建中宪"大夫第"多至五进，两旁护厝，并附建梳妆楼、演武厅等，整个建筑群多达112间，极为壮观。泉州后城有一片清末民初的古民屋，这些老厝多为三合院或四合院格局，乃悬山式（歇山式）五脊二落水的建筑，屋前有石铺的大庭，入门为宽敞的石庭院。横排三开张、五开张、七开张，纵深二进、三进或五进，每进同天井隔开与回廊相接，两侧回廊外是长列厢房（"护厝"），厢房之外有伙房、柴草间和储藏室。有的大户屋后还有一列雅致的梳妆楼。庭院后有花木、假山、亭阁、花园，宛如殿宇，每座面积在600～1000平方米，居室多的达100多间。

（二）闽南传统建筑营造技艺的特点

闽南传统建筑营造技艺具有中华传统民族建筑营造技艺体系共有的特点，诸如建筑规制形制因时因地因人而异、纯木结构、有严格的尺法制度、重视雕饰，等等。但闽南传统建筑营造技艺自身的特点也十分鲜明独特：

1. "皇宫起"建筑形制的独特，衍生了营造技艺上的一系列独创。闽南传统建筑独具双曲坡屋顶、燕脊高翘、"运落"舒展的特征，由此衍生出造型工艺上"升山""举折""暗厝"等独特的技法和"造脊""造规"上的特殊工法。此外，在建筑的门面上，设置"塔寿门路厝"，别具一格，展现了奇巧的工艺。

闽南传统建筑营造技艺继承与发展 107

闽南传统民居

2. 闽南传统建筑通常采用木质结构，木构造上多为穿斗式，也有和抬梁式混合运用。所不同的是独具地域特色的"穿斗网状（朵状）式结构"，形态美观，受力分布均衡，结构稳固，达到"墙倒屋不倒"的效果。网状（朵状）穿斗结构和精妙的"蜘蛛结网"（藻井）、"飞天斗拱"等构造特点，包含着独到的营造技艺。

3. 红砖系列生土建筑材料的广泛应用，成就了泥瓦作工法技艺的地域特征。闽南传统建筑应用的红砖生土系列建材多达几十种，从屋面到墙面到地面，红砖建材林林总总、用途不一。由此产生了屋面铺筑、墙面贴饰、地面铺装的专业工艺，营造出别具一格的红砖厝。更值得称道的是"出砖入石""蚝壳厝"等独创技艺，堪称砌筑技艺中的"绝活"。

4. "无木不雕，无石不刻"是典型的闽南传统建筑的真实写照。精湛的木雕、石刻技艺，在闽南传统建筑营造技艺体系中大放异彩。石木雕刻已不再是一般的装饰，而是与红砖建筑

塔寿相向堵上部木雕

的造型结构、建筑文化、艺文表现密切相关。由此世代相传形成了独特的雕工雕技、雕法雕谱，涌现了众多的雕刻世家，石木雕刻成为闽南传统建筑的支柱。

5. 闽南传统建筑营造技艺蕴含博大精深的多元传统文化。营造全过程充满地理风水、宗法礼乐、风情信俗、班门科仪等传统文化的实践活动。匠师在掌握营造工法技术的同时，还须熟知其中的文化，才能得心应手、运用自如。多元传统文化是营造技艺体系的重要内涵，也是研习与传承的必修课。

（三）闽南传统民居营造技艺的构成

民居的兴建遵循着顺天应时的营造法则，传统民居的建造计程依赖工匠体系。闽南的传统匠师大致有木匠、土匠和石匠三种。木匠是整个传统营造的灵魂人物，负责规划统筹整个过程，拟定建筑总体各个细部的尺寸，选购构件材料，计算屋架与施工细则，并制作门、窗、床、柜等装饰与家具；土匠是传统民居承重墙体系的建造者，负责基础的开挖、墙的砌筑、门窗的安放和屋顶的瓦作等；石匠则负责石作的部分，如石门、石窗的打造，比较讲究的民居所施作的雕饰，如螭虎窗、砖雕等，也往往需要石匠的手艺。闽南传统民居的类型以合院形式为基础,依照不同的宅地因地制宜。

闽南民居营造技艺分为大木作、小木作、瓦作、砖石作、油漆作、彩画、堆剪作等主要工种,其中大木作最为重要。工匠也按工种分类和分工,同样以大木作工匠为核心。

1. 大木作

传统闽南建筑木作,分为大木作和小木作。大木作是指直接承重的梁、柱、檩、椽等屋架大构件及斗拱、瓜筒、梁引、托木等小构件。闽南称木构架为"栋架""栋路""大栋架""大屋架"。结构方式由立柱、横梁、顺檩等主要构件建造而成,各个构件之间的结点以榫卯相吻合,构成富有弹性的框架。

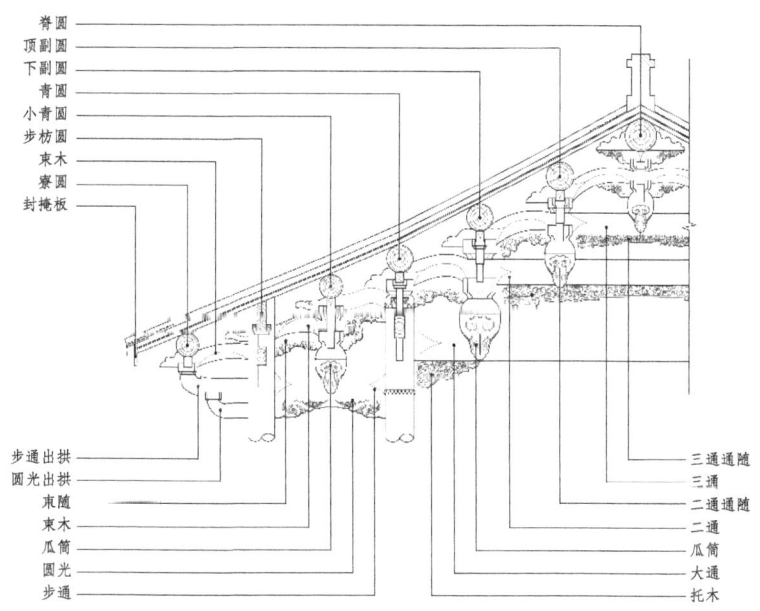

中路栋

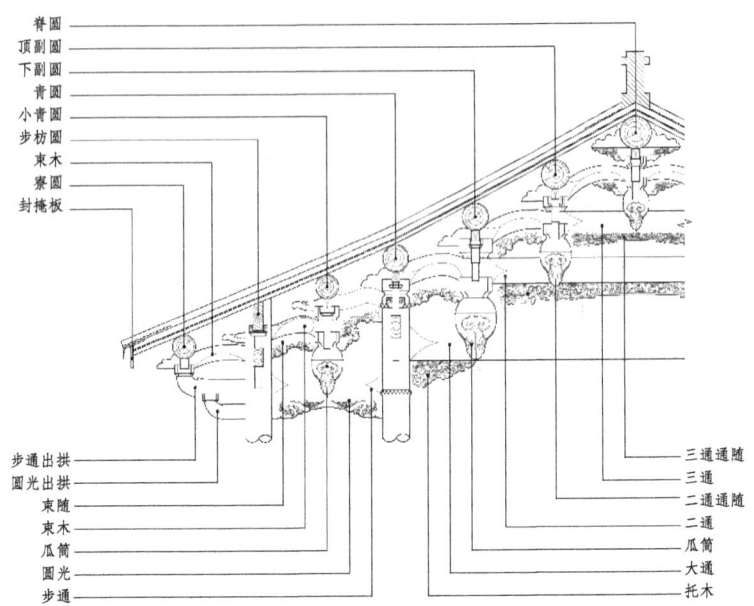

四路栋

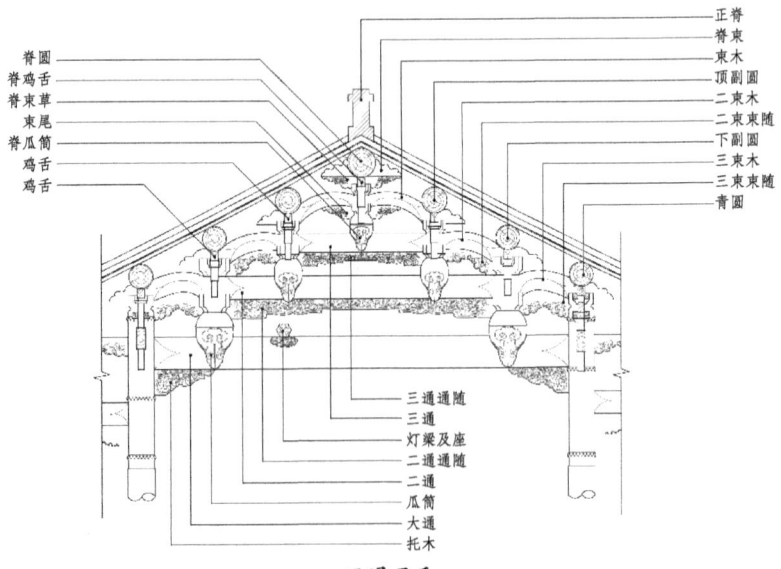

三通五瓜

大木作在古代木构架房屋建筑中负担结构构件的制造和木构架的组合，安装、竖立等工作。由于古代建筑是以木结构为骨干的，因此房屋的设计也归属大木作。大木作结构构件，按功能区分有柱，额枋（包括阑额）、梁、蜀柱、驼峰托脚、叉手、替木和襻间、阳马（角梁）。其中栱、昂、爵头、斗4类属铺作构件。

2. 小木作

小木作负担古代建筑中非承重木构件的制作和安装专业。在宋《营造法式》中归入小木作制作的构件有门、窗、隔断、栏杆、外檐装饰及防护构件、地板、天花（顶棚）、楼梯、龛橱、篱墙、井亭等42种。清工部《工程做法》称小木作为装修作，并把面向室外的称为外檐装修，在室内的称为内檐装修，项目略有增减。小木作通常是指装修装饰类的门窗、隔扇、挂落、屏风等的施作构件。闽南地区习惯将小木作称为"细木作"，将大构件的雕刻也包含在内，所以细木匠师也称为雕花师傅。

木雕透窗

3. 石雕石作

石雕是中华传统营造技艺体系中的杰出匠道，而闽南的南式石雕久负盛名，独树一帜。从艺术特征而言，北方的石雕技

石雕窗

艺粗犷拙朴，形象威武、气势磅礴；而闽南石雕精巧细腻、形神兼备，富有灵气。发展至今已形成沉雕、圆雕、浮雕、线雕、影雕、微雕六大艺术门类，数百个品种。作品大者雄伟壮观高达数丈，小者以厘米计数；重者数十上百吨，轻者薄如纸，能漂浮水面。

泉州盛产花岗岩，其中以南安的石砻石材最著名，它又称为"泉州白"。惠安素有"中国雕刻之乡"美誉，青、白石雕工艺蜚声海内外，名匠辈出，佳作传世。如北京人民大会堂和毛主席纪念堂的石柱、厦门鼓浪屿的郑成功石雕像、集美陈嘉庚"鳌园"石雕及本地区的古建园林建筑、古民居的青石雕作品，多出自惠安石匠之手。

4.墙壁、屋面泥水工艺

墙壁工艺主要包括封砖壁，闽南地区盛产红砖，民居通常用墙体红砖砌大壁，称"封砖壁"，转角处则以砖叠砌，以保护、美化墙角；出砖入石，有的民居外墙采用块石与不同规格的红砖片混筑墙体，石竖立，砖横置，上下间隔相砌，石块略退入墙面，称为"出砖入石"。砖石浑然天成，洋溢着淳朴的乡土气息。夯土墙，以黄土、沙、大壳灰拌制，填入木制的墙壁框，层层夯实，俗称"舂墙"。蚝壳墙，牡蛎壳砌筑民居外墙，多见于闽南沿海一带。砌筑时用灰泥浆黏结蚝壳，墙体四周一般有砌砖围护。有的蚝壳墙用铜丝穿过壳体，使之成为整体。"穿瓦衫"，外壁用红色的板瓦、鱼鳞瓦饰面，瓦用竹钉钉在木墙、土坯墙或夯土墙上，瓦四周以壳灰勾缝。

蚝壳厝

砖雕常施于墙堵、门额等处，尤其是凹寿两侧的"对看堵"，用大型方砖雕刻，然后拼成一整幅画面。雕刻时仅将图案雕出，底子上抹上白灰泥，红白相衬，如透雕或镶嵌作品一般。

5.瓦作

古代建筑业中的屋面工程专业。宋《营造法式》中"瓦作"包括苫背、铺瓦、瓦和瓦饰的规格和选用原则等。清工部《工程做法》中"瓦作"一项中，除上述内容外，还包括宋代属于砖作的内容，如砌筑磉墩、基墙、房屋外墙、内隔墙、廊墙、围墙、砖墁地、台基等。

闽南传统建筑普遍使用红瓦，红瓦包括筒瓦和板瓦。瓦作的系列"红料"还有勾头、滴水、望砖等。闽南沿海地区有双

双层夹空瓦作、板瓦面与筒边屋面

层夹空瓦的做法，即在屋面铺好后，在相邻的瓦垄上再铺上一层板瓦，瓦垄上做瓦垄，中间形成一道空气层；或者铺两层板瓦，其上再铺盖瓦（板瓦或筒瓦），是防止漏水、增强隔热效果的措施。双层夹空瓦屋面，上端与屋脊结合，不留开口，下端至檐口处留有开口，以排上层漏雨。闽南一带另有板瓦屋面、筒瓦作边的做法，即屋面只在靠近垂脊（规带）处铺设三至五道筒瓦，其余则为板瓦屋面。有的则在山墙上的垂脊铺砖块，而屋面仍用板瓦，显然是出于稳固屋面和方便维修的考虑。

燕尾脊是闽南传统建筑的厅堂等主要建筑的正脊，一般不分段，称"一条龙"。屋脊用红砖砌造成。正脊两端线脚向外延伸并分叉，称燕尾脊、燕仔尾。庙宇、祠堂及所谓的"皇宫起"大厝，大多使用燕尾脊，称"双燕归脊"。民居使用燕尾脊的现象也十分普遍。

6. 灰塑、陶作与剪粘工艺

灰塑又称"灰批"，是闽南传统建筑固有的一种装饰工艺，以灰泥为主要材料。灰泥由蚝壳灰（或石灰）、麻丝、煮熟的海带，有时加入糯米浆、红糖水，搅拌、捶捣而成。灰塑是湿坯制作，较砖雕、石雕有较大可塑性。灰塑多用于住宅、庙宇的身堵、水车堵及山尖规尾等处，塑造山水、人物、花鸟等各种题材的景物，再施以彩绘，精彩

水车堵灰塑

夺目。山墙规尾处的悬鱼、惹草、窗楣以及匾额等，也常以灰塑装饰。

陶作是闽南传统建筑的装饰陶作品，是一种融绘画、雕塑、烧陶于一体的特色工艺。彩陶多设置于墙堵、大脊、山墙鹅头、照壁等处。其中腰见堵、身堵因为处于伸手可及的位置，大都以镶嵌技法及浅浮雕方式来呈现，以增强立体视觉效果与空间深度感。彩陶表现的内容广泛取材于神话传说、民间故事、历史典故、人们喜闻乐道的戏剧人物等。

剪粘由泥塑与剪粘两道工序组成。先以铅丝、铁丝扎成骨架，以灰泥塑成坯，再在坯的表面粘上各色瓷片、玻璃片或贝壳，晾干或烘干后遂成。若是人物形象，其头部则另以捏塑烧制后嵌上。泥塑彩绘与剪粘这两种工艺经常一起使用，可以充分发挥泥塑的造型优势与剪粘的色彩优势，塑造出造型丰富、色彩艳丽、具有鲜明特色与地方风格的艺术形象。

7.油漆、彩绘、安金工艺

油漆彩绘有保护作用，使木结构表面减少潮湿、风化等侵蚀，可防虫蛀，同时增加建筑富丽繁华之美感性格。采用不同色调、不同图样的油饰彩画，标志建筑的格调与等级。

在木构件表面进行油漆彩绘，需要将表面找平，做一层底子，这层底子称"地仗"。地仗的做法常规是底灰、披麻、上灰三道工序。地仗所用的灰料主要有石灰、壳灰、猪血灰、桐油灰等。地仗干后，用砂纸细磨一遍，湿布擦净，俗称"磨生过水"，然后进入过油漆彩绘。将金箔贴在上过胶油的木构件表面，北方称"贴金"，闽南称"安金"。沥粉干后，上刷金胶油二道，待金胶油八成干稍有黏度时，将金箔贴上。贴金时，根据贴金部位花纹，将金箔撕成合适的尺寸，用竹制的金夹子将金箔贴上，再用棉花球压实。除贴金外，彩画中尚有"扫金""泥金"的技法。扫金、泥金用金粉。金粉是金箔于乳钵内捣碎而成的。在地仗上刷金胶油，用干毛笔将金粉轻扫于金胶油表面，再用丝绵揉擦，使金粉贴实，谓之"扫金"，闽南又称之为"擂金"。

桐油漆是传统木构建筑油漆彩绘的基本材料。颜料调入熟桐油后，均

安金

匀搅拌即成桐油漆。彩画施作完成后，可在外檐彩画部位罩一至两道光油，使金箔、彩画延长耐久。有时只罩彩画部位，不罩金箔，称"扣油"。

三、闽南传统建筑营造技艺的传承与创新

闽南传统建筑营造技艺发源于泉州，传播于闽南文化圈直至港澳台地区和东南亚各国。传承和创新闽南传统建筑营造技艺，对加强保护闽南传统建筑文化遗产、深化闽台文化交流促进祖国统一，以及融入"一带一路"建设，都有极其重要的意义。

（一）授徒方式与传承现状

福建省泉州市鲤城区、惠安县、南安市共同申报的"闽南传统民居营造技艺"项目，入选我国第二批国家级非物质文化遗产名录。其中，惠安县入选名录唯一体现"传统建筑"，其他三处只体现"古民居"，可见惠安县在闽南传统建筑营造技艺的传承方面的全面性与代表性。2010年，中国入选联合国教科文组织非物质文化遗产名录项目的颁证仪式在北京举行，中国传统木结构营造技艺列入世界"非遗"名录，而闽南民居营造技艺作为其三大技艺之一，也被囊括其中。

闽南传统建筑营造技艺传承脉络清晰，自成系统，工艺精湛。作为营造技艺的成品工程，它浓缩着非物质文化遗产的精华，其重要性不言而喻。如今，在现代钢筋水泥建筑和外来建

筑思潮的冲击下，闽南传统建筑的很多工艺、技法，在一些地方日渐衰微。闽南传统建筑营造技艺的延续和传承，在飞速发展的现代社会中面临着重大的挑战。

1. 传统授徒

闽南传统建筑营造技艺在漫长的历史发展过程中，涌现了无数的工匠。手工业者，旧称为"匠"。明置匠户、炉冶户、窑冶户等，世袭匠艺。清废杂役籍，诸匠带着这门技艺"讨口饭"，养家糊口。大部的工匠有学徒拜师，学艺者一般须三年四个月才能出师。在此期间，学徒要为师父无偿干活，还要帮师父料理家务。对师父、师母毕恭毕敬、小心翼翼，否则工艺长久学不到手。

旧时，闽南工匠授徒也有"青出于蓝而胜于蓝"的例子，名师出高徒是很光荣的事情，而往往也让师父很纠结。徒弟如果技术学全了，加上年轻力壮，这时人们盖房子就不找师傅，而去找徒弟。这时便会"教会徒弟，饿死师父"。所以，工匠授徒往往"拳头藏在袖子里"，保留绝好的一手，有些技艺就这样失传。当然，如果是家族相传，特别是父子传授，自然是倾囊以授。往往那些品德高尚、技艺高超的匠师，唯恐自己的手艺后继无人，遗憾终身，更是悉心地把自己的所有本领手把手传授给徒弟。

2. 家族传承

传统技艺传承上，工匠唯恐技艺外流，给自己的业务造成竞争，甚至只传媳妇不传女儿，毕竟"嫁出去的女儿泼出去的水"。当然，也不乏匠师身怀祖传技艺，以建筑经典工程为荣，以传承精湛营造工艺为己任。可惜这些匠师大多数只在民间口碑流传，清代以前见诸文字甚少。就算是清代之后见诸谱牒、志书的工匠名师，也并不固守本地，常常身怀绝技，远赴他乡创业。因此，对他们的传承脉络的研究整理上难尽其详。只能从有关文献、族谱、口口相传和历史遗留的蛛丝马迹中，理出相对清晰的传承脉络。

闽南传统建筑营造技艺的传承多属家庭型或地域型的个体工匠间流传，或父子相携，或师徒相从，口授身教，传承范围相对窄。这种传承形式很容易形成一个个小小的工匠群体或聚落，比如有文献记载，清末民国时期惠安县就出现了专业匠村，如"五峰石雕，溪底木匠，官住泥瓦"。从中国石雕之乡崇武蒋氏祖辈相传的轨迹中，可窥闽南传统建筑营造技艺千百年传承轨迹之一斑。

清道光年间（1821—1850），祖籍崇武峰前的匠师蒋山斗到福州城开了间小石铺，专事石雕技艺，铺号"蒋源成"。铺内工匠有其子蒋尚姑及峰前老家蒋氏叔伯兄弟，个个石雕技艺超群。后来，"蒋源成"下传蒋尚姑，再传蒋仁文，并请江苏一姓武的状元题写"蒋源成石匠铺"店匾。从此生意兴隆，石雕作品遍及全国。

蒋仁文，又名蒋文子（1876—1930），生于福州，自幼承继祖业，学习石刻工艺。清光绪三十四年（1908），慈禧太后在颐和园举办全国工艺比赛，仁文所作镂花鼓椅和圆桌作品誉居全国青石雕刻之冠，从此"蒋源成石铺"誉满海内外。之后，蒋仁文应林森之邀，为广州黄花岗烈士墓雕刻龙柱。1925

年3月，孙中山病逝后，林森主持中山陵建设，再次委托蒋仁文主持中山陵的石雕工艺，其所创作的狮子、华表、光华亭八角金鱼池等均为上乘之作。他石刻工艺精湛，曾获万国博览会金奖的石雕和平鸽，以及福州西湖"李铁拐"、白塔寺龙柱、青芝山林森藏骨塔等艺术精品，流传至今。

第四代传承人蒋梅水、蒋宣炉、蒋银墙，自幼学习石雕技艺，是"蒋源成石铺"的高徒，传承了蒋仁文精雕细凿的传统石雕技艺和手法。1941年诸工匠联手承建台北龙山寺，蒋梅水乃是设计、放样、雕刻的"头把手师傅"。如今，龙山寺成为闽南古建落地台湾的代表性建筑。

第五代传承人蒋建发（1931年生），从小随父亲蒋梅水学艺。继承"蒋源成石铺"的技艺谱笈。因其石雕技艺精湛，1976年11月参加建造"毛主席纪念堂"的门廊、门厅及大立柱的石作安装。1979年参加承建八一南昌起义纪念碑。这些建筑事迹，可谓是石雕艺人的荣耀。

如今，蒋氏技艺传承至第六代，蒋钦全（1958年生）为代表性人物。其自幼耳濡目染祖辈、父辈为家族争光，以精湛的技艺为闽南传统建筑锦上添花。

台湾太和宫龙柱（蒋梅水作品）

20世纪70年代起，他在祖父和父亲的精心传教下，熟练掌握石作石雕工艺技法，在继承"蒋源成石铺"石雕技艺的基础上，青出于蓝而胜于蓝，形成了独特的技

蒋钦全被认定为国家级闽南传统民居营造技艺传承人

艺风格，跻身国家级非遗项目闽南传统民居营造技艺代表性传承人。

伴随技艺的传承，各行业的传统信仰和禁忌也在一代又一代地延续下来。各行业工匠都有自己崇拜的祖师爷，木匠、石匠、泥水匠崇拜鲁班；各行业工匠都有看家工具，木匠是墨斗、曲尺，石匠是铁锤，泥水匠是瓦刀，对其十分珍视，不允许别人亵渎。俗信这些工具不仅有施工做活功能，还可以治鬼制煞，保佑平安。工匠们十分忌讳在做活中受伤，血沾到器物，万一不小心沾到，要赶快擦掉血迹以消灾。油漆匠油漆的门窗、家具干了，忌说"油漆干了"，而说"离手了"，因为油漆干了等于没活干，不吉。

3. 传承现状

如今，只有农村建宫庙时，才会修建传统风格的闽南建筑，家庭建房早就舍弃这种风格了。受传统建筑的制式、尺度制约，闽南建筑的内部空间功能改造受到限制，不太适合现代

福建泉州崇武五峰村蒋氏大房七间张宗祠

人居住。20世纪80年代以来，民间闽南传统建筑建更多的是寺庙、祠堂，最高建两层。村民原来居住的传统民居要重建，也基本上翻建成现代高楼。由于有村民捐款建的庙宇，再加上家族宗祠的翻修改建，这才让民间传统工匠有点活做。活儿少，就无法养家糊口，营造工艺在民间的传承生态也就日渐衰微。同时，由于闽南传统木构架建筑相比石结构、混凝土结构的建筑来讲，整体耐久性较差、保存困难，这就使得传统建筑的维修、翻建、重建频率很高。若相应的传统营造技艺消失，那么遗存至今的传统建筑，包括大量的文物建筑也终将消亡。

近年来，与民间传统建筑市场萎缩相对应的是，闽南地区古建修缮市场日趋繁荣，但能全面掌握这一技术的人却越来越少。在中国非物质文化遗产传承人的名单上可以看到传统技艺的传承人年龄普遍在60岁以上，已步入"银发时代"，随着时间的推移，往往人走了，一身绝技也就带走了，传统营造技艺面临着失传与失真的危机。

营造技艺是具有高度的技巧性、艺术性的手工，体现为技能、技巧、诀窍、经验、洞察力、心智模式、群体成员的默契等文化形态。在传统思维的束缚下，这种传统营造技术全凭"掌篙尺"师傅凭借经验指挥工匠施工，其技术没有正规的教材范本和图纸，学习起来十分辛苦。在现代建筑大行其道的时代，传统建筑渐被边缘化，学习传统营造技艺的群体在就业方面也面临很大的压力，像其他非遗项目一样，很多年轻人宁愿外出打工，也不愿学这门老手艺。为了能招到徒弟，许多工匠大师还给徒弟们开起了工资。

随着全球化和城市化进程的加速，文化遗产的存续受到了猛烈的冲击。虽然政府和传承人加大了对后学的培养力度，但目前在闽南仍十分缺乏富有实践经验的工匠。专家们担心，如果没有技艺精湛的古建老师傅，即便今后有施工图也难以确保实施。

此外，传统建筑材料的局限性也是造成闽南传统民居营造技艺无法完整传承的重要原因。闽南传统建筑多为砖、土、木结构，大量应用红砖系列建材。但现今"红料"匮乏，传统营造成了"无米之炊"。闽南一带以往还用牡蛎壳来砌筑民居外墙，墙体既牢固，又能防风挡雨，别具地方特色。但现在这一建筑材料已经很少用，能见到的牡蛎壳外墙基本上都是以前遗存下来的。过去闽南人也常常用壳灰、稻梗、红糖、糯米等配以一定比例的沙土，制成一种名为"三合土"的建筑材料。这种材料不但黏性好，而且不易老化，建筑可保存上千年，但现在这种材料也基本上被水泥取代了。

除此以外，诗词、楹联的缺失也大大弱化了闽南建筑物的文化内涵。历史上，闽南传统民居装饰构件上的各种雕刻作品都十分强调"诗书传家""琴棋书画"等意蕴，常可在门联上见到体现屋主家族历史、才华个性的作品，而现在基本都采用借引的对联，原创的已很少见。

因此，传承闽南传统建筑营造工艺，除了扶持人才，大力培养以外，保存原汁原味的传统工艺也是当务之急，而借助计算机技术记录成了一项急救工程。因为传统工匠师徒之间靠的是言传身教，既无相关书籍可参考，也无图纸做依据。如果再不做抢救性的整理和记录，随着许多老师傅离世，很多工艺都会慢慢失传。

牡蛎壳外墙

中国艺术研究院建筑艺术研究所针对这一态势，启动"中国传统建筑营造技艺三维数据库"建设，利用先进的数字多媒体手段对传统建筑的构造、技艺等信息进行研究和建档，记录并演示其结构、比例和建造方式，依据从典型到特殊、从单体到群体的工作顺序建库。泉州古民居已被选为试点，杨阿苗故居营造三维数据库制作是其重点项目之一。

建筑是表现民族精神的一种主要形式，是民族精神的外化。千百年来，通过与西欧、南洋建筑文明的相互碰撞、吸收和融合，以家族传承为主要传承渠道、以手手相传为主要传承方式的闽南传统建筑营造技艺逐渐丰富了自身的传统。结合现代手段更好地保护与传承这项优秀传统建筑营造技艺，是民族文化自强自信的重要体现。

（二）代表匠师与工匠精神

千百年来，闽南工匠所营造的传统建筑是闽南文化立体的、综合的博物馆，能工巧匠在构造、布局、色彩、装饰诸方面，展示民俗风貌，融入诗情画意，寄寓哲理精神，体现着雍容与深邃的"兴家""报国"情怀。这些闽南大厝散落在街巷乡村，延续着城乡的文脉与风貌。

站在每一座色彩艳丽、特色鲜明的传统建筑前，瞻仰匠师们的作品，那些砖瓦、石材和木料，翔实记述着匠师们的精湛工艺在闽南落根、开花、结果的绚丽过程。闽南建筑的完美营造，得益于一代又一代建筑工匠的汗水与智慧，闪耀着工匠精神的熠熠光辉。每一位大师的出现，都会为闽南建筑文化带来特色亮点，推动这项传统技艺向前迈进。

生活于清康熙至乾隆年间（1662—1795）的崇武五峰村人李周，是惠安石雕史上第一位有名可查的石雕大师，被誉为

"南派石雕一代宗师""石雕圣手",崇武石雕艺人推他为始祖。他把绘画艺术运用于石雕工艺,使惠安石雕艺术风格由质朴粗犷向精致细腻、飘逸灵动方向创新发展。现代影雕的雏形,也是始于李周独创的"针黑白"工艺。现存于福州万寿桥18只"拳头狮"、福州兴化会馆一对石狮和福州南郡会馆的两根青石龙柱等作品,是李周的传世代表作。

与李周相邻而居的五峰村蒋姓雕艺名匠灿若群星。清朝末期到民国初期,蒋镗、蒋馨、蒋学心、蒋仁文、蒋梅水、蒋友才、蒋双家、蒋金辉、蒋丙丁、蒋瑞生、蒋瓦水等人在石雕艺术上形成各自的风格。这些匠师创作的以龙柱、石狮和人物雕刻为代表的惠安青石雕作品扬名海内外。当时,特别是台湾各地的寺庙庵堂和大户豪宅建筑,多聘惠安崇武五峰的蒋姓工匠主持,以至于"无蒋不成场"广为流传。

而闽南传统建筑大木作的杰出匠师,当数出生于崇武镇溪底村的王益顺(1868—1929)。溪底村明代即以"木匠之村"名闻遐迩,清代中期木作技艺已炉火纯青。闽南和台湾地区,甚至远到新加坡、马来西亚等国的不少大厝、园林、寺庙的精湛木作,多为溪底木工匠师的杰作。清光绪十四年(1888),溪底村王益顺父子承建峰尾东岳庙,设计制作了全木结构蜘蛛结网藻井并雕镂各种图案,此独创的技法一经问世便名噪一时。之后,台北龙山寺、厦门南普陀寺观音阁等闽台名刹,争相延聘惠安传统建筑师傅"掌篙尺"。

接洽各种大型寺庙与庭园建筑活计的王益顺,扮演的是总设计师角色。1919年,王益顺接受当时的台湾名流巨商辜显荣（辜振甫之父）聘请，率侄儿王树发等10多人到台湾，开始了他们在台湾数座大型寺庙的修建翻建生涯，前后长达十年之久。这些入台的人，包括石雕、泥水、细木、彩绘、雕花、壁画等工匠，已经是一个完整的建筑班子。王益顺的大木建筑技艺，全面地继承了我国的传统营造法式，又有很多创新。他吸收了泉州、厦门等闽南建筑的精华，并引进了洋楼建筑的海外装饰元素，注入中国传统寺庙建筑中去。今天在台湾各地寺庙常见的螺旋形藻井及纵横交叉的"纲目斗拱"，都是王益顺首先带入台湾的。轿顶式弯曲形的钟鼓楼，也是王益顺第一个应用于台北龙山寺。王益顺另外建造的几座大庙，每座都运用了一些特殊技巧。例如台北孔庙的大成殿使用斜拱，新竹城隍庙采用减柱法，鹿港天后宫前殿的藻井增加吊筒装饰，台南五府王爷庙采用圆形藻井。清末民国重修的厦门南普陀寺、泉州开元寺等闽台名刹，也都留下建筑"大木"与雕刻绘画相结合的艺术珍宝遗迹。王益顺的高徒曾参加集美亭阁、重修开元寺、鼓浪屿菽庄花园等的重修木雕构件雕刻。

说到闽南传统建筑大师，首推南安南厅后埔村人林路（？—1929）。19世纪后期他南渡新加坡，从事建筑业，兼制砖瓦，开设福安砖窑。1901年投标承建高61米的新加坡维多利亚纪念堂（大钟楼）。他采用中国传统搭棚法，逐层兴建，至1905年建成。他的建筑技术为中外建筑界所注目。林路1908年捐巨资倡议重建新加坡凤山寺，从设计到施工均亲自操劳，历时5年，于1913年建成。该建筑金碧辉煌，规模宏大，为新加坡古建筑艺术杰作之一。

光绪末年，林路在家乡后埔村建造一座半宫殿式民居，中间为正屋、叠楼，两旁为祖厅、书房，共有房屋99间。建筑材料采用钢筋、水泥、红砖、釉瓦，不用杉木，开泉州新建筑风格之先。南安一带曾流传"有林路富，无林路厝"的谚语，充分反映其建筑的独特与精美。

在闽南建筑界，1958年3月出生于惠安县崇武镇五峰村的蒋钦全称得上"名门之后"。其曾祖父蒋仁胜、祖父蒋梅水都是大名鼎鼎的"蒋源成石铺"传人。其父亲蒋建发工艺精湛，于1976年11月参加建造"毛主席纪念堂"的门廊、门厅及大立柱石的安装，1979年参加承建八一南昌起义纪念碑——这可谓蒋氏一门工匠"成家"与"报国"的最高荣誉。

由于家境贫寒，蒋钦全小学都没念完便辍学了。20世纪70年代初，年仅13岁的蒋钦全在祖辈的精心传教下，学习平直等石雕基础技艺。当时，父亲教育他："要学雕刻，什么都要学一点。"蒋钦全把这句话默默地记在心里。他以小学水平自学

林路厝

文化知识，打工之余手不释卷，史志经书、天文地理、曲艺武术、小说传奇，涉猎十分广泛，这为他之后从事闽南传统古建筑营造事业，打下了厚实的文化基石。

凿起锤落中，蒋钦全在石雕业界崭露头角，其作品既保持着浓郁的闽南乡土气息，更呈现出自身独特的技艺风格。艺成出师后，蒋钦全成为石雕厂的业务技术骨干。他的作品大者雄伟壮阔、气势磅礴，小者玲珑剔透、极具灵气。国家文物局首席顾问、著名古建筑营造专家杜仙洲曾不吝赞誉："凿刀似毛锥，落笔便生风；造像出神采，全凭意匠功。"

凭着熟练的石雕技艺和丰富的业务经验，1985年，他和弟弟蒋钦枝合股在老家创建了峰泉石雕厂。从青草石雕茶壶做起，进而承接加工一些景观小品、建筑石构件、石饰件雕刻。1988年，出于对闽南传统红砖建筑的喜爱，他把老家工厂托付给弟弟，开始涉足园林古建行业，把事业的重心逐步转移到"皇宫起"上来。他不懈钻研古建筑各类营造技艺，不仅师从王为尧、张由芳、杜先洲等名匠大师，还成为中国当代古建筑文物大师罗哲文先生的入室弟子。

在不同历史时期，闽南涌现出很多杰出的工匠和作品，"工匠精神"也在闽南传统建筑史上代代传承。与匠师的技艺一起传承的，还有历代匠人独特又具共性的责任担当和艺术追求。改革开放以来，工匠中的许多佼佼者，重拾文化自信，不使优秀传统失堕，以精湛工艺奉献社会、报效国家，这项国家级非物质文化遗产也因此闪耀着"家国梦"的熠熠光辉。任重道远，求索者无畏。当前，弘扬这种以"家国情怀"为核心的工匠精神，对于闽南传统建筑营造技艺的传承发展，无疑具有重要意义。

（三）研习基地与立体传习

"纸上得来终觉浅，绝知此事要躬行"，传承和弘扬闽南传统建筑营造技艺，绝不能单凭口头、纸面或现代信息记录。工艺技术必须经过实践才能得以掌握，创设研习基地便是一项很好的选择。依托富有实践经验和实训阵地的建筑机构建立研习基地，科学、有序、鲜活地把这项非物质文化遗产传承下来。

2015年10月18日，中国民间文艺家协会在泉州设立"中国闽南传统建筑营造技艺研习基地"，花落福建省泉州市古建筑有限公司。该公司创立于1988年4月，是福建省第一家园林古建筑专业建筑公司，原隶属于泉州市历史文化中心，专事文物古建的保护性修缮修复工程，首任董事长是德高望重的离休市长王今生老先生。公司聚集了泉州知名的能工巧匠，修复了一大批地标性的文物胜迹，复活了濒于失传的闽南传统建筑营造工法技艺，得到了国家文物局原首席古建专家杜仙洲大师的赞许。

2015年10月，"中国闽南传统建筑营造技艺研习基地"设立后，蒋钦全也在思索着如何借助时代信息技术对传承方式进行升级，着手培养既具备结构力学等建筑理论，又具有计算机软件和设计现代机械操作技能的高素质高技术人才。他酝酿利用现代多媒体技术对现存的古建筑进行数字化保存，通过摄影测量技术保存古建筑的原始资料，利用三维激光扫描技术建立数字化立体模型等，这些与现代技术相结合的保护方法都可较有力地对传统建筑营造技艺进行保护。

闽南传统民居营造技艺传习所的传习模式，是集理论学习、文化浸染、工地实践、工前探索、工后反思、数字传承

闽南传统民居营造技艺传习所

海峡两岸交流基地授牌仪式

为一体的现代化立体式传习。传习所培育了一批又一批优秀人才，已成为闽南传统建筑界的骨干精英。蒋钦全的奉献与努力，也赢得了业界的认可和尊重，成为闽南传统民居营建的标志性人物。福建省泉州市古建筑有限公司也被中国民族建筑研究会评为中华文化遗产保护传承典范单位，客户纷纷慕名而来。

（四）传承趋势与发展远景

法国艺术理论家丹纳认为："人类的物质文明和精神文明取决于三大因素，即种族、环境、时代。"人类建筑是物质文明与精神文明结合的产物，也是不同时代、不同环境、不同种族所创造的艺术品。

传统建筑已然成为众多文化名城的直接景观和文化资源，许多城市的城市规划都包含着历史街区和古建筑保护的专项规划。

当今，闽南地区大量优秀的传统建筑由于城市改造扩容、经济加速增长、生活习俗变革而快速消失。20世纪中叶以来，经济发展日新月异，科学发达，技术进步，建筑类型变得更为复杂，同时受到了西方现代建筑的影响，对建筑价值的深入挖掘和新技术新材料的广泛应用，使现代建筑相较于传统建筑完全"变脸"。早在中华人民共和国成立初期，梁思成、林徽因夫妇就曾为了老北京的旧城保护问题竭尽全力、四处奔走。他们的方案是保留老城，将现代化的建设计划移到旁边的城市去；保留城墙，并在上面留出一些景观、休闲娱乐区域，这样

福建泉州新社会阶层人士与留学人员联谊会参访传习所
并与蒋钦全大师面对面

人们既可以边饮茶边徜徉在古城墙上，悠然看北京，试想那是何等的享受！当梁氏夫妇看到古城墙被拆时，不禁痛哭："每拆一块砖，都是在剥我的皮啊！"

20世纪90年代初期，城市膨胀发展，所谓"点—线—面"的传统建筑保护模式遭受严重破坏，只有一些列入文物保护的项目作为孤岛被保留下来了。而且随着城市改造扩容，越来越多钢筋水泥大厦代替了传统民居，破坏了传统遗留下来的历史脉络。加上闽南传统建筑多为砖、石、土、木、灰结构，由于年代久远、风吹日晒，老化程度加剧，传统建筑的保护与传承刻不容缓。保护闽南传统建筑，首先就要保护和传承独特的营造技艺。

1. 设立高校专业创新传统营造技艺

随着社会的发展，人们日益强烈地认识到历史建筑在构建本土文化中的巨大价值。在闽南，传统建筑营造技艺的保护创新、传统建筑的更新再利用、传统聚落再生等新的观念逐渐为大众所接受，为地区建筑持续发展和营造技艺创新发展，开辟了广阔的空间。

目前，闽南传统建筑营造技艺伴随古建筑修复、仿古建筑的兴盛，需求量越来越大。但由于全社会建筑需求稀少，工作环境艰苦，传承方式单调落后等问题，当前专业工匠保有量日渐衰退，学习这项技艺学的人也越来越少。依托社会上的闽南传统建筑研习基地、传习所进行培训的学员数量有限，教学质量参差不齐。这里的学员虽然大部分是大学生，但关于闽南建筑营造技艺的特色和文化还不熟悉，可以说是门外汉。不妨通过高校招收学员，依托高校科学的教学模式和先进的教学仪式，传承这项古老技艺。泉州黎明大学已开设古建筑专业，并邀请国家级闽南传统民居营造技艺传承人蒋钦全在学校设立大

蒋钦全在黎明大学举办讲座"闽南传统建筑营造技艺的传承与保护"

蒋钦全在黎明大学大师工作室里为学生讲授古建筑知识

师工作室,这是一个高技能人才研修平台,着眼于发挥国家级传承人的传承创新,发扬具有千年历史的闽南传统建筑文化与技艺的传承。工作室的成立,推动大师带徒授艺的"传、帮、带"作用,将传承与创新有机结合,为闽南传统民居营造技艺培养技术人才,提高传统建筑营造技艺和技术骨干学习和创新能力,发挥高技能人才技术攻关,进一步推动高校与企业的合作互动,通过实习、技工进修等方式,为闽南传统建筑的设计、建设及保护工作输送人才,推动泉州海丝文化的创新发展和转型升级发挥积极的重要作用。建议闽南所在的高校如厦门大学、泉州师范学院、闽南师范大学,一样可以借助传统文化繁荣发展的东风,在政府的扶助下,开设闽南建筑专业或方向的课程。

高校传承的优点,还在于能够依靠信息技术进行建筑规划和构件设计。应该说，信息化和机械化是未来建筑工业的趋势，闽南民居营造技艺这门纯手工活与信息技术联手，加入机械工具，施工效率和工艺成效一定会更加显著。

推进闽南传统建筑的发展，也不能一味地遵循传统甚至是模仿传统，要推陈出新，强化建筑本身的设计感。要在尊重传统的基础上，增加一些新元素、新符号、新功能，将传统元素与现在元素相结合。比如厦门高崎机场就是对闽南意象的描绘，时代感与地域感的表达得到大部分人的肯定。中国泉州闽台缘博物馆则是在材质、形制上寻求着主体系与子体系间的对话联系。这些都是在闽南建筑营造传承上的有益探索。

在闽南建筑设计方面，通过高校专业培养，造就一批融贯闽南建筑文化和现代建筑文化的专业设计人员，这些人员走上社会后，可以在城乡建筑工程中融入和创新"闽南"元素，也可以通过这些设计人员的发展足迹，把闽南传统建筑元素传播到世界各地。

2.借助联合申遗彰显传统营造技艺

在厦门大嶝岛田墘社区，现存建于清末民初的双落红砖古厝有148座，绝大多数是当地华侨事业有成后回来兴建的。其中，金门县政府旧址群7处12座建筑最具申遗亮点。这12座红砖古厝，红砖墙、石基座、如燕尾一样翘起的檐角，乍一看杂草丛生，满目疮痍，但细一看，不论是木雕、石雕，还是砖雕、彩绘，其线条飘逸、刀工精致，散发出质朴清雅的韵味，十分精美。这些红砖建筑群不仅仅彰显着高超的建造技艺，还承载不可磨灭的历史记忆和珍贵的文化价值。

为了让这批文物得到更好的保护，顺利申报世界文化遗产，2011年底，国家文物局拨付150万元，厦门市财政安排150万元，作为维修资金。2013年3月19日，大嶝金门县政府旧址文物保护维修工程进驻仪式在厦门市大嶝岛举行，这表明，厦泉漳与金门的闽南传统建筑联合申报世界文化遗产又进了一步。

闽南红砖建筑申报世界文化遗产缘起金门。金门目之所及皆是红砖古民居，那里的建筑和漳州、泉州、厦门的民居没有两样。闽南红砖建筑成为海峡两岸同根同源的鲜活例证，具有较高的历史、艺术、科学和人文价值。2012年11月17日，国家文物局公布，将闽南红砖建筑群作为厦门和南安联合申报的项目列入《中国世界文化遗产预备名单》。

相较于海丝之路10多年入选申遗预备名录，闽南红砖建筑只花了4年时间，这是两岸同胞共同努力的结果。金门积极筹备召开有关申遗的国际学术研讨会。两岸联手申报，红砖建筑的规模群也就更为广阔和完整，申遗成功的概率就会更高。我们应当以联合申遗为契机，筹备建设闽台传统建筑营造技艺（工具）博物馆，而且将保护传统建筑延伸营造技艺，让两岸传统建筑的营造技能焕发生机，彰显名师和特色工匠的工艺品质和创造精神，持续打造闽南传统建筑营造技艺这张名片，让历史记忆传承久远。

3.结合群落保护传承传统营造技艺

传统建筑是本民族人民智慧浓缩的结晶，它必然有着我们能够"古为今用"的有益成分。但是，令人深感遗憾的是，今天现代化的民居建筑的大量涌现及外来文化的冲击，各地的民居逐步被所谓多元审美追求的建筑所代替。这表面看是"现代化"的体现，实质是对传统文化传承的缺失与破坏，亦反映出民族自信心的缺失。

历史文化风貌区和优秀历史建筑保护要与周围环境规划综合考虑。在法国，法令规定文物建筑与其周围环境是不可分割的，应一起加以保护。《世界遗产公约》也提到对文化遗产应采取"保护""展示"等措施。因此，必须树立公众的保护意识，特别在传统建筑的改造中，应遵守国家有关部门颁布的对历史文化遗产和文物保护的法律法规，强调"修旧如旧"，让掌握传统营造技艺的工匠进行施工，激活传统技艺工匠的社会保有量。

在传统建筑的保护和发展上有许许多多优秀的案例，就如湖南凤凰、云南丽江、江苏同里、浙江西塘、江西婺源和山西平遥还有同是受闽南文化影响的金门古厝，它们在保护与发展上做出了很好的表率。在发展旅游业的过程中，要始终坚持保护与发展相结合，以发展促进保护，在保护一片又一片的古街区中，实现传统营造工艺的传承发展。

西街是泉州最早开发的街道和区域，早在宋朝，它就已经象征了泉州的繁荣，1300多年来，这条古街区犹如一串耀眼的珍珠链，将泉州唐宋以来众多绚丽多彩的文物胜迹和古街古民居以及附于其间的名贤逸事、民间传说一一贯穿起来。除了开元寺、东西塔、城心塔、名人宅第、近现代洋楼外，还保留着大量风姿独特的古大厝，古色古香的木楼群，简直是一个活的建筑博物馆，既蕴含着古城丰厚的历史文化积淀，又诉说着古

闽南传统建筑营造技艺继承与发展　139

泉州西街116号洋楼新貌（福建省泉州市古建筑有限公司修缮）

泉州西街台魁巷7—1号粘氏古民居（福建省泉州市古建筑有限公司修缮）

城革故鼎新的百年沧桑巨变。

在如何更好保护、整治和开发西街，泉州市委、市政府历来高度重视，市民也在关注。早从20世纪90年代起，有关部门就聘请专业的古建公司、文物专家、传统建筑名师、工匠，对开元寺殿堂，古街骑楼和周围的传统民居，进行复古维护和修缮。这一方面保留西街原汁原味、古色古香；另一方面也是传统技艺的一次集合探索。这种保护模式，应该更大范围地在闽南各地延伸。如果所有的美丽乡村、所有的传统村落、所有的文物保护单位，都能"修旧如旧，古香古色"，闽南传统建筑的优秀营造技艺何愁得不到有效传承。

4.绘制海丝地图弘扬传统营造技艺

国家文物局2016年明确泉州、广州、宁波、南京、漳州、莆田、丽水、江门8个城市共31个遗产点列入首批海丝申报世遗点。其中，泉州列入海丝申遗的首批遗产点有14个，占全国总数近一半。值得一提的是，泉港"土坑村"是更新列入的申遗点。这里遗存下来的几十座精美的古大厝，承载着"下南洋"海商故事。在现在的时代背景下，绘制"海丝闽南传统建筑营造技艺流传地图"大有可为。可以说，把闽南和海外众多传统技艺工匠的足迹关联起来，就是一部跌宕起伏的"下南洋"壮史和一幅翔实生动的海丝路线图。

闽南传统匠师走南闯北，特别是下南洋。所以，闽南建筑最精湛的营造工艺，不一定就在闽南。众所皆知，闽南建筑的屋脊装饰特别丰富，人们觉得屋脊那么显眼的位置闲置可惜，于是发展出泥塑、剪粘和交趾陶的技术，弄一排栩栩如生的神仙人物站在那里，五彩缤纷。屋顶垂脊正前方的牌头，什么亭台楼阁、鸟兽虫鱼、花果器具，都往上面堆垛，像满族妇女盛装时满满当当的头饰。而在马来西亚的槟城龙山堂，就是一座保存极其完好的闽南宗祠，最让人震撼的是它那豪华装饰的屋顶，就连其发源地闽南本土，也已经非常罕见这种刻意经营屋顶的建筑了。

在东南亚各地，只要有华人的地方，就会有紧密围合、金碧辉煌的祠堂，而许多祠堂都是闽南传统工匠营造的红砖建筑。这些建筑数百年来，在闽南之外维系着优秀的传统营造技艺，祠堂上精美的石雕、木雕、砖雕，浸染着一个个工匠的心血和汗水，叙述着千古不衰的海丝传说。所以，在国家推动"一带一路"沿线国家共同发展的今天，绘制《海丝闽南传统营造技艺流传地图》亟待作为。

5. 融入复兴潮流传播传统营造技艺

弗·赖特曾说："唯一真正的文化是土生土长的文化。"他对于本土建筑文化的认识是相当深刻的。闽南传统建筑营造技艺是闽南工匠智慧浓缩的结晶，它必然有着我们能够古为今用的有益成分，应当积极融入中华民族伟大复兴"中国梦"的时代潮流，广泛开展对外文化交流与传播，把这项继承传统优秀文化、立足闽南又面向东南亚的优秀营造技艺传播出去，让国外民众更好了解和体验博大精深的闽南文化。

推动闽南传统建筑技艺"走出去"。要发挥建筑团体、社会组织、中资机构的作用，引导各类建筑团体加强与国际智库、国外学术机构的联系，鼓励代表国家水平的学术团体、建

马来西亚西天宫（福建省泉州古建筑有限公司营造）

新加坡后港宫（福建省泉州古建筑有限公司营造）

筑机构在相应国际组织中发挥建设性作用，更好地推动闽南传统建筑营造技艺走向世界。鼓励社会组织、中资机构等参与闽南传统建筑如宗祠、寺院的建设，承担文化交流项目，使经济"走出去"与文化"走出去"相得益彰。

闽南海外华人华侨与我们同根同源，要加强与他们的联系，鼓励他们积极参与居住地的闽南传统建筑的规划、设计，介绍传统营造工艺，传播灿烂的闽南文化。推动闽南传统建筑工艺"走出去"是面向世界、高度国际化的工作，需要借助外力、借用外脑，邀请更多外国知名记者、专栏作家和主持人前来采访，使更多有影响力的外国人士了解闽南建筑文化、传播闽南建筑技艺的"科学性""生态性"。要加强与各国的研究闽南文化专家的沟通联系，支持他们深入研究和传播闽南传统建筑技艺，发挥他们在传播闽南传统建筑文化的独特作用。

世界上许多国家普遍采用贸易和投资的方式，推动本国文化"走出去"。我们也要通过市场和企业的手段，推动更多闽南建筑营造产品和服务"走出去"。要培育一批外向型闽南传统建筑骨干企业，鼓励闽南传统建筑企业建立现代企业制度，提高跨国经营管理能力，加快培育一批能与西方跨国建筑集团相比肩的企业航母。在之前，闽南的一些传统建筑公司主导或参与建造了马来西亚槟城极乐寺、新加坡韭菜芭城隍庙三清宫、新加城佛教居士林、阿拉伯联合酋长国迪拜市中国院等众多闽南传统建筑元素建筑，要在此基础上，支持更多有实力、有丰富贸易经验的民营传统建筑企业从事文化贸易，加强财政补贴、税费征收、金融支持等方面扶持。国家在发展对外文化贸易方面，出台了一系列扶持政策，要用足用好这些政策，并根据新情况、新问题及时研究出台新的政策措施，提高含金量和针对性，为闽南传统建筑营造技艺"走出去"提供有力政策支撑。

建筑是表现民族精神的一种主要形式，是民族精神的外化。更好地保护与传承优秀的传统建筑营造技艺和文化，是一个民族自信的重要体现，也是一个民族对历史的尊重。一千年前，闽南工匠融合中原文化与百越文化精华，使性格鲜明的闽南传统建筑炫目地屹立于世界建筑之林。五百年来，南中国海风云激荡，西欧、南洋和中国等建筑文明相互碰撞、吸收和融合，丰富了各自的传统。中国古代民居曾经一片青砖灰瓦，如同静默的黑白世界，而闽南工匠融汇中西创造的红砖红瓦、燕尾飞檐大厝，色彩更加鲜活、姿态更加高扬。

"千秋塑雕圣贤道，万匠筑建家国梦。"期待神奇的闽南传统建筑营造技艺，在中华民族伟大复兴"中国梦"的轨道上，闪耀新光彩，更上一层楼。

非遗保护理念与泉州北管传承弘扬

黄嘉辉

泉州市泉港区地处美丽富饶的湄洲湾南岸，邻近港澳，面对台湾，是第二批国家循环经济示范区和湄洲湾石化工业基地先导区。这里是闽南语和莆仙语两方言区的交汇地带，也是福建民间音乐闽南色彩区和莆仙色彩区的过渡地带，有民间音乐南音、打正鼓、文管，民间戏曲高甲戏、"咸水腔"芗剧（歌仔戏）、"南派"掌中木偶、莆仙戏等一批国家、省（自治区、直辖市）、市级非物质文化遗产代表性项目名录。泉州北管正是长在这一特殊地理位置和艺术氛围中的一朵奇葩。30多年来，美、英、日等国家和中国台湾、中国香港等地区音乐专家学者纷至沓来，共同探研这一奇特乐种的历史渊源和风格特色，推动了泉州市泉港区对外文化交流活动的蓬勃开展。[1]随着湄洲湾石化园区、现代化石化港口工贸新城——泉港的开发建设，泉港在中国乃至世界位置的凸显，北管文化被重视起来，成为泉州市泉港区的一大文化特色品牌。但随着时间的流失，城镇化进程的加快，社会各种文化现象的冲击，北管的生存正面临新的挑战。在新的时期，如何做好泉州北管的保护、传承和弘扬工作，就成为摆在我们面前的一个重要课题。

一、基本概况

北管音乐简称"北管"，又名"小调""小曲""曲仔""北曲"等，是广泛流传于泉州市泉港区的一种丝竹类民间音乐。泉州市惠安县以及台湾地区也有几支乐队，新加坡、马来西亚等国家也有不少北管社团，日本民间音乐与它也有很深的渊源关系。[2]

北管分为曲和谱两大类，共有曲牌220多首。曲即声乐曲，大多数来源于明清以来的江淮小调，演唱采用官话（相当于现代的普通话），演唱时都配打锣鼓，在乐句、乐段、乐曲结束处，常有衬词"哎哟"，保留了江淮一带民歌的特色。代表性曲目有《层剪花》《采桑》《采莲歌》《红绣鞋》《打花鼓》《四季时》《出汉关》《四大景》等。谱即器乐曲，大多数来源于广东音乐、江南丝竹乐和京剧曲牌，演奏时一般不用锣鼓，只用板或木鱼敲打强拍，主要运用"支声复调、一弓一音"等演奏手法，拉弦乐器常用第一把位演奏，并把凡、乙演奏成升凡和降乙，与闽南十音和莆仙十音风格相似。代表性曲目有《八板头》《大八板》《江南大八板》《草琴》《广东串》《苏州串》《花六板》《三板》《将军令》《太平歌》《六串》《七串仔》《十二串》等。乐队沿用江南丝竹乐乐器，参用莆仙、闽南乐器，主奏乐器是京胡、笛子，特色乐器是尺胡、双清，乐队少则七八人，多则10多人。每逢节庆，北管都要参加化装、游行、迎神、装阁等活动，乐队前面打着"天子传音"的旗号，与"御前清曲"的南音相辉映，蔚为壮观。北管音乐风格的形成受闽南、莆仙音乐和地方方言的影响，既保留江南丝竹乐的明朗幽雅，又糅进闽南、莆仙音乐的柔婉秀丽，并有遒劲朴实之个性。[3]

二、传承现状

泉州市泉港区坚持走"政府主导、民间自觉，村校互动、委托培养，院地联姻、学研结合"之路，为北管保护、传承和弘扬工作的开展提供了保障。现全区有区级北管研究机构1个、社团（包括传习所）7个，市级北管传习所2个。国家级北管代表性传承人2个，市级北管代表性传承人14个。民间北管乐队18支，乐人250多人。区、镇、村北管保护与传承中心（基地）11个，学员300多人。学校北管培训基地6个，学员200多人。

（一）政府主导，民间自觉，生态保护合理有效

泉州市泉港区出台《泉港区北管保护工程实施方案》，将北管传承与保护基地建设列为为民办实事项目，从每年8万元增加到现在的每年30万元作为专项资金，中央、省、市财政从2012年至今拨付131万元给予资助。政府文化主管部门组织指导扶持各北管传习所、传承基地和传承人常年开展传习活动，在现有北管社团（队）的基础上，指导各镇、村（居）恢复北

管乐队。通过举办新年、中秋、文化遗产日北管音乐会和北管下基层等活动，促进北管生态保护，巩固壮大北管传承队伍。泉港区文化馆、泉港区青少年学生校外活动中心、峰尾镇综合文化站和泉港北管传承中心、圭峰北管乐坊、山腰前埕北管乐坊、南埔仙境乡村青少年宫等政府、社会机构常态性举办北管培训活动，学员200多人，并组队参加泉州市"才艺大比拼"和民间音乐邀请赛荣获一、二等奖和金奖。2012年10月，泉州市泉港北管乐团首次进京参加第四届北京传统音乐节，同年首次与台中市何厝新乐轩北管乐团在海峡两岸民间艺术节上同台演出等，反响良好。[4]

（二）村校互动，委托培养，后继人才冲劲有佳

泉州市泉港区在有北管乐队的村镇中心小学设立北管培训基地，开设北管兴趣小组和课堂教学，通过音乐老师讲授北管理论知识和进行音乐基本技能训练，北管传承人传授北管演奏、演唱技艺，培养北管后继人才，并在此基础上，向全区中小学拓展。同时，组织人员编写出版《泉港北管音乐》《泉州北管通用曲谱》《泉州北管概论》《泉州北管演唱教程》及配套光盘，举办北管唱腔研习和师资培训班，为北管的保护、传承提供保障；开展北管进校园活动，定期邀请北管专家学者和团体举办北管专题讲座和演出交流，增进学校师生对北管从理性到感性的认识，促进北管"原汁原味"地传承。此外，还组织人员根据北管代表性曲牌改编为伴奏音乐，创编了北管韵律操，在全区小学推广，让学生们在表演的同时，感受北管音乐

之美,增强学习信心,培养更多的北管"粉丝"。

2010年,泉州市泉港区委托福建艺术职业学院在泉州艺校订单式培养两届音乐表演(北管方向)五年制高职大专班学生13位。这些学生参加市第七届民间音乐邀请赛和省第四届大学生艺术节荣获二、三等奖,在世界闽南文化节与台北市的台湾戏曲学院音乐系学生首次同台同奏北管名曲,引起关注,并参加了海峡两岸北管学术研讨会交流演出,接受德国黄调管弦乐队的专题考察等。这些学生毕业后,其中9位在泉港区各实小、中心小学等任编外老师(五险均有),1位考为编内音乐老师,3位开设社会北管培训机构,他们既能从事音乐教学,又能保护、传承北管。

(三)院地联姻,学研结合,弘扬工作成绩喜人

泉州市泉港区成立了北管研究中心、北管协会,建设北管网站,常态性发布北管文字、影像和活动资料等,选派北管研究人员到中央音乐学院和中国艺术研究院进修和访学。厦门大学艺术学院、福建师范大学协和学院、泉州师范学院音乐与舞蹈学院在泉港区设立了北管学术与实践和艺术与实践基地及教学实践基地,一批学术研究成果在全国报刊上发表,有些还在全国性征文中获奖。泉港籍高等艺术院校学生也将毕业论文选定北管方向,福建师范大学音乐学院首位北管音乐教育方向硕士研究生已顺利毕业,本土北管学者也应邀走进北京和省内高等院校举办北管专题讲座;《泉州北管概论》作为福建艺术职业学院泉州分院教材和泉州师院艺术学院《闽台传统音乐》系

列教材之一，荣获市第四届社会科学科研优秀成果三等奖。

与福建师范大学音乐学院联合完成文化部重点课题子课题"福建泉州北管现状调查"，与集美大学音乐舞蹈学院合作的教育部课题"闽台北管音乐研究"也已结项，福建师范大学音乐学院副院长王州教授负责申报的"北管音乐：源流·形态·传承"列入国家社科基金艺术学项目，北管词条录入《中国音乐词典》（增订版）。

2009年4月、2014年8月，在福建师范大学音乐学院和泉港区成功举办了两届海峡两岸北管学术研讨会，来自中国大陆和台湾的专家学者、新闻媒体记者80多位参加会议，发表论文50多篇。此外，民族管弦乐《北管韵》《北管主题随想曲》等作品在国内重大音乐赛事中获奖，歌曲《北管唱起来》在"泉港之歌"全国征歌中荣获金奖，在网上广为传唱。

随着北管保护、传承和弘扬工作的不断发展，这一民族音乐遗产也日益受到重视，有了新的发展，从民间走向舞台和大中小学课堂，走出福建泉州和中国大陆，成为继南音之后中国传统音乐研究的新课题和亮点。

三、存在问题

北管音乐，虽然得到应有的重视和保护，但随着时间的流逝，城镇化进程的加快，社会各种文化现象的冲击，它的生存空间正面临着新的挑战。

（一）艺人年龄老化，青黄不接

现存北管艺人250多人，年龄最大的90多岁，最小的也是40多岁，北管艺人中坚力量大多是"文革"期间吹拉弹唱过"样板戏"的，年龄大多在65~80岁。现存10位国家级、市级北管代表性传承人中，2位90多岁，2位80多岁，2位70多岁，2位60多岁，1位50多岁，1位40多岁。其中，国家级代表性传承人庄明加和市级代表性传承人庄志丁、连瑜碧、刘华棋4位听力下降、反应迟钝，市代表性传承人林朱法、刘宗训2位行动不方便，不能正常地从事传承和交流活动，给我们保护和传承工作的开展带来压力。

（二）传承队伍松散，稳定性较差

泉港区现有南埔、后龙、圭峰、山腰、郭厝、前黄坝头北管社团（传习所）6个，虽然还有峰尾镇诚平村、联岩村、郭厝村南头、北头、丁宫，山腰街道办事处锦祥、龙山社区和锦山村、埭港村、前埕村，前黄镇坝头凤山，后龙镇柳亭村，南埔镇仙境村、凤翔村等10多支北管乐队，但北管艺人们大多年事已高，乐队属非职业和松散型的，稳定性较差。乐队成员年纪大多数在65岁以上，每个村北管队伍现只有3~5个65岁以下、行动方便的队员，每次交流展示活动都要由镇（街道）来组织，才能达到北管乐队传统应有的16人左右编制。

（三）生存环境不佳，发展面临危机

随着科学技术的进步和市场经济的发展，人们的文化生活日益丰富，审美需求不断提高，北管依赖生存的民俗活动环境受到一定的破坏。如，农村婚丧喜庆大多邀请民间铜管乐队、歌舞团、剧团来助兴，北管乐队只能在守丧的下半夜出场，一直演奏到凌晨，为逝者和守丧人伴奏；在殡葬队伍中也只能排在最后面，为送葬的老者伴奏，群众对北管的兴趣越来越淡化；加上泉州市泉港区地处闽南和莆仙音乐交汇地带，北管这一外来乐种，既要保留自己的本色，又要与闽南、莆仙音乐相抗衡，它的发展正面临危机。

（四）传承模式老化，创新胆量不足

传统技艺都是靠口传身授的，需要经过时间的磨炼和长期的艺术实践才能掌握。由于大部分代表性传承人年纪较大，口头表达能力差、听觉反应慢，在技艺传授时还需要一些既懂北管音乐演唱、演奏特色，又懂用音乐理论讲解的"导演"，但这种人为数不多，给北管新生代的学习带来很大困难。虽然我们文化主管部门定期组织代表性传承人在村庄和走进校园举办培训活动，让他们与音乐老师和北管新人碰撞，加大传承的速度和力度，力争用最短的时间，掌握最好的技艺；但由于我们思想上怕技艺没有原汁原味地得到传承，不敢创新性地开展传承工作，传承的速度偏慢，学习者不多。

（五）表演形式单调，受众面较小

由于老艺人年纪日益增大，上台表演不方便和表演形式单一，加上北管传统曲调较为枯燥，容易给观众带来审美疲劳。时代

的发展呼唤着北管推出新的表演形式和内容来适应各种阶层的欣赏需要。组织者虽然根据不同欣赏需要进行了安排，在做好传统节目的保护的前提下，又对传统曲牌进行了改编、创作，创新表演形式，丰富曲目，美化服装和舞美设计，但缺乏常态性的演出展示和运用多种形式的宣传，受众面较小，传播还不够广泛。

四、发展思考

随着城镇化进程的加快，如何做好泉州北管的保护、传承与弘扬工作，是摆在我们面前的一个重要课题。

（一）从政府保护角度

1. 建立保护队伍

要建立一支宏大的、高素质的保护工作队伍，包括省内高等音乐院校专家、学者和区内北管研究者、传承人、文化主管部门负责人等；开展北管生态保护研究，通过邀请北管理论研究者和代表性传承人举办北管专题讲座和特色演唱、演奏技艺传授，提高保护工作队伍整体专业水平，培养一大批热爱北管、专业知识精湛、具有奉献精神的保护工作者。

2. 创建北管资源数据库

更进一步对北管民间手抄本曲谱及传承人的技艺进行抢救性挖掘与记录，深入研究和总结其艺术本质特征、历史内涵与文化价值等[5]；在全面普查、登记的基础上，建立能反映北管基本面貌的档案资料数据库；在现有区文化馆北管研究中心的基础上，结合非物质文化遗产展厅建设，建设泉州北管艺术陈列馆；在以前录制的《泉州北管传统曲牌》VCD的基础上，组织北管新老艺人排练能真正体现北管艺术特色和主流的节目，结合《泉港旅游宣传片》摄制，出版《泉州北管传统曲牌》和反映北管艺人生活、北管历史面貌、泉港风土人情的《泉州北管电视音乐》光盘，促进北管更好地保护和传播。

3. 设立专项经费

泉州市泉港区政府要继续建立健全工作机制，落实保护措施，把北管保护、传承工作长期纳入政府财政预算和为民办实事项目，经费要逐年增加，并向上级有关部门积极申拨专项经费，为北管的保护、传承与发展提供强有力的保障。

（二）从非遗传承角度

1. 加大传承人队伍建设，培养专业人才

对北管传统乐社进行保护，在现有北管社团（队）的基础上，大力指导、扶持各镇、村（居委会）恢复北管乐队，重现北管鼎盛时期村村有北管乐队的盛况。建立北管创作演出重点社团，以重点社团的扶持促进北管的保护；对重点社团的演奏曲目创作整理给予资助，以扶持传统曲目和创新曲目整理促进北管的保护，并对重点乐团的唱奏及创作人才进行培训；举办两岸北管交流展演活动，对北管重点社团赴境外演出和艺术交流活动实行补贴。通过常态性的交流演出，巩固壮大北管传承队伍。加大现有半专业北管乐团（传承中心）的扶持力度，排练北管代表性节目，接受考察和出访演出，打响泉州对台、对外文化交流新品牌。

2. 创新传承模式

做好我区委托福建艺术职业学院在泉州艺校订单式培养的13位音乐表演（北管方向）五年制高职大专班学生就业后的跟踪和再指导、再学习工作，要用好这批北管专业人才，让他们真正肩负起北管保护和传承的历史重任；要在现有北管培训基地和开展北管进校园活动的基础上，定期举办音乐教师北管培训班、中小学生北管比赛，创新北管保护传承模式，多层次、全方位地培养中小学、幼儿园学生对北管的兴趣和爱好，通过举办北管知识讲座、音乐会、曲牌展播、法规宣传等活动，增强社会和师生对北管的保护和认知，让北管这一国家级优秀民间音乐遗产在泉港代代相传、发扬光大。

3. 创新表演形式，丰富北管曲目

在保护好传统北管节目的同时，组织专业音乐人才对北管节目进行创作、改编，推出合唱、合奏、歌舞表演等，丰富它的表演形式和节目内容；在总结山腰凤声芗剧团团长庄清凤创建北管戏剧团经验的基础上，积极探索北管戏曲化的道路，让北管以多种形式出现在世人面前，让更多的人接受和喜欢它。

（三）从宣传角度

1. 利用传统媒体和各种新媒体，建立北管的立体式宣传网络，提升影响

在以前编写出版北管理论著作的基础上，组织人员编写出版《泉州北管民间手抄本汇编》《泉州北管演奏教程》；充分

利用20世纪80年代和2002年录制的北管传统曲牌音像资料，出版《泉州北管传统曲牌》光盘；发挥好北管网站的作用，并运用微信和抖音等新媒体，常态性地发布泉州北管活动动态、常用知识、经典曲目，加大对外包装、推介和宣传力度，扩大影响。

2. 深度开展研究交流

在每年举办一届北管音乐会的基础上，持续举办海峡两岸北管学术研讨和交流考察活动，增进两岸专家、学者对北管的认同感，深度开展闽台北管比较研究和国际北管学术研究。加强高等艺术院校的交流合作，开展北管论文征集和研讨活动，接待各地专家、学者对北管的专题考察，选派优秀北管专家、学者和团体赴日本等国家和中国台湾等地区进行交流考察。营造良好的学习研究氛围，不断提高北管理论研究水平，增强学术分量，扩大北管的影响力，推动北管更好地保护、传承和弘扬。

参考文献

[1]黄嘉辉. 福建泉港北管概述 [J]. 西安音乐学院学报（交响），2004.

[2]李寄萍，黄嘉辉. 泉州北管概论 [M]. 厦门：厦门大学出版社，2008.

[3]黄嘉辉，王素青. 泉州北管演唱教程 [M]. 厦门：厦门大学出版社，2017.

[4]黄嘉辉. 泉州北管保护、传承和弘扬的现状与思考 [J]. 闽南，2015.

[5]陈瑜，庄江东. 北管如何唱新曲 [J]. 中华画报，2014.

第二部分

海丝文化遗产的传播与活化

明清漳泉人迁居台湾与民间美术传播

李豫闽

一

福建人移居台湾肇于何时？有文字记载的是从隋唐开始，史籍记载，早在隋代有陈稜将军要到琉球，便经过澎湖列岛。《台湾方志》的艺文志中收载唐人施肩吾的《题澎湖屿》的一首诗，诗曰："腥臊海边多鬼市，岛夷居处无乡里。黑皮少年学采珠，手把生犀照咸水。"宋赵汝适在其《诸蕃志》里说道："毗舍耶语言不通，商贩不及……泉有海岛曰澎湖，隶晋江县，与其国密尔，烟火相望，时至寇掠，其来不测，多罹生噉之害，居民苦之。"[1]可见宋元时期虽有汉人聚居澎湖，当时的台澎仍是一片荒芜之地，饱受海盗侵扰。总的说来，汉文化对台湾的整体移植和影响，应在17世纪之后。

明天启四年（1624），荷兰人被迫从澎湖转据台湾，1635年以后才招请住在爪哇巴达维亚（今印雅加达）的华侨领袖，以福建同安人苏鸣岗为首的几个中国头人，从福建之漳州、泉州等地招募农民，在今天的台南一带栽培甘蔗和稻米。这是福建人东渡定居开拓之始，苏鸣岗等人也正是台湾垦首制度的滥觞。

清顺治十八年（南明永历十五年，1661）四月，郑成功率众来台驱逐荷兰人。清康熙二十二年（1683），施琅率军东渡，消灭了郑氏的"延平王国"，康熙二十三年（1684）五月，清廷将台湾正式纳入中国版图。郑氏的东来，带来一个吏、户、礼、兵、刑、工"六官"皆备的"类中央政府"。追随郑氏来台的也是文化水平相当高的王侯、官僚和军人集团，一方面在台湾采取"寓兵于农"的政策，就是兵士不但捍卫社稷，同时也从事生产；另一方面积极发展文教事业，开科取士[2]。清朝没有经历过渡期，直接在台湾设一府三县，并循郑氏之例，在台湾设立学校，招考生员（俗称秀才）。另外清朝致力于汉番关系的改善，稳定局势。郑氏的东来和清朝台湾收归中国版图，为台湾的移民开发史注入了决定性的因素；政府的干预和士族的参与和漳、泉百姓的大量移入。

连雅堂先生在他的巨著《台湾通史》中云："当明之世，漳泉地狭，民夫其乡，以拓殖南洋，而至台湾者亦夥。"[3]到底有哪些因素造成明清时期漳泉人大规模地移居台湾呢？

第一，战乱频仍。大陆内地的变乱，自东晋以迄唐宋五代，干戈扰攘，加上黄河流域气候寒冷，生活困难，而东南各省气候温和，物产丰富，因此许多北方人或迫于饥饿，离开故土，向东南移民。由于中原人民率先南迁，闽粤人口因此剧增，形成人口过剩的局面，只好向台湾或南洋移入。其宋室南渡，明亡清兴却迫使大陆人民东奔西逃，闽粤居民避难海外者尤多。

第二，闽南地方多山，耕地有限，土地贫瘠，加上人口稠密，谋食艰难。福建全省山地丘陵几占面积95%，故精华区集中在沿海。但"漳、泉诸府，负山环海，田少民多"。当故乡的耕地已不足以展露他们的才能时，才思敏锐、有进取心、肯吃苦耐劳的成员向海外发展实属人之常情。闽南居民由于具备这些素质，乃能不畏艰苦。

第三，漳、泉居民宗族观念很深，凡是稍有成就者，总喜欢将族中的亲人提携到自己身边。亦有为谋生计，投靠亲友者，加以明末清初时，社会甚不安定，于是相携前往台湾等地觅求安适生活的人就逐渐增加。

第四，闽南海岸曲折，人民与海相习，养成勇于进取的精神。根据记载：明永乐三年（1405）郑和下西洋，船队经过福建海域，分别进入福州和泉州补给饮水与粮食，郑和七次下西洋，汉威震及海外，番邦贡使、货物源源而来。宣德年间（1426—1435）乃辟泉州为市舶司，正德年间（1506—1521）允辟厦门与西人通商。其后，外商船号，出入甚多，风气既开，航海愈趋发达，闽南人扬帆海上，视海洋为坦途。

第五，福建造船技术独步全国。五代以后，由于闽商大量出海贸易，船只是必备的交通工具，因此福建地区早就有制造海船的传统，中级海舶建造，多为民间所为，宋初造船业已成为漳泉两州主要的制造业之一，而且造船技术已达到相当高的水准，官方出使高丽，不就近于山东征调，而委由福建、两浙监司雇募客舟，即可看出福建船确有过人之处。由于造船技术好，加上丰富的航海知识和罗盘之应用于航海，使闽人外移更具有利条件。

第六，佛教寺田的大量增加。唐朝五代以降，福建佛教势力大量扩充，寺观众多并在寺领庄园的不断扩充下，遂使原已地狭人稠更趋恶化。至于土地集中于寺庙的情形，闽南漳、泉一带虽无详尽资料统计，但据南宋中期人陈淳的说法，泉南一地寺田所产竟占全额十分之七，其产多至八九十千，甚至百千，岁入以万斛计；富寺有田一百五十顷，极为平常，而富家不过五顷、十顷而已。而漳州寺产所占比例，更达七分之六。在这种情况下，迫使闽南百姓出洋贸易转向海上发展，其后又受到外商来贩获得重利之引诱，及五代君主多持鼓励商业的政策，乃成为日后闽南社会中注重贸易取向的原因。

第七，因政治的发展而有海外移民的需要。1624年，荷兰人据台后，为图市易之利，致力于农业的垦殖，乃竭力奖励大陆移民，以谋经济的发展来巩固其政治上占领的地位。此外，郑成功于南明永历十五年（1661）带二万五千人入台，闽南百姓援助者不少。其后，又移乡勇及收沿海残民来台开辟荒地，相助耕种，以广生聚。清领台湾后，虽对移民多所限制，直到乾隆二十五年（1760），所有"限制移民携眷同居"之禁令完全解除，闽粤移居入台湾，人数激增。

第八，自然条件优越。以台湾而言，既有黄金、硫黄等矿产，麂皮、鹿脯等狩猎物，又有沿海地区的水族。加之地沃人稀，阳光充足，资源丰富，与闽南又近在咫尺，来往便利，台湾与漳泉隔海相望，两地相去不过二百公里水路，最短距离仅为一百三十五公里。气候又相差不大，环境为漳泉人熟悉，条件极为优越，因此往台湾移民变得自然而然。

二

早期漳泉居民渡海来台，主要是驾乘双桅帆船。这种无动力的帆船必须与自然界做最大的配合，才能顺利到达目的地。首先要了解台湾海峡的风信。大致而言，过洋以农历四月、七月、十月为稳。四月少飓日；七月寒暑初交；十月小阳春候，天气多晴顺，闽粤人利用此三个月来台居多。最恶六月、九月以及十一月至次年三月，以六月多台风，九月多"九降风"，十一月至次年三月风浪最多，船舶的往来最为困难。此外，春、夏间南风多，风不胜帆，船小则速；秋冬间北风罕断，虽非台飓之期，但帆不胜风，舟大则稳。[4]

其次，台湾海峡澎湖风柜尾和虎井两孤岛间的海面，即传称"黑水沟"，早期史籍曾留下不少有关"黑水沟"的记载；如郁永河《裨海纪游》有云："台湾海道，惟黑水沟最险，自北流南，不知源出何所？海水正碧，沟水独黑如墨……广约百里，湍流迅急，时觉腥秽袭人。"李元春《台湾志略》亦记载："黑水沟为澎厦分界处，水黑如墨，湍激悍怒，势又稍淫。舟利乘风疾行，乱流而渡，迟则波涛冲击，易致针路差失。"根据记载，黑水沟有二：其在澎湖之西者，广可八十余里，为澎厦分界处，水黑如墨，名曰大洋；其在澎湖之东者，广亦八十余里，则为台澎分界处，名曰小洋。小洋比大洋更黑，其深无底。大洋风静时，尚可寄碇，小洋不可寄碇，其险过于大洋。

由于经过黑水沟如此危险，因此不知有多少人葬身海底，成了异域孤魂，昔时，民间有十个移民中"六死三留一回头"之说法，道出黑水涡潮的危险，也道出闽南人渡海来台的艰辛。

此外，能否遇到顺风，关系甚为重大，根据郁永河所记，在厦门开船时，虽两艘同时日、同航程，竟有遇顺风、逆风之别，而不同日到达者。他又举了一例：在厦门大旦门出发之船十二艘，同时到达台湾者仅半数。其余者迟到数日者，亦有一艘迟至十日者。海风无定，"常有两舟并行，一变而此顺彼逆"。

这是由于台湾海峡以南北海流和南北季风为主，帆船时代想由西往东横向航行倍觉困难。

若天时地利，风向及水之流向稍利于舟行，则自闽南至台湾约十四个小时到两日间可抵达。如志载："舟船起碇扬帆，顺流东向，四更功夫过黑水洋五更功夫抵岸，七更北靠淡水、基隆；偏东乌石港，南抵安平、布袋；偏北抵北港、鹿港、红毛、梧楼，偏南打狗。"明给事中何楷奏疏有云："台湾在澎湖岛外，水路距漳、泉约两日夜。"诸罗县志也有从厦门到淡水类似的记载："厦门至淡水水程十一更，与鹿耳门等。康熙五十四年（1715），千亘门重建天妃宫，取材鹭岛（厦门），值四风，一昼夜而达。"

根据台湾学者研究表明，明清两代从漳泉两府台海来台的移民，占来台总数的80%以上，从船舶靠岸的地点来看亦集中在安平（今台南）、打狗（今高雄）、诸罗（今嘉义）、鹿港和艋舺（台北一带），其中安平与鹿港占绝对多数，无论是从地理位置或航行线路看，安平登陆的漳泉人都有，鹿港则以泉州居多，打狗主要是漳州人。

三

明清时期漳泉迁台湾，由少到多、聚集而居，一种以同祖同乡人为主的聚落从此建立，然而他们终究是割不断与故乡的联系。

同乡不仅影响了漳泉移民在台湾的地理分布，他们建立起来的社会，到处看得到"唐山"①的影子。台湾汉人社会也有作为边疆移垦社会的独特性，这种双重的性格充分表现在台湾汉人社会的宗族组织上。祖先崇拜是汉人自古以来的特色之一；汉人社会的宗族是以血缘系谱为主的组织，一般置有祭田或祖当，在台湾则称为"原祀公业"，即为了祭祀祖先而置办的共有产业。早期台湾汉人移民大多只作短暂停留的打算，因此没有祭祀祖先的问题。但逐渐定居下来，移民就有祭祀的需要，他们通常由在台的宗族成员集资派人前往本籍祭祀。时日一久，渐渐感觉回乡祭祖不便，而且在台的宗族成员繁衍已多，于是开始有人倡导建祠堂，设公业。

---

① 此处是台湾同胞对祖国故乡的习惯称呼。

早期出现的祭祀团体由在"唐山"有共同远祖的宗族成员组成，祭礼共同的"唐山祖，如王爷庙、观音庙、妈祖庙、天上圣母庙、关帝庙、开漳圣王庙、保生大帝庙、开台圣王庙"等，他们通常来自同一祖籍地，同姓但不必然有直接的血缘关系。等到有些宗族在台湾繁衍了三四代，其成员也成立祭祀团体，祭祀第一位来台的祖先——"开台祖"，一般以姓氏宗亲为单位所建的宗祠。学者称前者为"唐山祖宗族"，后者为"开台祖先宗族"。若以组成的原则来分，前者采用自愿加入方式认股出钱，因此又称"合约字祭祀团体"，后来，由特定祖先之后代在阄分财产时抽出一份来充当祭祀公业，所以称之为"阄分字祭祀团体"。这两种团体可以重叠存在，一个"唐山祖先宗族"可能包括若干个"开台祖先宗族"[5]。"开台祖宗族"的组织是中国传统社会的典型，"唐山祖宗族"则是移民社会特有的现象。

正是在此基础上，明清两代台湾汉人聚居地开始大肆修建寺庙道观和宗祠，由于建庙需要大量的材料，于是便从漳泉运送大量的木材和石材来台，其中，木材主要取自福州，称"福杉"；南安青石和"泉州白"等优质石材既作为帆船的压舱石又可用作建材从泉州运抵台湾，工匠则聘请惠安石匠和永春、泉州木工和漳州大木师傅、画工来此设计、施工。这些陆续来台的漳泉工匠不仅为台湾早期寺庙建筑留下了精美的作品，同时也将海峡西岸的民间美术样式传播到台湾。时至今日，台湾的大陆工匠的第五、六代传人，提起他们祖先、前辈的从艺经历时，仍能依稀勾勒出当年师傅雕龙画栋、巧夺天工的情形。

无论是木雕、石刻或是彩绘等各种装饰于寺庙建筑的民间工艺的优秀制作者大多来自漳泉两地，他们当中的一些人选择留居台湾并将手艺传给了后人，甚至有人在承建工程的闲暇，顺手教会了当地的小孩，若干年后，台湾便有了本地的工匠。

明清时期台湾大兴寺观建筑，及清中后期的私宅府邸修建，无形中为漳泉的优秀工匠提供了施展才华的机会，同时也为日后台湾的工艺美术积蓄了后备人才，也为民间美术的传播打通了渠道。

四

漳、泉、客民的地理分布是一个饶有趣味的问题。众所周知，泉州人居于滨海平原，漳州人居于内陆平原，客家人则分布在丘陵山地。何以如此？长期以来流行"先到告占"的说法，认为泉人先来，占地最好的地区，漳人次到，所以往内陆住，客家人最晚到，只剩下靠山的丘陵地。这种说法表面来看言之有理，但不符合历史的真实。据台湾历史学家施添福教授的研究，漳泉客民之所以定居不同的地区，是与他们原乡生活方式息息相关的。举例来说，客家人虽然入台较晚，但至迟到康熙已大量移入台湾，当时台湾未开辟旷土尚多，除嘉南平原外，还有许多滨海地带，客民没必要一定要沿山而居。根据研究，明末清初时泉州人"舍本逐末"的风尚很盛，他们靠海以打渔维生，过着以行贾、贩洋、工匠、鱼捞、养殖、晒盐为主业的生活，所以当他们渡海来台谋生时，自然选择滨海地区居住。漳州虽然与泉州紧邻，但农业一直是经济基础与生活中心，加工业亦相对发达，当他们冒险来台时，选择内陆平原乃顺理成章之事。

对现代人来说，原乡的生活方式具有如此大的决定力量，是很难想象的。不过，我们必须了解：在近代以前的社会，大多数的人不识字，个人的谋生技能往往是跟父辈或亲戚习得的，而且这样的技能通常无法转换（一生只会一种技能）。如果一个男子学会了渔捞，要他改作农耕，是难以做到的。

初来乍到，倘使他们必得马上揽活，就只有"黔驴故技"可施了。相对而言，现代社会的职前训练很不一样，文化知识的普及教育为社会培养了一批工商业的基本劳动力，具有更多的职业选择性。早期的漳泉移民，更多的是带着一技之长移居的，大多数人在原乡干什么活，到台湾仍然是从事本行工作，跨行业的也有，但大多与原乡的生活和职业习性相联系。

例如：今日的高雄县大社，仍活跃着的一个迄今已有200多年的历史的东华皮影戏团，该团第一代团主张状即来自漳州平和小溪乡（原属南靖县）。

而台湾的皮影戏只限于在高雄、屏东两地，其他市县则无。在原乡漳州仅存从事皮影戏的只有陈郑煊一人（现定居厦门），老人已95岁（2006年），据他所说："过去漳州皮影戏，主要分布在漳州、龙溪、石码、平和、南靖、诏安等地，省内其他地方罕见。"[6]

今日，台南的彩绘传统世家陈氏和潘氏家族，代表着早期台湾庙宇彩绘业的两大流派，他们祖先均来自大陆，祖上在从事彩绘业之初或多或少地接受过大陆师傅的教诲和影响。

鹿港的李氏宗族木雕业则完全是从永春移入台湾，从李克鸠开始，李缵矸、李世长、李松林、李秉圭五代工匠均从事小木作，为台湾许多庙宇和私宅留下了大量的木构件和木雕制品，从他们的作品中充分彰显，源于古代永春木雕的生动、俊秀风格之脉传。

彰化徐氏家族的掌中木偶头雕刻和云林的布袋木偶头雕刻，虽然直至台湾光复时方才崭露头角（早期台湾掌中木偶戏团均从漳泉购买木偶），细致琢磨，仍然可以看出泉州江加走、漳州徐年松木偶雕刻艺术的影子。

有一个现象值得关注：从台湾民间工艺分布的区域来看，台湾的皮影戏集中于高雄、屏东一带；掌中戏则在台北和彰化、云林；木版年画则唯台南旧市米街一带；木雕在台南、鹿港最为发达；交趾陶主要在嘉义和台南；剪瓷雕主要在台南和彰化地区；刺绣和金银器也集中在台南和彰化的古老街区。

将台湾的民间美术种类之分布与漳泉移民渡海来台的航线和入境地相比照，昔时台湾的"一府二鹿三艋舺"的繁荣兴盛所验证的就是一条由"唐山师傅"和漳泉移民拓垦、安家、"赚吃"[7]的路线图。只是海峡西岸的漳泉优秀民间技艺由于种种原因断代失传，我们只能从现有的文物遗存中领略出"古早"[8]闽地工匠的精妙神韵；而隔海相望的台湾幸存着少数传统工艺的传人和文物可以作为两岸民间美术形态与渊源的参照，由此展开闽台民间美术的深度研究，唯愿这一民族传统艺术能够世代相传、永续发展。

参考文献

[1]［清］赵汝适.诸蕃志[M].台湾文献丛刊，1961（9）.

[2]尹章义.台湾开发史研究[J].台湾研究丛刊，1989（12）.

[3]连横.台湾通史[M].北京：商务印书馆，1983：124.

[4]林再复.台湾开发史[J].台湾研究丛刊，1989（12）.

[5]陈奇禄.中国的台湾[M].台湾"行政院"文化建设中心，1984：86.

[6]笔者于2006年2月间到厦门永福宫采访陈郑煊老人，拍摄其皮影制作和作品。

[7]南语意为"揽活"的意思。

[8]南语意为"古老的""久远的"意思。

笔者曾于2006年7月至8月赴台湾进行为期一个月的田野调查，走访民间艺人20余人，均做详细的采访和录音、录像拍摄，并与萧琼瑞、石光生、高灿荣等多位台湾民俗文化学者进行交流。

福建海洋文化史的地位与发展脉络

夏 敏

作为沿海省份的福建，面朝台湾海峡，有3300千米长的海岸线，它的先民很早就开始了海事活动。"闽在海中"就是早期中原先民对福建的神秘描述，它透露出这样的事实，福建跟大海有关。福建的希望来自海洋，成为历史已经验证了的必然。鸦片战争以前，福建、广东、台湾是中国主要的海洋文化区域，尤其是讲闽南话的台湾、泉州、漳州、潮府四府，是中国海洋文化的核心区域。

在福建的海洋文化中，捕捞和海运是福建海洋活动的主要形式。从事捕捞和海运，必然遭遇各种各样的海上风险。为了平安走海，自古以来福建人就摸索探讨出一系列海事法则。这些法则有的是民间船家、船商约定的行规，有的是历代福建地方官员创制的政府规定。唐末以后，福建开辟海上"丝绸之路"，五代闽国开辟甘棠港，使福建海上贸易圈扩及南洋、新罗和日本，北宋时，"福建一路，多以海商为业"。南宋至元，作为东方第一大港的泉州崛起创建，直到明成化以前，政府在泉州专设市舶司。市舶司的主要职能有：（1）管理出入港船舶；（2）抽解（征收关税）、禁榷（由国家垄断专买专卖）、博买（由政府收购一部分获利较大的物品）；（3）船舶的运送（将政府抽解和收购的进口物资移送京师）；（4）检查违禁品和缉私；（5）招徕外商；（6）负责蕃坊（外商在本埠的居住区）事务的监督和管理；（7）主持为商船的祈风典礼。这个历经宋明的市舶司，其实已经履行了古代官方海事的一些基本职能。

到了明代，琉球国的通贡海舟和航海通贡人才均为明廷所赐，市舶司负责这些事宜。明代福建官方海事活动到达琉球，泉州一直是朝廷通琉球的港口。明成化以后市舶司移设福州，闽南和琉球的通航改为民间之举。总之，宋明以降，闽南海洋事业异常发达，而且出现妈祖等与海事有关的海洋神明体系。郑和下西洋，从规模上代表了古代中国海洋文化的最高成就。船队的船只为闽地所造，水手多为闽人，七次航海都从福建下水出发，航海路线也走的是闽人通往西洋的传统路线，即海上丝绸之路。

郑和远航后，为打击倭寇并吸引其他国家前来朝贡，明政府长时间实施海禁，中国海上事业遭受打击。尽管海禁使东南沿海海事进入萎缩期，但福建却有另一番景象。官方海事转为民间海事，但仍显示出涉外特征。民间海运、商业（特别是福建对欧洲的茶叶贸易居于明清福建海外贸易之首）和海外移民推动了月港（海澄，即"本澳港"）、安海等港口的崛起，明景泰年间月港成为通倭的走私贸易中心，龙溪《王民族谱》

（民国刊本）云："闽人通番，皆自漳州月港出洋。"明正德后，"月港豪民多造巨舶向海洋交易……法不能止"，隆庆元年（1567），官方正式开放月港，准贩东西洋，福建海洋私人贸易再度繁盛，漳泉海商开辟了吕宋市场，中国丝绸和铁器商品进入全世界的市场，美洲的白银也通过月港滚滚流入中国，"澄商引船百余只，货物亿万计"，这种新兴贸易取代了衰落的官方朝贡贸易。迄至明代中后期，漳州成为中国海洋文化最发达的区域。嘉靖、万历年间，漳泉移民日本及琉球者众，琉球在明洪武、永乐年间甚至形成叫"唐荣"（或"久米"）的"中国村"，原籍中国的村民明清两代专事与朝贡航海有关的事宜（如贡船驾驶与维修，外交文书制作与翻译，两国官员往来的礼仪，贡品的买卖与管理接纳或遣送中国漂风商船与难民，等等），这些闽人后裔对推动中国文化扎根琉球做出重大贡献。万历以后的一些朝廷命官都利用月港至琉球的航路，打探倭寇活动的情报。

明郑海洋性地方政权以海洋为发展模式，外向型产业特征明显，成为中国与东方贸易的中介，此时的福建理所当然地成为中国海洋文化的核心地段。清初开海以后，厦门取代月港昔日的辉煌地位，是官方特许准赴东西洋贸易的主要商港。从此厦门成为闽人入台的主要出发港或拓殖海外的窗口，也成为福建沿海最大的国际贸易港和福建沿海经济重镇。军港、商港、渔港的长期并存成为厦门港的一大特色。鸦片战争（道光二十年至二十四年，即1840—1844年）以后，厦门被英国逼开为通商口岸，是通台商品的专门口岸，它迅速发展为闽南的中心城市。

一、古代福建沿海的民间与官方海洋文化行为

（一）古代福建的民间海洋文化行为

作为海洋大省，福建沿海民众明朝以前的经济行为主要是渔业和水产养殖，最有特色的是活跃于闽、浙、粤的海上疍民，他们乘坐名为"了鸟船"的船只，在茫茫大海上航行。到了明海禁之后，特别是郑氏集团控制台湾以后，福建有着其他沿海省份无法比拟的经济特征，那就是涉外民间经济行为（避开官方海禁的民间海上走私）的繁盛。明代嘉靖以后，官方由于倭患等原因出台"海禁"政策，日本首先成为禁海航区，随着禁航区的扩大，官方态度是从海洋退却，泉州式微，福建的海洋活动转以民间非法走私和"违禁"下海通番为主。这一时期，福建（特别是闽南）的民间海事却异常活跃。船民们掌握季节风向变换的经验，以避开台风，所以，明清两朝中国的海事行为，福建民间扮演了主要的角色。

明郑王朝鼓励闽籍人涌入台湾。在明郑王朝官方鼓励下，地方性较强的福建民间航运、台湾与海外移民都有较强的海洋文化诉求。清代前期，政府重新开海，福建船只向东前往台湾（东番，也称"小东洋"）、东洋（文莱以东的海洋，主要指朝鲜、日本、琉球和菲律宾），向北前往北中国沿海，向南前往南洋、西洋（文莱以西的海洋）。尤其是日本，成为船航行区域的重要国家之一。但是雍正以后，由于中日贸易政策和管理制度的变化，对日贸易锐减。闽船转向至菲律宾与文莱。明

清时期，民间航线有福建舟人使用的"海道针经"作为秘本保存。清代的福建船，规定用绿油漆饰，俗称为"绿头船"。前往天津的以糖为主，叫"糖船"或"透北船"；前往浙、沪、鲁的叫"贩艚船"或"北船"，这些船出海，都有登记船照方面的档案。但由于材料尽失，现已无法考察。只有一些零散的材料记载了海上救助的事迹，多少保留了遇难船商的自述。根据这些自述材料分析，我们发现，清初开海之后福建船只北上或南下遭遇风暴是经常的事情。"行船乘车三分险"，民间对付风暴的办法多半是随风漂流。根据资料分析，北上船只遭风漂流的落脚点多数是朝鲜和琉球。福建船民往往采取整船漂流或弃船下小艇或"坐落水柜"漂流，漂流过程中有的淹死，有的客死他乡，或者来年被他国海事官员护送回原籍。现将清初康熙三十九年（1700）至清末咸丰四年（1854）共154年间福建船商北上贩运遭遇风浪的资料加以呈现，如下：

1.（康熙三十九年，1700年）。福建府船主陈明等25人，驾船一只前往山东贸易，十二月二十日装船回闽，忽被逆风漂至琉球北搁破。

2.（康熙四十四年，1705年）。闽县船户游顺等24人，驾船一只，往海州地方发卖杉木，十一月初开船出大洋回，遇狂风损坏桅柁，漂到不知名海岛湾泊，割断柁索，二十四日漂流到琉球北山大岛地方。

3.（雍正二年，1724年）。晋江县商船户卢昌兴等26人，赴锦州贸易，回途遭遇飓风，十一月十八日漂至朝鲜济州大静，2人死亡。

4.（乾隆四年，1739年）。延邵二郡纸商，"每岁由闽航海，荷神庇，得顺抵天津"，本年佥谋于北京崇文门外缨子胡同，合建延邵会馆以祀天后。又，莆田县商船户陈协顺等22人，赴天津贸易，回途遇风，十一月初四漂至朝鲜椒子岛。

5.（乾隆五年，1740年）。同安县商船户王同兴、搭货客漳州府人连让等21名，驾同安顺字275号船，五月十二日由厦门出口……于十一月初五日放洋回闽时，忽遇飓风，蓬桅俱坏，十六日漂至琉球麻姑山打坏。又，龙溪县商船户陈广顺等28人，赴锦州贸易，回途遇风，十月二十一日漂至朝鲜安兴。

6.（乾隆六年，1741年）。福建商船户陈得丰，驾往上海……顺途回棹，遭风弃桅，漂往琉球。

7.（乾隆十年，1745年）。龙溪县船户徐万兴及柁水等27人，十月二十八日在锦州装货，从大观岛放洋，陡遇飓风，将桅吹倒，漂流至乾隆十一年（1746）正月初五日在台湾后山冲礁破船，失去柁水7人。

8.（乾隆十四年，1749年）。县商船户吴永盛（莆田人，坐驾闽县宁字497号船），并柁水、客民吴顺等共28名，于三月初一日在台湾装载红糖转至上海县贸易……十一月十五日放洋回闽，至十八日陡遇飓风，吹断大桅，二十三日漂至琉球国山北楚州地方，冲礁打坏。（同年海难记载另有9条，此不赘引）

9.（乾隆十六年，1751年）。同安县船户林顺泰商船，于十一月内在洋遭风，失去柁桅，漂至琉球宇天港。

10.（乾隆二十四年，1759年）。同安商船户阮隆兴等21人，赴天津贸易，回途遇风，十月初六漂至朝鲜旌义。又，莆田县商船户林麟等28人，赴山东贸易，回途遇风，十一月二十一日漂到朝鲜黑山岛。

11.（乾隆二十五年，1760年）。莆田县商民林四官等十一月初四在山东岱山开驾要往浙江宁波，遭风漂流，十三日船破，林四官、胡八官坐落水柜，十二月初三日夜漂至琉球麻姑山浦底滨地方。又，同安县商民陈天相等十月十七日遭风吹桅失柁，货物丢弃，二十三日众柁稍下舢板而去，陈仍在原船，是夜二更冲礁船坏，急落水柜，十一月十一日夜漂到琉球大岛名菜大熊地方。又，同安县船户林福盛等24人……二十一日遇西风大作，失柁失破，任其漂流，二十五日沉船后乘汲水小船，漂至朝鲜全罗道罗州慈思岛。（乾隆年间另有海难记载11条至乾隆五十年即1785年，此不赘引）

12.（嘉庆二年，1797年）。海澄县商船户陈嘉端等31人，赴福州、天津、关东贸易，回途遇风，十一月二十四日漂至朝鲜明月镇。（嘉庆年间另有8条海难记载，此不赘引）

13.（道光四年，1824年）。同安县商船户洪振利等38名，坐驾顺字98号（关部照地字2号）商船，十一月十二，陡遇西北大风，吹桅坏柁，任风漂荡，煮豆充饥，逢雨饮水，历6个月之久，道光五年（1825）四月初八船底破漏，跳上舢板小船漂流，初九过球小船6只，护索琉球山南喜屋武郡登岸。又，同安商民昌正等32名，坐驾宇338号商船，十一月初四日该地（山东）开船，要回本籍，十二日在洋遭风沉覆，26人溺死，吕正等6人坐落水柜，十二月初六漂到琉球山北仲泊，饿毙5人。又，海澄县船主石希玉等37人，十月初十遇大风漂流，二十四日晚昀弃船下小艇，在朝鲜全罗道州荷衣岛上岸。又，同安县南船户高泰等漂至琉球，次年（1825）九月二十二日由琉球国护送至福州。

14.（道光六年，1826年）。同安县商民陈宽船只于六月十一日驶抵东海外洋，救护日本国难民11名、琉球国难民2名，送交温州镇营。

15.（道光十一年，1831年）。七月，厦门商船在浙江之普陀山遭遇飓风，沉船70余号，计丧资本百余万。（道光年间另有4条海难记载，此不赘引）

16.（咸丰四年，1854年）。福宁府福安县船主张万兴等25名，坐驾霞浦县霞字18号商船，于七月间奉海防分府府照，领装京米1100石外，准允随带货物一件，运赴天津府……十二月初一该地开船，初五遭遇西北风，随风漂流，十六日漂到琉球叶壁山。

古代福建民间海事较少被学者关注，但是福建以频繁民间海洋活动成为中国民间海洋活动的中心。古代福建民间海事的特点突出地表现在以宗教的方式解决海事问题。具体表现在以下二个方面：

一是妈祖信仰。宋元以降，以妈祖信仰来表达海上救险救难的心态。

二是安船仪式。明清之际，福建沿海造船过程中请道士前来举行建醮消灾祈福仪式（安船化财功德），保佑船只在所行航道上的安全，据民间道士抄录的科仪书《安船酌钱科》（藏于英国大英博物馆）的最后部分提供的"奏请"庇护的航路"往西洋""往东洋""下南""上北"所列地名可以看出，它们与明清福建舟人传统真实航路一致，说明道士科仪书上的这些地名基本上是科仪道士们从船员记录中抄录下来的。其中"下南"和"上北"的国内航路地名旁还列有沿途地方要祭祀的各路神明名称，如"下南"中的大担/妈祖，浯屿/妈祖，旗尾/土地公，连江/妈祖，等等；"上北"中的寮罗/天妃，东澳/妈祖，烈屿/关帝，金门/妈祖，围头/妈祖，等等。

三是送船科仪。"送船"原本是清代以来东南沿海送瘟神习俗。送法是，真船载着纸扎神像或供品，经道士做醮后焚化放入海中以保平安，也有以竹条扎制瘟船，以无色绫纸，内置纸质神像或供品，经道士做醮后放入海以保平安。这种仪式为海商和船民所用，兼具送神和请海神双重功能，含有保护航海平安的意味，兹录清朝乾隆年间月港（海澄）民间道士抄录的科仪书《送彩科仪》（藏于英国大英博物馆）的最后一段对话："船主、裁副、香公、舵工、直库、火长、大寮、押工、头仟、三仟、三仟、阿班、杉板工、头碇、二碇、总铺，合船伙计齐到未？到了。"文中罗列的角色均为明清之际从事海外贸易的商船人员的组合，说明只要完成这一科仪，船员们就可以放心大胆出洋了。

(二) 古代福建的官方海洋文化行为

唐末至明海禁前，福建的海洋文化行为的主体是官方，宋朝是中国历史上海洋政策最松的时代，其统治者在中国历史上第一次提出"开洋裕国"的国策。不论是民众出海贸易，抑或外商来华，他们的航海行动都享有最大的自由。王安石变法后，官府意识到海外贸易有巨大利益，出于对商船（特别是蕃船）的管理，专门设置市舶司以颁发度牒为名从海商手里收取巨额税款，朝廷来自市舶司的收入几达百万。

《宋会要》记载："哲宗元祐二年十月六日，诏泉州增置市舶。"宋宝祐年间（1253—1258）番商蒲寿庚居然还被朝廷任命为泉州市舶使。以泉州为中心，福建与琉球、南洋、印度和阿拉伯的来往都仰仗于官方的倡导。早在东吴黄龙二年（230），东吴就"遣将军卫温、诸葛直将甲士万人，浮海求夷州及亶州"（《三国志·吴志·孙权传》）。宋元时，泉州一跃成为东方海中心和最大的贸易港口。元朝户部专门管辖海运的派出机构行泉府司下辖海船达15000艘。十五六世纪，中国对外的海洋经济拉开了帷幕。明代"国朝又以与番夷互市，由是商贾云集，穷崖僻径，人迹络绎，哄然成市矣"。（蒋蘅：《武彝偶述》，《云寥山人文钞》卷二）福建的茶叶、蔗糖以极高的利润远销日本、东南亚和欧洲，大量的白银和粮米也流入福建。明清之际，"出洋贸易者，惟闽、广、江、浙、山东等五省之人，而其中闽省最多，广省次之。此等人类，皆挟赀求利"，"闽省沿海民人，多仗海船贸易，每届回棹之时，不独米粮随处粜济，银钱、货物充盈店铺。一人贩洋而归，家族、亲族无不倚赖"，"该地（漳州）绅士、富户，半系贩洋为生，较之他郡，尤为殷实。而城市之繁华，胜于省会"，"闻省一年出洋商船，约有三十只，或二十八九只。每船货物，价值十余万，六七十万不等"。明朝官方对海商的管理开始于明初防止倭患的海禁，洪武初，朱元璋下令"禁滨海民不得走私出海"。永乐元年（1403），朱棣重申："禁民下海。时福建濒海居民私载海船交通外国，因而为寇，郡县以闻，遂下令禁民间海船。"朝廷对民众偷渡、走私采取极其严格的惩罚措施（如"杖一百""斩""绞""正犯处以极刑，全家发边远充军"）。明隆庆年间（1567—1572），朝廷不得不允许福建月港的商人去海外贸易，这一政策一直延续到明末。明郑政权掌握了治海权，建立"通洋裕国"的海洋贸易组织和社会管理制度；清代前期，清政权采取黄梧之策，厉行迁界、禁海，扼系郑氏政权，闽台继续进行传统农业文明传播模式。从康熙二十二年（1683）到道光二十年（1840）这157年的时间里，清政府重新开海，允许对外通商。沿海的船只可以自由航行各地海港；厦门一带的商人也可以自由地到南洋各地贸易；海外商人来华，得到清朝的许可后，也可以在贸易港口建立商馆，进行贸易。清廷开放了广州、漳州（后改厦门）、宁波、云台山（后改上海）为四个通商口岸。允许厦门商人出海经商，促成了福建人对东南亚国家部分商业市场的控制。

也有大量的闽南民众作为垦丁进入台湾垦殖。这一段时间里，台湾人口从12万迅速发展到250万。后来，又从道光二十年

（1840）到甲午海战前夕增加到300万。尽管有清政府严厉的反偷渡等措施的打压，也无法阻止闽南向台湾的迁移，最终闽台成为经济共同体。两岸经济借由厦门、蚶江、五虎门与台南、鹿港、八里盆组成的口岸中心实现常态对接，民间有"厦即台、台即厦"的说法。台湾移民社会200年，是台湾社会由海岛经济向海洋经济发展的200年。

五口通商，特别是台湾日据时期的50年间，台湾对福建的依赖降低。虽然自清初康乾以来，由于每年有大量白银和大米来自海外，政府实际上支持海上的对外贸易。一直以来的民间海上贸易，使福建涉外海事充满活力。鸦片战争后，国家被迫对外"五口通商"，厦门作为其中之一口，官方海事行为日益繁盛。从19世纪末到20世纪上半叶，由于看到移民海外的移民带回大量侨汇、技术和人才，它们甚至成为地方经济的主要支柱，清廷于是承认闽籍劳工输出性移民合法，并称其为"华侨"。1905—1920年，福建的侨汇收入每年都在2000万银圆上下，1921年更是有上升势头。

古代福建官方海洋文化的特点表现在三个方面：

（1）以民间信仰的方式解决海洋问题

官方不断敕封妈祖名号以显示对从事海洋活动的民众的精神安抚以及对海事行为的部分认可，妈祖本来是来自民间的普通航海保护神（宋代其他航海保护神是莆田的长寿灵应庙神陈寅、远通王、祥应庙神，福州的演屿神等），为了安抚民众航海求顺的心态并赢得民心，自北宋宣和四年（1122）开始，宋徽宗在出使高丽回来的给事中路允迪的奏请下，特赐莆田宁海圣墩庙庙额为"顺济"，赐妈祖为"湄洲神女"，妈祖信仰首获官府承认。此后，在政府的推动下，给妈祖的封名一直不间断。南宋绍兴二十六年（1156）封灵惠夫人，三十年（1160）增封昭应二字；淳熙十年（1183）封灵惠昭应崇福善利夫人，光宗绍熙元年（1190）封灵惠妃。南宋时期，妈祖信仰得到统治者的大力扶植，先后被赐封的各种封号达14次之多。宋元明清的14个皇帝赐给妈祖的封号多达28个，封号的等级也从"夫人"到"天妃""天后"再"天上圣母"而不断晋升。元代，妈祖同时成为海运和漕运的保护神而得到朝廷的扶持。元代诸神封号极少，但还是在至元十八年（1281）破例给妈祖封号为"护国明著天妃"；明洪武五年（1372）朝廷封妈祖为"昭孝纯正孚济感应圣妃"，永乐七年（1409），朝廷给妈祖的封号是"护国庇民妙灵昭应弘仁普济天妃"；明末清初，朝廷每年都派地方官礼祭妈祖并载入国家祀典，朝廷给妈祖的封谥继续进行，康熙二十三年（1684）被封为"护国庇民妙灵昭应仁慈天后"。在清朝祭祀诸神中，只有天妃最经常得到朝廷的谥号。妈祖的职能也由单纯的航海保护变为无所不管（渔业丰产、男女婚配、生儿育女、祛病消灾等）。

（2）政府组织海防干预海盗或倭患骚扰

明初朱元璋为了打击倭患而厉行海禁，也为保护琉球等外国朝贡船队（后来的永乐年间还很好地保护了郑和下西洋的船队），朱元璋下令在浙西、东筑城59座，在东、南筑城16座，就是这一防御战略的具体体现。最具代表性的就是明初洪武年间崇武千户所的设置，它设置的目的有二：一是为了对付倭寇侵扰，二是为了平息海上反明势力。到了明嘉靖年间，闽省倭患和海寇联手并作，对付他们成为海防的主要内容。隆庆以后，开海政策的落实，使沿海城卫对沿海正当的贸易活动起到保护作用。然而，明朝统治者歧视和压制海商与华侨的政策，使得沿海城卫的负面作用不断滋生，他们对海商不断敲诈勒索，以盗污商，合法经营不敌猖獗走私，反而助长了海盗横行，明末崛起的南安郑芝龙家族成为海上走私与海寇融为一体的典型。

（3）政府组织海禁查禁私人出海贸易

明初崇武千户所"御倭镇反"功能废弃后，就成为政府执行海禁政策的工具。所以，建卫的负面作用也很大，尤其是皇帝宣布"片板不许下海""敢有私下诸番互市者，必置之重法"，直接妨害了民众出海捕鱼和海上贸易，导致私人的海上贸易活动以非法走私的形式出现，甚至出现商寇一体、贿官逃税等社会毒瘤。而宋元以来东面通商于朝、日，南面通商于阿拉伯国家的"东方第一大港"泉州，在明代海禁政策出台后，地位也在迅速跌落。

二、洋务运动与福建船政兴起

鸦片战争以后李鸿章等人发起在技术上"师夷"的洋务运动，他们办了"轮船招商局"，目的是购置和制造蒸汽推动的外轮。在洋务运动的推动下，本来就有较好造船基础的福建进入的近代造船领域。福建造船业的最大成就是马尾船政，它曾是远东地区最大的造船企业，在晚清长期领先于亚洲各国。在马尾造船业之前，福州和厦门两地已经有了近代造船工业。其实，古代的福建一直都是我国造船业发达的地区。宋元以来，福建一直是中国海船（尤其是远洋海船）制造中心。元代旅行家伊本·白图泰在其《伊本·白图泰游记》里描述泉州造的中国船"有十帆""役使千人，其中海员六百，战士四百……随从每一大船有小船三艘……此种巨轮只在中国的刺桐城建造"。明代福建造船业最伟大的成就就是郑和宝船的制造。永乐年间朝廷多次命福建都司（有司）造郑和远洋海船，"太监郑和自福建航海通西南夷，造巨舰于长乐"，之后明水师战舰和出使琉球等国的册封船全由福州制造。清同治五年（1866），马尾船政经江浙总督左宗棠倡建，在他奉调陕甘后，马尾船政交给江西巡抚、闽人沈葆桢主管。他们引进西方造船设备、技术人员和制造技术，头六年造成12艘大小商船、军舰，至光绪三十三年（1907），马尾船政共造出商船、军舰40艘，其中吨位最大的是1882年下水的开济号铁胁木壳战舰，排水量达2200吨，造价为26.8万两白银。

马尾船政局一经开创，先后开办前后学堂，"艺童、艺徒和三百余人""前学堂学制造，后学堂学驾驶、管轮"培养出我国第一代近代海军军官。其毕业生既是福建水师、北洋水师、南洋水师等舰队军官的骨干力量，也是活跃在我国造船工业的一支训练有素的工程技术队伍。李鸿章曾把船政局学堂视为中国海军学校的鼻祖，他说，"闽堂（指马尾船政局学堂）是开山之祖"，"此间学堂（指天津水师学堂）略仿前、后学堂规式"。总之，马尾船政局学堂是一所熔培养造船技术人员和海军军官于一炉的综合学校（1912年，前学堂改称制造学校，后学堂改称海军学校），造就了相当一批近代海军军官和造船工程师以及船政、军事教育等方面的人才，在我国近代海军史和造船史上都占有重要一页，是中国近代海军的摇篮。

船政局除了造船和军事教育方面成就粲然，也承担了各种海事安全工作。台湾海峡风急浪高，无论是外籍商轮，还是国内船只遇上海难，船政局轮船均星夜驰往日的地鼎力相助，如同治十二年（1873）六月十五英籍夹板船"吞顿"和"丝马儿几"在台湾基隆港因风遇险，所幸有福星轮救助方脱险；又如同治十二年三月间，漳州商贩、水手在福流海坛海面遇难，也得到张成驾驶的海东云号的救援，24名水手幸免于难。船政大臣吴费诚总结了船政局轮船在抢救海难方面所发挥重大作用时说："近年来厦洋面华商遇难，无不派船拖带；即外洋船只遭风搁浅者，亦往往勿促乞援，臣立饬拔碇前往，或保其全船，或拯其人口，金以化险为夷。"

福建船政的兴起直接推动台湾经济的近代化进程。至甲午战争前夕，台湾已跻身经济强省，其经济实力及人民的生活水平已足以与苏杭一带当时的经济最发达地区相媲美。这一切又均与福建船政有密切的联系，从某种意义上说，福建船政促进了台湾经济近代化。

三、民国时期的福建官方海洋文化

从清末到民国（20世纪上半段），福建的海洋活动频繁，福建官方海事始终保持着典型的涉外性特征。从背景上看，以闽南为中心的海外贸易和移民仍在继续，虽然经历了大战和世界经济萧条，但是侨汇仍然源源不断地从海外流回福建。

民国时期福建的官方海洋文化有自己的特征，主要表现在：（1）海事机构的频繁变化。民国元年（1912）成立海政局，内设巡工司，下辖各口理船厅。闽海关理船厅职责包括管理引航、指舶事宜，调查海船事故，管理港内助航设施。民国十六年（1927），闽海关理船厅改称港务课，职责不变；民国二十年（1931），福建省政府设厅开始兴办验船事务，这是执行航务监督的开端；民国二十三年（1934），福建省政府设厅根据河道航行设立管理船舶事务所；民国三十四年（1945），开始统筹管理地方航政；民国政府定都南京后，设立交通部，交通部筹办各省航政局以加强对沿海口岸有关船政、港务及涉外事项的管理，福建专设福州和厦门航政办事处。（2）发布并执行海事事务章程。如民国九年（1920）发布《海关特定约束驳船章程》，民国二十年（1931）政府颁发《轮汽船取缔规则》《查验轮汽船简章》《验船罚则》，这些章程相当多是因循清末制定的各项规章制度。（3）海事事务的多头管理。这些机构常常由外国人为领导，抗战前后福建海关的很多机构由洋人管理，港口事务被海关操纵，海事主权相当程度上控制在外国人手中。

后申遗时代泉州古城品牌的简与繁

游孙权

2021年7月25日，"泉州：宋元中国的世界海洋商贸中心"项目通过第44届世界遗产大会审议，正式列入《世界遗产名录》。由此，泉州在已拥有首批国家历史文化名城、东亚文化之都、"海上丝绸之路"起点、世界宗教博物馆等诸多城市品牌的基础上，新增了世界文化遗产城市的名号，这充分彰显了泉州这座古城的价值与底蕴。但如何既接地气，又展大气地向世人推介呢？"删繁就简三秋树，领异标新二月花"，清代书画家郑板桥撰写的这句，或许能够对后申遗时代泉州古城筑魂扬韵、再造薏命，打响品牌、吸引八方提供有益启示。

连接世界的泉州古城。世界文化遗产是被联合国教科文组织和世界遗产委员会确认的财富，是全人类公认的具有突出意义和普遍价值的文物古迹及自然景观。世界文化遗产以其罕见的、非凡的历史、人文、艺术和科技等价值，在促进人类认知、情感沟通方面发挥着无法替代的重要媒介和载体作用，无疑是共绘和而不同、美美与共的人类文明画卷，共襄构建人类命运共同体伟业的珍贵资源和共同财富。泉州古城基于世界文化遗产城市的全球认可度和影响力，具备了打造成为世界级历史文化名城的实力和底气，特别是泉州古城汇聚了海上丝绸之路沿线国家和地区文化交流的丰富遗迹遗存。从历史文化资源内容、特点、价值等维度看，泉州具有其他许多国家历史文化名城不可比拟的优势。高站位、高起点推进泉州古城跻身世界历史文化名城行列，体现的是高度的文化自觉和文化自信，有利于更好发挥泉州世界遗产在促进中外人文交流、民心相通中的重要作用，有利于泉州统筹各类资源要素聚焦打造城市品牌的吸睛点和突破口，有利于人们对照世界名城体系的坐标展开联想，吸引国内外更多游客以更高期待憧憬泉州古城、走进泉州古城。

遍地宝藏的泉州古城。"泉州：宋元中国的世界海洋商贸中心"符合文化遗产评定标准（ⅳ）"可作为一种建筑或建筑群或景观的杰出范例，展示人类历史上一个（或几个）重要阶段"，列入世界文化遗产的项目。泉州古城与世界遗产缓冲区高度重叠，面积7.1平方公里，区域内拥有世界文化遗产8个遗产点，同时也是全国重点文保单位，14处省级文物保护单位，35处市级文物保护单位，71处一般文物点。泉州古城文物密度位居全国同类城市前茅，因而论及全国各地文物资源，素有"地上看泉州，地下看西安"之说。泉州申遗成功给古城注入了新的灵性和活力，从彰显文物承载灿烂文明、传承历史文化、维系民族精神的重要意义角度，讲好泉州古城的故事有了新维度、新气度、新高度。泉州千年古城留下了宋元王朝的依稀身影，镌刻了山海交响的重商主义传统；东方海洋文明的精魂里蕴含了基于贸易和商业的世界眼光，孕育了"四海一家"的开放包容特质；市井万象里反映了普通百姓对盈缩有期、欢喜忧伤的生命之道的接纳，可窥见东方原生态生活方式与精神家园的独特风情于一斑……一处处、一件件鲜活的文物会说话，人们可以从中感悟历史的启示、生活的本真。讲好泉州古城的文物故事不应停留于此。泉州古城历经了数百年的沉寂后，能够一朝重现就引发轰动效应、吸引世人的广泛关注和热捧；经历一波波城市建设热潮的喧嚣后，泉州古城能够避免侵扰而得以较完整地保全，主要得益于泉州全社会守护历史文脉的优良传统和浓厚氛围。20世纪20年代抢救、搜集并研究宗教石刻、两代人接续传承的吴文良吴幼雄父子；20世纪50年代担任过泉州市市长，"文革"期间力保古迹文物，到晚年仍致力于泉州文化遗产复兴建设的王今生……泉州一代代有识之士挚爱文化文物、守护家园根脉之心，应当成为打动人心的泉州古城历史及文物的生动故事，借以增添泉州人的骄傲，让人们更真切地感受这座城市的温情和亮度。

活色生香的泉州古城。人类社会创造的一切最终目的是为人类服务，可现实却是科技越来越发达，人们的生活压力并不必然地随之减少，因而需要更加丰富多彩的文化滋养和慰藉。泉州古城向来以"半城烟火半城仙""众神之城、人神共居"闻名，处处弥漫着人间烟火、神佛香火，艳丽端庄的红砖古厝、熨帖人心的丰富美食、转角遇见的庙宇神明……杂糅复合的热爱与信仰毫无违和之感。泉州古城的底蕴不仅体现在物质文化遗产里，还体现在非物质文化遗产里，南音、南戏、南少林、南建筑、南派工艺等"五南文化"的声色形神，可以带给人们视听之娱和审美享受。近年来，泉州践行"见人见物见生活，留人留形留乡愁"的理念，加快实施古城活态保护，对街巷实行微改造，新打造了一批"网红打卡点"，全力呵护打造活着的泉州古城。人间烟火气，最抚凡人心。对于平凡众生来说，活着的泉州古城有美食、有雅乐，有神灵、有艺术，有古早味、有新气象，就是俗世生活福地、凡尘心灵栖地。虽身未能至，亦心向往之，这是泉州古城的永恒魅力和未来潜力之所在。

打响泉州古城品牌，以简驭繁在于提纲挈领、导向引航，由简入繁则在于铺陈画卷、落实落细。古城保护上要下足"绣花"的功夫，采用传统工艺，精心修缮改造每一处文物、每一座建筑、每一个街巷、每一条水系，做到既延续历史文脉，又入古出新、活化更新，营造宜居宜业宜游的人文环境。古城利用上要下足"融合"的功夫，全面打造古城整体IP，结合文化资源，丰富系列主题性博物馆、展示馆、体验馆等载体，扶持新兴文旅商圈业态发展，聚焦提高各方游客体验感和满意度，不断增强古城可持续发展的内生动力。古城研究上要下足"考古"的功夫，继续深入开展对南外宗正司、市舶司等遗址的精细化考古发掘，更加充分实证自唐代以来，特别是宋元时期古城的功能配置、空间格局和景观环境等，以考古成果阐释古城文化价值，提升人们对古城的认知和保护水平。古城宣传上要下足"策划"的功夫，构建学术成果、新闻事件、创意内容迭出的多层次、立体化、全媒体的宣传格局,加强与国内外知名遗产机构、专家团队合作,常态化组织举办世界遗产国际性论坛活动,推动形成和传扬世界遗产城市保护发展的泉州古城模式。

泉州古城品牌打响了,泉州城市品牌也就打响了;泉州古城品牌打响了,就能够带动形成泉州分布在各县市的系列世界遗产的整体效应,促进新时代泉州世界遗产事业与旅游高质量发展把握新机遇、迈上新水平。

海丝文化与福建民间文学精神追求

陈华发

独特的地理与历史，使福建成为古代中国农业文明的边缘，也成就了"海上丝绸之路"自此在世界版图延伸。"海丝"不只是一条简单的经济之路，更是一条和平之路、发展之路、文化之路、友谊之路和合作共赢的康庄大路。福建的"海丝"民间文学，与宋代大船、清真古寺、丝丝南音一样，都是福建人民与世界交流融合的见证。

如果说史记谱牒是海丝历史的主线，那么，民间文学就是海丝历史的副线。漂洋过海、传唱于心的故事与歌谣，见证着历史的沧海桑田。福建劳动人民在创造"海丝"、延续"海丝"的过程中，流传着数不胜数的漂洋过海、艰难创业、背井离乡的动人故事、传说、歌谣、俗语……这些闪烁着"海丝"光彩的民间文学，传承着开放包容、和平往来、合作共赢的"海丝"精神，弘扬着爱国爱乡、乐善好施、敢拼会赢的传统文化，鲜明突出地反映了反击霸权的大义追求、播传文明的仁义追求、异域打拼的生活追求、造福祖地的美德追求、思亲怨别的团圆追求、两地坚贞的爱情追求。

建设21世纪"海上丝绸之路"的战略构想，犹如振奋人心的号角，让历史、现实与未来再次激情碰撞。作为21世纪海上丝绸之路的核心区，福建的"海丝"民间文学所涵养的精神追求，正是八闽人民追求与世界衔接，携手打造人类命运共同体的思想折射。

一、反击霸权的大义追求

福建"海丝"民间文学，不仅反映了"海丝"沿线国家与地区之间实现贸易上的互通有无，还反映了福建人民甚至沿线人民联手反击霸权的大义追求。民族英雄郑成功在中华民族的史册上留下光辉的一页，东南亚国家和地区广泛流传着许多他的传说故事，甚至连山上的树、海里的鱼、一块礁石、一个贝壳，都有一段与他有关的引人入胜的故事；最令人津津乐道的，当然是他联合台湾人民驱赶海上霸主"荷兰鬼"和"通洋裕国"的故事。这些传说故事历经岁月风雨，几百年过去了依然代代流传，说明郑成功的民族气节、英雄风范在老百姓心中留下非常深刻的烙印。

民间还流传着近代以来众多身在异域的闽籍华侨，以赤诚之心寻找曙光的故事。故事绘声绘色地描述这些身处逆境，临危不惧，为了民族大义进行不屈的抗争的人和事。如《"万金油大王"胡文虎》，讲述胡文虎研制万金油，惠及百姓，以及建造"华人池"，反击帝国主义者挂出"华人与狗不准进"牌子的故事。另一则《"中国虎"的故事》，讲述胡文虎拒绝把研制的"清快水"卖给欧洲一个目中无人的大臣，维护了国人尊严的故事。

近代以来，闽地广大华侨与客居地人民同甘共苦，患难与共，积极协助东南亚人民争取民族独立、反抗殖民统治。如《菲岛雄风》，讲述1896年6月，在菲律宾人民独立起义斗争中，侯夏鲍作为菲律宾马尼拉华侨"三合会"首领，率领三千华侨会友援助义军，与西班牙殖民军浴血奋战。菲律宾独立后，侯夏鲍被尊为开国功臣。《林阿凤与"顺"字号华裔》，说的是晋江人林阿凤率领手下驾十四艘大船来到菲律宾，同菲律宾人一起反抗西班牙殖氏统治者，成为菲律宾的民族英雄的故事。在菲律宾海口三描礼士这个地方，至今还有林阿凤的塑像。

二、传播文明的仁义追求

现今旅居世界各地的闽籍华人华侨有1200多万人，其中80%集中在东南亚。东盟国家2000多万华侨华人中，有近1000万人祖籍福建。这些"过番"的华人与当地穷苦百姓一起，在共同的劳动与生活中结下了深厚情谊，甚至结婚联姻。华人们参与开发南洋，把中华优秀的思想道德和传统文化带到东南亚各地，对当地的经济开发和文化发展做出不可磨灭的重大贡献，把中国与东南亚各国人民的友谊推向了一个新阶段。

郑和七次下西洋，每次都到印度尼西亚群岛，足迹遍及爪哇、苏门答腊、加里曼丹等地,《郑和下西洋的故事》流传着中国与异域人民友好交往的佳话。其中,郑和被称为"三宝公"的来历、印度尼西亚三宝井的传说、郑和在菲律宾建塔镇风等故事让人津津乐道。《三宝垄洞》的故事就是讲述郑和下西洋时船队抵达爪哇岛后,副将王景泓和部分随从士兵病倒了,留在当地一个岛上开荒垦殖的故事。他们在这荒岛上教当地狩猎部落种植稻子、蔬菜,纺纱织布。这里的民众和华侨都很怀念"三宝大人",就把这个地方称作"三宝垄",把这个洞称作"三宝垄洞"。三宝垄洞里至今供奉着郑和塑像,每年中国农历六月三十,相传为郑和抵达此地的纪念日,当地民众成群结队前往敬香朝拜。

在闽南,广泛流传着"补伯不爱闹热"的歇后语,指那些不爱在热闹地方抛头露面的人。这句俗语背后,却有着一个独特的文化印记。相传晋江人龚补在南洋谋生,人们昵称其"龚伯"。他向南洋苏禄国王讲述中国的先进文化,苏禄国王慕名前来中国朝觐,龚补却不随同晋京。与此异曲同工的是《王彬建塔》的故事:华侨王彬在菲律宾"化人"(闽南华侨对西班牙统治者的称呼)内部骚乱时救了总督的女儿,但他不愿受赏,只想在当年郑和建的洲仔小塔处建起高塔当航标,以方便外海航船辨别方向。总督非常感动,不但支持建塔,还划出整整一条街让王彬管辖。这些故事与俗语,侧面反映了海上丝绸之路对沿岸国家的促进与影响,与我国人民在相关国家传播文明、仁心仗义的历史事迹相互辉映。

三、异域打拼的生活追求

民生的追求是民族追海的基石。自明代中叶以来，泉州、莆田、漳州、福州沿海的居民就大批向台湾航海和移民。到了清代，清廷一再"海禁""迁界"，使福建沿海一带的社会经济遭到严重破坏，港口的繁华烟消云散。官商渐渐衰弱，零散的私商贸易偶有出现。滨海地区本就地瘠人稠，加上兵匪和灾荒、瘟疫，那些不堪忍受土豪和渔霸的压迫剥削的乡民便大数量、多批次地背井离乡"过番"淘金。他们过台湾、下南洋，使福建沿海形成著名的侨乡。

《荒岛传奇》说的是泉州商人王晋全出海经商，遭遇台风，流落荒岛，被一个也是遭遇台风而幸存的姑娘玛丽格相救，后来他俩结为夫妻，几年后，他们搭上正好路过此地的兄弟帆船，返回故乡。这是一个皆大欢喜的大团圆故事。《黄乃裳的故事》讲述黄乃裳带领乡亲到马来西亚诗巫沙捞越拓荒垦殖，开辟"新福州"的故事。《子在陈》则是讲述晋江名侨黄秀娘在菲律宾创业发迹的故事。

"诗言志，歌咏言。"一曲曲流传在侨乡的歌谣，忠实记录了华侨出洋的背景和遭遇、侨居国的风土人情以及侨民艰苦奋斗的历程，因而被誉为我国华侨史、国际交流史的活化石。在闽南、港、澳、台及东南亚一带广为流传的《过番歌》，是一首长达760多句的七言民歌，分为禀过父母、告别贤妻、别家出门、渡海漂洋、到达实叨、往别州府、返回"唐山"[1]七个段落,完整表现了华人离乡背井到南洋打拼,最后又返回故乡的全过程。《人民日报》(海外版)等报刊对其做过介绍,新加坡口述历史中心、厦门华侨博物院、华侨大学华侨华人研究院也把它收入馆藏。长达576行寿宁山歌调《下西番》的情节,与此相类。闽清的《出洋歌》228行,细腻咏唱了离家出洋,家人送行,历尽风波,进福州、经厦门、过汕头、到诗巫,又遭受西方殖民者欺压剥削,受尽苦楚,最终有家难归的人生际遇,催人泪下。还有《阿公离家几十春》《二十思量过番苦》《老侨工真艰苦》等歌谣,都表现了华侨华工为了自己和家人的生活,承受着巨大的压力,遭受着无尽的苦楚,在异国他乡奋力拼搏。

四、造福祖地的美德追求

广大侨胞远离家乡和祖国,漂泊海外,使他们对家乡和祖国有着更为深沉的思念和更为真挚的眷恋。在福建流传着不胜枚举的华侨反哺的故事和歌谣,形象地反映了侨乡特有的精神风貌。这些侨领造福祖地的故事和歌谣虽然简短,却荡气回肠,启人深思。

"哦,我心爱的人儿,愿茉莉花的清香驱散你的忧伤,愿圣洁的茉莉花带给你平安吉祥。"这首民间情歌,背后隐藏着

---

[1] 此处是台湾同胞对祖国故乡的习惯称呼。

一则美丽的传说，说的是菲律宾国花茉莉花，是怎样远渡重洋来到闽南，为闽南人们带来芬芳和祝福。《先薯亭》和《"番薯"泛海记》两则故事都是与"番薯"有关。前者说番薯是陈振龙带回故乡长乐的，后者说是吴仙从菲律宾带回闽南的。番薯这种耐旱而高产的作物让无数穷苦乡亲度过饥荒，下南洋先民造福桑梓的善举，让百姓至今感念不已。

《思乡楼》讲的是一位自小漂泊海外的孤儿老来身患绝症，他把毕生用血汗换来的十万元，全部捐给家乡兴建校舍。厦门歌谣《歌颂陈嘉庚》虽然精短，但质朴而深情地歌颂"爱国华侨陈嘉庚，热爱教育有名声"。这一类故事歌谣无论是过去还是现在，都在福建发生着、传诵着。华侨爱国爱乡的高尚品德和优良传统，必将和故事、歌谣一起，世世代代传承下去。

五、思亲怨别的团圆追求

"海丝之路"不全是阳光明媚，鲜花似锦，常有风雨波涛，家散人亡。"出洋"的先民在海外经尽艰辛，常常十年八年才回来一次，有的甚至一去不返，客死他乡。家人与他们两地思念，渴盼团圆。

《姑嫂塔》《"磨心塔"》说的都是穷人为躲避恶霸的逼债，"过番"谋生，亲人望眼欲穿的故事。他们留在国内的"洋客妇"承受着巨大精神痛苦，甚至一辈子守活寡。"洋客妇"是中华人民共和国成立前，福清一带男人到南洋谋生后，留守家乡妻子的"别称"。《洋客妇》这首歌谣，痛苦诉说了这些留守老家的年轻妇女的悲惨命运。《父母主意嫁番客》《番客婶，偷偷号》《要记家乡妻儿情》等歌谣，所咏唱的也是"怨别离盼团圆"的主题。《十五月娘圆又光》《纸笔提来话头长》《我君去番邦》《想郎》《误我青春少年时》《问君番邦几时返》《阿哥过番无音信》……所表现的，也都是留守在家妻子所受的孤凄和对多年不归的"番客"的长长思念。

当然，在海外的华人对家乡和亲人一样有着铭心刻骨的牵挂，如《想起家乡好果子》《保佑阿母百二岁》等，就是这类题材的代表作。因为"两地思念，渴盼团圆"是双方共同的思想，所以这类歌谣不少是男女对唱，如《欢喜船入港》《夫妻别》《阿哥过番几时回》《送别歌》……

六、两地坚贞的爱情追求

作为"海丝"起点地区，福建还流传着许多爱情传说故事，有凄美的，有浪漫的，也有幸福圆满的。最具特色的，就是闽地老百姓以沿海特色建筑石塔、楼阁为寄托，或者以当地青山、绿树等风物为媒介，歌颂海枯石烂的爱情。这一类故事在侨乡和南洋侨居地都广泛流传，在凸显坚贞的爱情追求的同时，述说着浓郁的乡思乡愁。

《听潮楼》的故事讲述：海华与珊英的爱情受到渔霸的破坏，海华出走南洋避难，渔霸儿子欲夺珊英为妻，珊英跳海表贞心。五年后，海华归来，在珊英跳海处建起一座听潮楼。这座听潮楼，不仅筑起对一段爱情的纪念，也垒起了封建渔霸压迫穷苦人民的印记。《寡妇塔》讲的是福清林姓十八家男人，合置一条三桅大船过七洲洋，到南洋上府洲、下府洲经商。不料归来那天，船只快行到海港，因夜雾弥漫辨不清方向，只好掉头返回，结果不慎触礁，船碎人亡。十八家妯娌在万分悲痛之余，捐出所有积蓄，在鳌峰山顶上建起一座塔，以导引其他船只看到故乡而顺利归航。《石湖塔的传说》说的是青梅竹马的阿喜、阿珠成婚后恩爱甜蜜。后来发生灾荒，阿喜只好到吕宋谋生。他艰苦拼搏十年归来时，阿珠却已谢世。阿喜便在晋江石湖山上建了一座塔，来纪念心爱的妻子。

《望夫山》的故事，讲述南洋加里曼丹一个酋长女儿看上了一个"唐山"后生仔，两人结为夫妻，生儿育女。后生仔难耐对家乡的思念，多年后乘船回乡，不料中途遭遇台风，下落不明。那番女自丈夫走后，天天到山顶上张望，盼望丈夫早日归来，但眼睛望花了，头发也变白了，最后死在山顶上。他们的子女就在山顶上建了座"望夫庙"，当地人就把这座山叫作"望夫山"。《相思树的传说》也谈及一个凄美的爱情故事：财主牛魔王使计要霸占花妹，她的恋人唐哥烧了牛魔王的房子后，孤身一人出洋逃难。花妹则逃到山洞里藏身。唐哥组建工程队，在东南亚一带建起了一条又一条"唐人街"。多年后，唐哥回到家乡，花妹却已经病逝，唐哥忧郁而死。乡亲们把他的坟墓建在花妹的墓旁。第二年，这两座坟墓之间长起了一棵连理树，人们称之为相思树。这种相思树在闽南海边、山坡寻常可见，在海风的吹拂下，摇曳着"海丝"福建的浓郁风情。

福建"海丝"民间文学是先辈们"面海出洋"遗留下的宝贵非物质文化遗产。随着福建"海丝"文化的大力弘扬,"海丝"文化品牌愈来愈深入沿线国家和地区民众心中。不胜枚举的传说、故事、歌谣、俗语,为新世纪"海丝"文化交流融合提供文化基石,福建民间文学也将伴随着海丝之梦传递得更广阔更久远。如今,一座座南洋楼、骑楼在岁月中渐渐老去,番子油、番车在岁月的冲刷之下慢慢成为过往,这些蕴含着"海丝"特质精神追求的民间文学的持续传唱,必将有助于福建开放、包容、拼搏、进取的人文品格的弘扬光大,必将为构建21世纪新的海上丝绸之路提供特色元素和精神能量。

红粬黄酒文化之乡屏南北墘村风貌

王锦强

北墘村地处屏南县代溪镇东南部。该村山峦叠嶂，群峰耸峙，且山山有景，峰峰有形；山谷盆地纵横交织，一条发源于岭里和曾坑的茛溪穿村而过，随山转弯成潭，汇入黛溪，注入霍童溪。这里雨量充沛，气候温和，冬无严寒，夏无酷暑，土地肥沃，物产繁多。全村600多户人家依水而建，自然相连。其中吴氏家族就有460余户。自开基祖吴天灵始，至今历时700余年繁衍26代。村落传统格局保持完整，古建筑约占85%。村中明清建筑种类丰富，风格独特，古街道、古民居、古祠堂、古庙宇、门楼、哨楼、炮楼、长廊、凉亭、石栏杆、商铺、酒舍、水碓房、廊桥与古井、古树、古河道以及淳朴敦厚的村规民约，儒雅风流的人生礼仪，八面玲珑的手工技艺，自然醇香的米酒，色彩缤纷的节日民俗和神态百出的民间表演艺术，共同构成北墘古村的乡土文化形态。

屏南古民居属江南天井式民居，土墙、泥瓦、杉木构架，梁柱、门窗做工考究，木雕图案美观实用。北墘村的房子盖得十分高大，都有大天井。闽东山区多雨潮湿，又有充足的钻天林木资源，高大上利于通风透气，而且大家都想在风水上占得上风上水。夯土、石条、木头组合的房屋结构格外奇巧、大气。穿过鹅卵石路径，扬波的水车，袅袅的炊烟，迷人的酒香，悠扬的乡音，还有鸡鸣犬吠，仿佛一幅田园山水的水墨画舒展开来。

北墘村古民居建筑形制大多数为一进院落，少数为二进院落，封火墙为夯土墙建筑，内为木结构，具有典型的闽东北山地民居特点。著名的古民居主要有佛仔厝、爱吾庐、吴云统古宅、吴新凤古宅等。清光绪年间落成的佛仔厝，因厝内有清木雕刻人物故事千余尊而闻名天下。佛仔厝为土木结构，占地面积434平方米，二进式穿斗抬梁结构，硬山顶，马头墙。中轴线由门房、下厅、正厅和后厅组成。大门外挑门楼，门厅内做门屏，下厅中门为天井，花岗岩条石铺设。天井两侧二层厢房，单坡顶，地面青砖铺设，厅堂设木质几案，上方高悬"齿德兼优"黑底镏金横匾。前廊轩顶，次间与封火墙过道通往后厅，两边次间廊柱与厢房之间楼梯上二楼。后厅中间天井，花岗岩铺设，两侧为厨房。佛仔厝装修及雕刻用时10年。每根柱子一律按传统镏金红底黑字、名人联名制作。它院的门柱上镌刻着30多副对联。篆、隶、行、楷、草俱全，皆出自当时名家之手，联句多是修身齐家治国平天下的内容，可以看出房主自我修养的目标所在。厝内100多幅图案，22组1008尊人文造型进一步诠释着主人的理想与追求，并且具有强烈的艺术感染力。雕刻内容以民间的吉祥用图"福""禄""寿""喜""郭子仪拜寿""赵云救阿斗""三英战吕布""马超渭口战许褚""甘露寺""千里走单骑"等戏文故事和民间传说为题，且题材丰富，形象生动。大门封火墙内侧的墙帽下方为一组精美的彩色泥塑，苍松翠竹、虬枝劲节、人物、车马、鸟兽形态俱佳，虽历百年风雨而朱颜不改，足见当时技艺之高超，用料之精细。

吴氏宗祠始建于明万历年间，嘉庆十二年（1807）重修。该宗祠坐东北向西南，占地面积320平方米。穿斗抬梁构架，悬山顶；大厅梁斗拱粗大，大厅内悬挂"风高月旦""冰清玉洁"等方匾额。六角炮楼位于北墘村东南面后山脚下，三层高20多米，炮楼呈六面体，内设木梯，梁与土墙承接，土木结构，攒尖顶。该炮楼是屏南较为典型的乡土建筑，是当时的人们为防御匪患及外敌特意建造的建筑。

屏南是闻名遐迩的廊桥之乡。北墘村也是建造木拱廊桥能工巧匠辈出的村庄。其代表作郑公桥又名金桥，位于北墘村中小溪涧上，始建于明朝，现存建筑为清乾隆三十九年（1774）重修，平梁廊桥，因桥中祀郑公而得名。桥东侧设三个神龛，中龛祀真武帝，左龛祀陈靖姑，右龛祀郑公。桥面铺杉木，桥东西两侧设条凳、双层挡板。攀龙桥位于北墘村水尾，建于乾隆三十一年（1766）。该桥为南北走向，桥长5.4米，桥面宽3.8米，桥底跨长5.9米，距水面5米。桥面由三条特大的花岗岩条石铺设。桥台用毛块石与毛条石垒筑，桥台上部用花岗岩条石做三层伸臂。

北墘村还是历史悠久的红糍黄酒文化之乡。屏南人的生、婚、死都离不开酒，一生都和酒有不解之缘，故有"人生三杯酒"之说。冬至是农户酿家用米酒之时，因为利用冬至节气的山泉水加优质糯米、红粬，用传统的工艺精制加工，在清凉气候中酿造出的酒最香最甜最醇，还可以长期保存，俗称"冬至酒"。六角井古窨的泉水是北墘村的灵泉圣水，冬至节家家户户取来酿酒。古窨因而成为北墘村的另一个标志物。北墘老酒明代已有规模，至清时几乎每家每户都产红粬，全村最多时有几十个粬埕。这些林林总总的粬埕也是北墘古村民居建筑文化遗产不可或缺的组成部分。

海丝视域中关锁塔传说与人文价值

曾晓兰

据史料记载,在唐朝中期以前,我国对外贸易主要通道是陆上丝绸之路,后来,因为战乱和经济重心南移的原因,海上丝绸之路逐渐取代陆上丝绸之路,成为我国对外交流的主要通道。而位于南北海岸线的中点的泉州港,因其地理优势,成为"海上丝绸之路"的起点。

南宋时期,中国的造船技术和航海技术有了显著的进步,四大发明之一的指南针开始运用到海上航行中,有力地提升了商船远洋航行的能力。泉州港一跃成为世界上最大的贸易港口之一,与海外70多个国家和地区经济往来,这些航线形成了一条独具特色的海上丝绸之路。泉州人通过海上丝绸之路走向了世界各国,在海外发展的艰辛历程中不仅留下了丰富的历史遗迹,也留下了动人的民间传说,其中关锁塔和它的传说,就是古代"海丝之路"筚路蓝缕的见证者。可以说,正是古代泉州海外交通的发达、开放兼容的社会,带来经济文化的繁荣,才造就了"关锁塔"这一奇特壮观的民间艺术瑰宝。

一、关锁塔及其传说

关锁塔，原名万寿塔，也称姑嫂塔，是泉州最有名的塔之一。由南宋名僧介殊建造而成。宝塔坐落在石狮市的大孤山（宝盖山）上，史书记载，宝盖山位于晋江市东南端滨海风口和水口的交接处，古人认为"风水"关乎着一方的灵气，决定着人文的兴衰。于是，南宋僧人介殊募缘兴建此塔，作为"关锁（风）水口"镇塔之用，遂命名为"关锁塔"。

宝塔占地面积共325平方米，高约22米。属于楼阁式建筑，它有基座，有仿木结构的梁、柱和出檐，且整座塔为空心石塔，呈八角形，外观五层（塔身实四层）五檐。第一层西北面开设一道拱形石门，第二到第五层各有两个门洞，转角倚柱是梅花的形状，支撑着穹庐形的斗拱。塔身从下往上，一层比一层小，每层叠涩出檐。每层都建有环绕宝塔的连廊，塔体结构为单边筒式，楼梯藏于筒壁中间，梯口靠门右壁，设有石阶环绕而上，最后可以登上塔顶。第二层的拱形门额刻有"万寿宝塔"四个字，故关锁塔最初名为"万寿塔"。第三层内壁设有佛龛，上面放了3尊石雕立佛。第四层外壁有一个方形龛，龛里用花岗岩刻了二女像，传说就是嫁为商人妇的姑嫂。

这两个女子形象，来源于泉州晋江地区广泛流传的"姑嫂塔传说"[1]。传说有一对夫妻，丈夫海生因为天灾被迫离开妻子和亲人出海经商，一去好几年都没有回来。留在家中的妻子，常常带着丈夫的妹妹，登上高山，在山巅垒石向着大海张望，期盼丈夫早日归来。遗憾的是，当商人快到家乡时，却因为狂风巨浪掀翻了小船，人和船都沉入海底。在宝盖山上苦苦等待的姑嫂两人，看见亲人葬身大海，伤心欲绝，也纵身跳入大海。乡亲们为纪念这两个人，为她们建了一座塔，取名"姑嫂塔"。

实际上，姑嫂塔的传说传播久远，最早记载姑嫂塔的文献是明代何乔远的《闽书》，他在书中写道："昔有姑嫂为商人妇，商贩海，久不至，姑嫂塔而望之，若望夫石然。塔中刻二女像，为姑嫂二人像。"[2]说明姑嫂塔的故事早在明朝就已经流传。2015年1月，该传说成功入选福建省省级第四批非物质文化遗产名录，其传播区域和社会影响也更为深广。

戴冠青在《想象的狂欢：作为文化镜像的闽南民间故事研究》一书中指出："姑嫂塔的传说是泉州民众文化想象的结晶，在生生不息的口耳相传中，透露了泉州先民在长期繁衍过程中的生命轨迹，也深深地烙下了泉州人的历史记忆和文化精神，是泉州精神的重要载体。"[3]几百年来，姑嫂塔的传说早已深深地烙印在每一个泉州人的心里，泉州人在这个传说中读出的，不仅仅是姑嫂盼不回亲人的悲伤，更体会到了当年海上丝绸之路的筚路蓝缕。而传说本身，也为我们展现了早年泉州人勇于通过"海上丝绸之路"开拓进取，不断到海外发展的文化精神。

二、关锁塔与海上丝绸之路的关系

泉州是我国古代"海上丝绸之路"的起点之一，位于这座城市的制高点上的关锁塔，与海上丝绸之路有着千丝万缕的联系，它见证了早年海上丝绸之路的悲壮艰辛。它是海上丝绸之路重要的海上航标塔，为无数进出泉州湾的中外船舶指引航向，它见证了泉州长达千年的海外交通发展历史。姑嫂塔的传说是侨乡人民寄托乡愁的载体，对姑嫂塔文化的研究与传承更是海丝文化的重要组成部分。

（一）关锁塔是古泉州港重要的海上航标塔

南宋时期的泉州港，经济高度发达，是世界上最大的贸易港之一。"涨海声中万国商"，形象地写出了宋代泉州与海外70多个国家和地区经济往来的盛况。"若有出洋，即从泉州港口至岱屿门，便可放洋过海，泛往外国也。"宋代文人吴自牧在他的《梦粱录》一书中也阐明了古代泉州在航海上的优势。

关锁塔位于石狮市永宁镇塔石村宝盖山山顶，《晋江县志》中记载道："宝盖山，在（晋江）二十都，距郡城东南四十五里。俗名大孤山……山顶有石塔，名关锁塔，关锁水口镇塔也。高出云表，登之可望商舶来往。"《泉州府志》亦有同样的论述，称它"关锁水口镇塔也，高山云表，登之可望商舶来往"。因其背靠泉州湾，东临台湾海峡，依山傍海，气势雄伟，所以地理位置十分重要。

事实上泉州古塔众多，其中最有名的是东西塔，东塔高48.27米，西塔高44.06米，虽然关锁塔还不足东西塔的一半高，但是它依借宝盖山山势，所以显得特别巍峨。从古泉州的地图和关锁塔建塔的文献研究中可以看出，该塔区别于泉州其他各塔的优势，在于它选择的地理位置是泉州湾海岸的制高点，海拔高达200米，登上关锁塔可以远眺沧海，俯视石狮全景。优越的地理位置也使关锁塔和六胜塔、石湖码头一起，并称为"海丝三宝"。它们牢牢地守护着泉州港，成为泉州港的海上航标塔。

明代黄仲昭编修的《八闽通志》曾记载道："（关锁塔）甚壮丽，商舶自海返者，指为抵岸之期。"直接指出关锁塔在海上丝绸之路上的重要作用，可以为商人船舶指引航向。千百年来，关锁塔默默地为无数进出泉州湾的中外船舶引航指路，阅尽早期海上丝绸之路沿线各国的沧桑变幻。塔前立的石碑云"万寿塔迄今仍为泉州湾的重要航标之一"也可以佐证关锁塔对古泉州港的重要意义。

（二）关锁塔是侨乡人民寄托乡愁的载体

唐之前的泉州，只是一个小渔村，民不聊生。到了宋元时期，泉州成为海上丝绸之路的起点和"东方第一大港"，随着海上丝绸之路的开辟，作为丝绸之路起点的一大批泉州人，他们从关锁塔下的泉州湾出发，漂洋过海，南下南洋，西到欧非，在海丝沿线各国贸易经商或者开垦种植，有的甚至在当地定居，建立新的家庭。

2013年列入《世界记忆名录》的"侨批档案"里，记载着在海外生存发展的闽南籍华侨华人大约有2000万人。到2017年为止，泉州籍的华侨华人一共有948万人，占福建华侨总人数的60%。台湾同胞中约900万人的祖籍是泉州。他们作为华侨华裔，见证了早期"海丝之路"上侨乡人民不得不背井离乡的悲壮艰辛。关锁塔就像一条纽带，连接着台湾同胞和海外侨胞的心，成为侨乡人民寄托乡愁的载体。

关锁塔始建于南宋绍兴年间（1131—1162）。正是从那时候起，晋江、石狮一带的泉州人大量移居菲律宾。明代何乔远在他的《镜山全集》中曾经记载道："（华侨）背离家室，或十余年未返者，返则儿子不相识。或有新婚之别，娶以数日离者。"[4]《泉州府志》更是记录了南宋绍兴年间到清朝乾隆年间，因为上天经常降下大旱，百姓大多饿死，或者远离家乡，到菲律宾谋生的悲剧，特别悲壮感人。

"姑嫂塔传说"正是在这种文化背景下产生的，它是泉州涉侨民间文学作品的瑰宝。正是泉州人行走在海上丝绸之路上，创业在异国他乡的独特经历，才有了姑嫂塔的传说。关锁塔坐落在宝盖山巅，它见证了早年泉州人民的苦难生活和悲惨遭遇，成为侨乡人民寄托乡愁的现实载体。"华侨出洋，每见塔影沉海，即感离乡远去，无不潸然落泪。逢返梓，则喜登舱远眺，见姑嫂塔浮于海面，知故乡将近，则无限欢欣。"姑嫂塔在泉州侨乡人民心目中占有特殊的地位。每逢农历正月，人们纷纷扶老携幼，上宝盖山，登姑嫂塔，缅思姑嫂塔那一段凄美的传说。因此，关锁塔成为泉州的一种文化符号，是侨乡人民"乡愁"的载体。

（三）对姑嫂塔文化的研究与传承是海丝文化的重要组成部分

对"姑嫂塔传说"的研究，从古至今从未断绝，可以说，对姑嫂塔文化的研究与传承是"海丝"文化的重要组成部分。明代何乔远最早关注到这一传说的文学价值，并记录到《闽书》里。明代诗人苏濬在参观姑嫂塔后，曾写下《咏姑嫂塔》一诗，诗中云："二妃环佩冷，秋色正萧萧。"这里的"二妃"正是传说中的姑嫂。和他同一时代的大诗人黄克晦也曾作《姑嫂塔漫咏》，诗云："时闻环珮响，二女出游遨。"这里的"二女"亦指传说中的姑嫂。到了清代道光年间，开始汇编地方志，在《晋江县志》中，我们可以看到这样一段文字："关锁塔，坐落在宝盖山上。《闽书》：登之可望海舶。俗呼'姑嫂塔'。塔中镌二女像，游人拾瓦掷之，中者生男，不中者生女。"从地方志中，我们可以窥见民间信仰（求子信仰）的成分。

到了近现代，学界越来越重视"姑嫂塔传说"的文化传承和它与海上丝绸之路的关系。戴冠青在《石狮姑嫂塔在海丝文化中的意义》[5]中指出姑嫂塔在海上文化中起着举足轻重的作用。王子凡在论文《基于海丝文化的古城泉州旅游文创产品设计》中，创新性地指出了"可以通过提取泉州本地具有特色的元素，包括海丝公园、姑嫂塔等一些海丝标志，以扁平化的图形进行绘制，结合日常生活用品进行设计，为基于泉州旅游文化产品设计提供一些可行的发展方向和设计方向。"[6]厦门大学建筑系曹春平在论文《福建石狮姑嫂塔》中则从建筑学的角度出发论证了"姑嫂塔形制古朴，样式独特，文化内涵丰富，是研究福建宋代建筑的珍贵资料"。[7]

近代以来，随着泉州经济的发展，关锁塔在"海上丝绸之路"的重要地位也越来越凸显。郑婷婷在《试析泉州海上丝绸之路上的文物史迹》[8]一文中，通过田野调查的方式，探索了泉州海上丝绸之路上的文物史迹的类型，并指出了关锁塔及其传说入选非物质文化遗产的重要意义，提出政府和当地民众要重视关锁塔的文化底蕴，把它作为一种文化生态保护区进行保护和开发。可以说研究关锁塔的文化特色，我们能更好地了解它在东西方文化交融中的重要作用和它在"海上丝绸之路"上的重要地位。

结语

姑嫂塔历经千年风雨而不倒，至今仍然巍然屹立在宝盖山之巅，它目睹了泉州的经济繁荣景象，是泉州从一个小渔村，借助海丝之路，不断走向开放的历史见证者。中华优秀传统文化是一个民族的根，在建筑和文字里代代传承。优秀的地域文化亦是如此。姑嫂塔，正是凭借着海上航标塔的地理优势，独特的建筑设计，深厚的文化底蕴，成为沟通海上丝绸之路沿线各国的重要桥梁和纽带，对泉州的经济和文化发展起着巨大的推动作用。它是侨乡人民寄托乡愁的载体，对姑嫂塔文化的研究与传承更是海丝文化的重要组成部分。"从'一带一路'的大视野中认识和把握姑嫂塔的特定背景和人文价值，探索姑嫂塔在海丝文化中的意义，对我国建设'新丝绸之路经济带'和'21世纪海上丝绸之路'具有重要的现实意义和战略意义。"[5]

参考文献

[1]季仲主编. 中国民间故事集成·福建卷 [M]. 北京：中国ISBN中心，1998.

[2]何乔远. 闽书 [M]. 福州：福建人民出版社，1994.

[3]戴冠青. 想象的狂欢：作为文化镜像的闽南民间故事研究 [M]. 厦门：厦门大学出版社，2012.

[4]何乔远. 镜山全集 [M]. 福州：福建人民出版社，2015.

[5]戴冠青. 石狮姑嫂塔在海丝文化中的意义 [J]. 盐城师范学院学报，2019（1）.

[6]王子凡. 基于海丝文化的古城泉州旅游文创产品设计 [J]. 长江丛刊，2019（16）.

[7]曹春平. 福建石狮姑嫂塔 [J]. 建筑史，2012（2）.

[8]郑婷婷. 试析泉州海上丝绸之路上的文物史迹 [J]. 文物鉴定与鉴赏，2017（4）.

漫谈福建茶的"海丝"之缘

郭 莉

柴米油盐酱醋茶是古代中国人生活的"开门七件事"。茶是中国人必备的一种饮品，发源于中国，通过古代丝绸之路传播到世界各地。

一、古代丝绸之路上的中国茶

西汉时期，汉武帝打通了陆上丝绸之路和海上丝绸之路，中国茶叶就开始通过这两条路线向外传播。

陆上丝绸之路上的传播情况。茶的传播始于西汉张骞通西域后，主要是向西走，从甘肃、新疆经中亚、西亚，连接地中海各国，当时商队就有携带茶叶作为日常保健饮品和礼品，应该就有茶叶传播出去。中国最早的茶叶运输之路是唐朝文成公主于唐贞观十五年（641）下嫁吐蕃松赞干布时，将茶叶和茶籽带到西藏所经过的路，称"唐蕃古道"（唐朝与吐蕃）。还形成了由四川、云南往西藏的路径"茶马古道"。唐代中期以后，中原饮茶习惯向吐蕃和回纥少数民族聚集的边疆地区传播，使得中亚西亚人对中国茶叶有所了解。到元代，蒙古人建立了疆土辽阔横跨欧亚的大帝国，茶叶开始在中亚饮用，并在阿拉伯半岛和印度传播开来。明清之际，丝绸之路形成一条茶叶之路，由商队翻越帕米尔高原，将中国茶叶输往中亚多国。

海上丝绸之路上的传播情况。中国茶出口量最大、最重要的就是通过海上丝绸之路走出国门，由福建、广州通向南洋诸国再经马来半岛、印度半岛、地中海等地走向欧洲各国。茶的传播主要是向东，再向西经海洋传东亚、东南亚、中东、东非、欧美。汉武帝（前140—前87）打通了海上通路，开始逐渐形成海上丝绸之路。唐代时印度尼西亚遣使到中国，从明州（宁波）登陆贸易，中国主要的输出品就有茶叶。公元600年左右，日本、高丽（今韩国）派不少僧人到大唐学习，将中国茶籽和茶文化带回日本、韩国，中国高僧鉴真则率领众多徒弟东渡日本传播佛学与中国文化，因此唐代是中国茶叶和饮茶习俗传日的重要时期，成为日本茶道、韩国茶道的起源。唐宋时期，伴随着中国造船、航海技术的发展，宋元以后经济中心南移，我国通往东南亚、马六甲海峡、印度洋、红海，及至非洲大陆航路的纷纷开通与延伸，海上丝绸之路终于替代了陆上丝绸之路，成为我国对外交往的主要通道。当时通过海上丝绸之路往外输出的商品主要有丝绸、瓷器、茶叶和铜铁器四大宗。元朝时期在中国生活数十年的意大利人马可·波罗回国后所写的游记中明确记载从中国带回了瓷器和茶等。宋代泉州、广州、宁波港通往东南亚各国，茶叶为主要输出物品之一。明清时，欧美各国经大西洋、绕非洲好望角、过印度洋、马六甲海峡至广东、福建的航道，是1869年苏伊士运河开通前中国茶叶输往欧洲、北美的主要海上通道。那时，通过海上的茶叶输出之路，使英国成为中国最大的茶叶消费国。

二、海上丝绸之路上的福建茶

福建，简称"闽"，所以福建茶也称为"闽茶"。在中国茶的发展史上，福建有着不可替代的地位，不仅是中国重要的产茶区和茶文化繁育传承基地，而且是中国茶叶和中国茶文化走向世界的港口。

福建是古代海上丝绸之路的起点。福建历史上兴起"四大商港"，主要是汉、唐、明、清时期的福州港，唐、宋、元时期的泉州港，明代的漳州月港，清代的厦门港。泉州港距今已有1300多年历史，是联合国唯一认定的"海上丝绸之路起点"，宋元时期泉州清源茶就与德化瓷从泉州（刺桐）港出海销往海外，"海上丝绸之路"也成为茶叶与瓷器相伴同行之路。明朝时由于战乱，泉州港逐渐衰落，明隆庆元年（1567），明政府在漳州月港开设"洋市"准许东西方货物交换，明万历年间就从月港出口福建绿茶。清朝时，厦门成为当时政府最重要的对外贸易港口，福建红茶、乌龙茶就从厦门源源不断地运往东南亚和欧美各国，深刻影响了世界茶文化的发展。清朝末年，福州港成为五口通商的口岸之一，福州茉莉花茶向世界传播，成为当时世界最流行的"中国春天的味道"。

福建茶通过海上丝绸之路传播到海外，最早可以追溯到唐代。根据福建霞浦"空海研究"的论证，唐贞元二十年（804）年，日本空海大师入唐求法，时遇海上大风，船漂泊一个多月至霞境古岭下的海滩登陆，空海在赤岸村逗留41天，当地村民、僧人以茶待客，空海饮茶后精神焕发，将陆羽《茶经》和茶籽、制茶技术带回日本，他们根据《茶经》所示，精心栽培茶树、采摘加工茶叶，茶品颇受日本国人欢迎。

明朝福建茶进一步向海外传播。明洪武年间（1368—1398），朱元璋为防沿海军阀余党与海盗滋扰，下令实施海禁。泉州港的茶叶贸易基本中断，民间通过漳州月港私下销售茶叶出口。

明宣德六年（1431）一月，郑和受明宣宗之命，第七次下西洋，船队抵达福建长乐城。其间，郑和船队在闽北采购大量建州名茶，后随船队漂洋过海到东南亚及阿拉伯和非洲。

明嘉靖三十八年（1559），威尼斯商人拉莫修在他出版的《航海记》一书中首次提到了茶叶。

明隆庆年间（1567—1572）明政府调整政策，允许民间赴海外通商，史称"隆庆开关"。海禁的解除为中外贸易与交流打开了一个全新的局面。

明万历二十四年（1596），荷兰派出的商船来到爪哇的班达，建立了东方贸易据点的班达东印度公司。明万历三十二年（1604），第一艘荷兰船来到厦门希望采购茶叶运回欧洲，但是没有成功。明万历三十五年（1607），荷兰东印度公司商船从爪哇万丹到达澳门，从澳门采购中国茶叶回到爪哇。明万历三十八年（1610），荷兰商船运载福建武夷山正山小种红茶到阿姆斯特丹并转销欧洲，这是目前茶叶进入欧洲的最早记载。美国学者乌克斯《茶叶全书》也说到这一史实。武夷茶开启了出口欧美的先河，受到外国消费者赞赏，从此步入世界市场。明万历年间，月港出口福建绿茶也逐渐增多。

明崇祯三年（1630），茶叶开始登陆法国，受到上流社会人士的青睐。

受到华人的影响，荷兰人接受了饮茶习惯，不断到中国买茶。荷兰奥斯坦德公司从两条路线购买茶叶，其中一条线路就是用中国帆船将茶叶运到巴达维亚或者中国台湾打狗港。在明崇祯九年（1636）十二月，就有五艘中国帆船将福建茶叶从厦门运抵台湾，再转运到巴达维亚。之后荷兰东印度公司又在爪哇、苏门答腊多次购买中国茶，并将其运至西欧。

在荷兰人的带动下，明末清初英国人在爪哇万丹设立东印度公司，也不断到中国购买福建茶带回本国馈赠亲友。明崇祯十七年、清顺治元年（1644），英国商人曾在厦门创立商务代办处，开始从厦门运武夷茶到英国。

明末清初，1644年清军建立了新政权，中国北方由清军控制，但是南方和沿海还是由明末反清势力控制，1646年朱由榔建立南明政权，称为明永历皇帝，南北方政权割据。

清顺治七年（1650）郑成功北伐抗清，夺取厦门建立了据地。清顺治十二年（1655）六月，清军开始实施"海禁"，遏制南方势力。虽然海禁阻隔、战事不断，当时厦门在郑成功的控制下，清朝的海禁政策对厦门影响不大，因此福建茶叶还是通过各种渠道从厦门港不断销往海外。清顺治十四年（1657）二月，英国从厦门购买福建茶到巴达维亚（雅加达），同年伦敦就创设了第一间茶室。清顺治十六年（1659）九月，郑成功北伐失败重新退守厦门，设立思明州，大力开拓海外贸易，开辟了厦门到东南亚、日本的海上贸易路线，茶叶成为对外贸易的重要货物之一。清康熙元年（1662）以后，英国和欧美各国纷纷与中国进行茶叶贸易。同年，当葡萄牙凯瑟琳公主嫁给英皇查理二世时，她的嫁妆里面有几箱中国的正山小种红茶。六月，明永历帝被吴三桂处决，明朝政权彻底灭亡。南方处在三藩割据的状态，厦门还在郑氏家族控制之下。清康熙三年（1664），东印度公司向英王进贡福建茶叶，追求时髦的贵族妇女纷纷仿照王室试饮起来，引起了英国人对茶叶的普遍嗜好，英国政府为了保证国内有一定量茶叶库存，便令东印度公司在厦门设立商务处，组织以福建为主的茶叶运回英国。清康熙十四年（1675），英国东印度公司获得郑氏家族颁发的贸易准许执照，就在厦门设立了代理公司，当时抵达厦门的英国运茶船多达14艘。清康熙二十年（1681）八月，英国东印度公司派遣"厦门商人"号等4艘商船来厦时，指令每年要购买1000银圆福建优质茶叶。

直到清康熙二十二年（1683），康熙派施琅出兵攻下澎湖，收复了台湾，才完成了政局的大一统。

厦门此时就处在清政府的统一管辖之下，处于海禁范围，因为清政府对茶叶出口的限制，英国人买茶十分困难，所以英国东印度公司"快乐号"商船于清康熙二十三年（1684）五月来厦门，要求恢复贸易。经过近五个月的谈判和等待，他们终于得到了满意的回答。清政府于清康熙二十三年（1684）九月开放海禁，全面开放沿海，在厦门设立海关，准许内地船只往南洋贸易，福建茶叶输出逐渐增多。之后康熙二十六年（1687），英船"伦敦号""武斯特号"便从孟买开往厦门购买福建茶。康熙二十八年（1689），英国还专门在福建厦门设置基地，大量收购福建茶叶。

仅仅过了三十多年，全面开海的政策就开始收缩，清康熙五十六年（1717），清政府开始实行"南洋禁海令"。对于正在不断发展的福建茶叶民间对外贸易无疑是严重的打击。直到清雍正五年（1727），才废除"南洋禁海令"，开放了广东、福建、江苏、浙江四口通商口岸。清雍正六年（1728），清政府正式准许茶叶由海关出口，贩往南洋各地。所以，此后直到乾隆初年，厦门的茶叶海路运往欧洲都非常繁盛。清乾隆五年（1740），安溪乌龙茶开始外销，经过台湾和港澳等地出口到东南亚、日本等。

但到清乾隆二十二年（1757），清政府又下令关闭江苏、浙江、福建海关，指定外国商船只能在广东海关广州一地通商，并对丝绸、茶叶等传统商品的出口量严加限制，对中国商船的出洋贸易，也规定了许多禁令，实行"闭关政策"。厦门港的出口贸易被迫停止，厦门港主要作为台湾乌龙茶的转运码头，福建茶只能通过广州转运出口。

次年（1758），清政府又重新准许外洋船舶来厦贸易。这一时期福建茶还传播到瑞典和美国。清乾隆二十八年（1763

年），瑞典著名植物学家林耐获得西方商船主带去的一株活茶树。清乾隆四十九年（1784），美国商船"中国皇后"号首次远航中国进行贸易，所购买的中国商品中，就有从福建采购的大量红茶和绿茶，这是中国茶叶第一次直接由中国输入美国。

清嘉庆二十二年（1817），清政府再次闭关，完全禁止茶叶出口。虽然清政府禁止茶叶出口，海上出口茶叶困难重重，但是民间还是不断有福建茶通过其他渠道流入海外。清咸丰元年（1851），坦洋工夫茶产生以后，福建红茶崛起，成为外销的主力。坦洋村人胡福四（又名胡进四）创办的万兴隆茶庄最早品牌"坦洋工夫"运销荷兰、英国、日本以及东南亚等20余个国家与地区。

第一次鸦片战争爆发后，清政府于光绪十年（1884）被迫开放"五口通商"，福建茶叶的贸易又开始恢复，各种茶类都出口远销。

清末，福州港的茉莉花茶出口量最大。福州作为"五口通商"口岸之一，成为中国三大茶市，清咸丰十年（1860），福州茶叶出口达400万磅，占全国茶叶出口总额的35%。外国商人先后来福州开洋行，花茶畅销欧、美和南洋。清同治十一年（1872），俄国人引进机械在福州泛船浦开办阜昌茶厂，大量生产花茶出口。

乌龙茶的出口量也大增。光绪三年（1877），英国从厦门口岸购买的乌龙茶最高达到4500吨，其中40%～60%是安溪乌龙茶。

武夷岩茶在南洋的生意也很兴隆。清光绪十六年（1890）

由菲律宾廖芬记与国内同行在厦门合资开设芳茂茶庄,成为福建省最早的合资企业。1920年,武夷山芳茂茶庄成立,专营武夷岩茶,主要做南洋生意。

闽红工夫红茶也大量出口。清光绪三十三年(1907)坦洋茶商吴庭元(字赓俞)率闽省茶界之先在香港注册"元记"商标,成为当时福建省有名的茶叶巨商。

闽西的白毛尖、熙春等优质绿茶和乌龙茶,在同治、光绪年间也远销东南亚一带。

可是19世纪80年代由于内外多种因素的综合作用,福建茶叶在国际市场受到外国资本的沉重打击。当时日本、印度、斯里兰卡(锡兰)等国也产红茶,但是无论品质还是味道都无法与中国茶相比。日本茶商为了取代中国茶在国际市场的地位,派人潜入闽东茶区,将茶农在地板上赤脚揉茶、发酵的茶青直接放在地上曝晒,拣茶妇女的幼儿在拣茶场内便溺等情状拍成照片,在国际市场上广为宣传,大肆中伤中国红茶。可是欧洲人经过检验,反而进一步确认了中国茶的优秀品质,日本人的企图终于没能得逞。

1911年武昌起义,清朝灭亡,进入民国时期,福建工夫红茶借助于三都澳的开埠,东山再起,经三都澳海关出口的坦洋工夫茶与年俱增。可是好景不长,1914年,第一次世界大战爆发,闽茶贸易就随着欧洲战火的蔓延而深受打击。

1915年,美国政府为庆祝巴拿马运河开通,在西海岸的旧金山市举办一场盛况空前的"巴拿马太平洋万国博览会"。当时欧美的茶市,印度、斯里兰卡(锡兰)的茶叶势头正劲,咄咄逼人，准备在博览会上与中国茶决一雌雄。但是中国茶叶赛品最终挫败了外邦对手，共获得21个金牌奖章，重振华茶雄风，叫国人扬眉吐气。众多福建茶也获得殊荣：获得大奖章的有"农商部"推荐的乌龙茶和工夫茶、福建省推荐的红茶绿茶；获得金牌的有福建福安商会坦洋工夫红茶、福建周鼎兴茶（宁德周宁官司绿茶）、福州马玉记白茶；获得银牌的有"福州第一峰"福州茉莉花茶。

  1918年第一次世界大战结束，福建绿茶、红茶的出口量也开始攀升。武夷茶、崇安"龙须茶"当时主要运销美国旧金山及新加坡等东南亚地区。龙岩漳平斜背茶，上杭、武平的绿茶、乌龙茶也销往东南亚。

  宁德三都澳港，成为闽东"海上茶叶之路"的起点，经此出口茶叶到十多个国家，出口量占中国的30.19%。闽红三大工夫茶主要销往英国、苏联，少量销往日本。1935年坦洋胜大来茶公司为保护自己的合法权益，还随出口茶品配发英文防伪文告。

  当时，由福建人大量销售到海外的各种茶类，或者由海外福建华人销售的茶都叫"侨销茶"，深受海外欢迎。

  除了海上丝绸之路，福建茶还新开辟了陆上"万里茶路"。17—18世纪，古代丝绸之路也渐渐淡出，海上航线由荷兰、法国、英国先后控制，加上清初为了遏制郑成功实施的"禁海"，不便从海上运输茶叶北上俄罗斯，因此俄国为了保障对中国茶叶的巨大需求量，新开辟了陆上茶叶运输道路，产生了多条自中国南方茶叶产地至俄内陆腹地的茶叶贸易线路，统称"万里茶道"（也叫"万里茶路"）。其中一条为清乾隆初年形成的从福建武夷山下梅村出发的"万里茶路",主要运送闽北红茶和青茶(乌龙茶),由山西商人到武夷山茶市收购茶叶,运到汉口集聚后,经乌兰巴托到达中俄边境口岸恰克图。

清代,厦门港的海上茶路与武夷山的陆上茶路相互补充,使得福建茶大量走出国门。

三、福建茶文化对世界茶文化的影响

世界茶文化发源于中国,在西方人的脑海里,茶是和丝绸、瓷器一样重要的中国符号,是东西方文化交流的重要纽带。而福建作为中国茶最重要的出口地,福建茶文化通过海上丝绸之路传播到世界各地,对世界茶文化产生了深远的影响。

1. 福建茶的读音传播到世界各国

世界茶文化发源于中国,因此世界各国对于"茶"的发音,基本与中国茶叶出口地区的发音相似。茶在印度读"chá",日本读"chà",俄语(чай)"chai",皆来源于中国"茶"的发音"chá"。

而福建"茶"的拼读对世界的影响是最大、最深远的。大航海时代,福建茶源源不断地向世界传播福建茶文化。通过海上航线,明清时期中西茶叶贸易进入鼎盛时期,中国茶大部分是从福建闽南沿海厦门一带出口的,因此17世纪荷兰人根据福建茶的厦门方言,把茶读作"thee",再进一步传入世界各国当地。所以东南亚和西方国家"茶"字不同拼写方式和发音都

近似中国沿海一带，都与福建闽南语厦门发音"te"或"tai"有一定的渊源关系，如马来语"te"、英文"tea"和众多欧洲国家"茶"的拼写和发音。

2. 由福建茶文化产生英国红茶文化

茶叶引入欧洲，最初以医学的角度推荐喝茶，被视为退烧药和补药。后来，茶叶作为"贵族的乐趣"进入荷兰上层社会，17世纪后期掀起饮茶风潮，逐渐成为整个社会的饮料。1630年，茶叶登陆法国以后，就受到上流社会人士的青睐。英国的茶叶，起初是东印度公司从厦门引进的。东印度公司在厦门购买茶叶，先运至印度马德拉斯再转运到英国。英国人称："厦门乃是昔日中国第一输出茶的港口。"1664年，东印度公司向英王进贡福建茶叶，贵族纷纷仿照王室试饮起来，引起了英国人对茶叶的普遍嗜好。因此英国政府在厦门设立东印度公司商务处，组织以福建为主的茶叶运回英国，以保证国内有一定量茶叶库存。

英国喝红茶比喝绿茶多，且又发展出其独特的红茶文化，均与上述历史事件有关。因为在厦门所收购的茶叶都是属于武夷红茶类和半发酵武夷岩茶，大量的武夷茶流入英国，取代了原有的绿茶市场，且很快成为西欧茶的主流。武夷茶色黑，故被称为"black tea"（直译为黑茶）。后来茶学家根据茶的制作方法和茶的特点对其进行分类，武夷茶冲泡后汤红叶红，按其性质属于红茶类。但英国人的惯用称呼"black tea"却一直沿袭下来，用以指代"红茶"。

从此，福建红茶被带入英国宫廷，喝红茶迅速成为英国皇室生活不可缺少的一部分。在早期的英国伦敦茶叶市场中，也只有正山小种红茶出售，并且价格异常的昂贵，唯有豪门富室方能饮用，正山小种红茶成为英国上流社会不可缺少的饮料。英国人挚爱红茶，渐渐地把饮用红茶演变成一种高尚华美的红茶文化，并把它推广到了全世界。

3. 由福建茶文化产生印度、锡兰红茶文化

嘉庆二十二年（1817），清政府再次闭关，完全禁止最受海外欢迎的茶叶出口。欧洲国家茶叶需求日益增大，英国东印度公司无法从官方正规渠道购买到福建茶叶，只能另外开辟茶叶生产基地。

1824年英国人偷偷从武夷山移走几株茶苗，引种到印度洋南部斯里兰卡（锡兰）康提附近佩拉德尼亚皇家植物园里。1834年6月，印度茶叶委员会秘书戈登通过民间渠道从福建武夷山购去茶籽，1835年运至印度加尔各答，在阿萨姆种植，并从武夷山当地请去制茶工人，产生了印度"阿萨姆红茶"。时至1839年，印度加尔各答植物园将一些阿萨姆茶树赠送给佩拉德尼亚皇家植物园，佩拉德尼亚从此掀起了研究茶树生长的热潮。1867年，成百上千株茶树被引入锡兰。其中一部分茶树在佩拉德尼亚开成苗圃；其余的被移植到努瓦纳艾利高地，产生了斯里兰卡的"锡兰红茶"。

四、福建茶促进"一带一路"沿线国家茶文化发展

古代丝绸之路开辟以来，中国茶叶与丝绸携手并进把当时

的主要文明古国连接在一起形成了一条连接亚、非、欧、美的海上大动脉，增进了沿线国家的和平与友谊，共同促进了人类文明进步。现在，"一带一路"倡议也在为全球和平与共同发展做出美好设想。

2015年全球人口约73.47亿，"一带一路"沿线国家就涵盖近44亿人口，约占全球人口的59.89%，"一带一路"沿线国家有着巨大的饮茶人口红利（国家的劳动年龄人口占总人口比重较大，抚养率比较低，为经济发展创造了有利的人口条件，整个国家的经济呈高储蓄、高投资和高增长的局面），发展潜力巨大。

而福建是中国产茶第一大省，福建茶园面积和产量均占全国很大比重，产茶能力从2002年起在全国基本位于第一位。茶叶是福建省出口创汇的重要组成部分。福建是著名的侨乡，华侨华人遍布全球，世界各地都有闽籍茶商。因此福建茶叶出口历史悠久，出口远销世界60多个国家和地区，主要出口日本、美国、德国、马来西亚、新加坡等国家及中国香港、中国澳门等地区，其中出口茶叶数量和货值分别占出口茶叶总量的57.7%和39.7%，位居第一位。乌龙茶、茉莉花茶、白茶的出口量均在全国名列榜首。

因此福建茶应充分发挥在茶叶生产和销售方面的优势，利用"一带一路"倡议带来的契机，开拓"一带一路"沿线国家市场，弘扬和传播中华茶文化，让茶文化惠及更多的国家和人民。

海上丝绸之路与闽西古村落的崛起

钟德彪

"海上丝绸之路"是指古代东西洋之间由一系列港口网点组成的国际贸易网，中国境内主要由泉州、广州、宁波等主要港口和其他支线港组成。其中泉州港被联合国教科文组织认定为唯一的海上丝绸之路的起点。

泉州是南宋时期中国最大的对外贸易港口之一。泉州的崛起主要得益于海上丝绸之路的开辟。说起"海上丝绸之路"，学术界更多是从宏观上关注其开辟、发展、贸易及其对中国经济、对外文化交流、民间人员往来等方面的影响，而长期以来忽略了"海上丝绸之路"开辟对闽西古村落的影响。按照经济活动规律，正是中国大量村落的存在为"海上丝绸之路"的开辟和贸易提供了充足的货源，海港只是起到了货物存储和中转的作用。如果没有乡村的存在，一切港口货物都无从谈起。

闽西地区的广大乡村，正是在"海上丝绸之路"开辟并频繁贸易的基础上发展起来的。闽西大地，河流广布，有汀江、九龙江、闽江、梅江等干流汇注入海，境内密集的河网成为这些干流的支流，它们为闽西地区的货物外运出山直达干流提供了便利。正是这样一种约定俗成、行之久远的闽西山区货物转运模式，造就了闽西境内的古村落的崛起，并历经百年风雨而长盛不衰。从"海上丝绸之路"这一大背景下对闽西古村落的建立、运行、社会结构等做个案研究，是有必要且有意义的。

一、闽西古村落的分布

闽西是客家祖地，又是九龙江文明的衍生地，历史悠久，文化灿烂，村落众多，正是这些乡村创造了闽西地区独具个性的文化，并以乡村为依托传承发展了中国传统文化。

古村落，又叫传统村落。按照学术界的评判标准，即指"开发历史久远、村落自成一体、文化传承深厚"的村落，三个条件互相依存，互相衬托，缺了其中的哪一条都不能称为古村落。[1]

依照这个标准，闽西地区有多少古村落呢？2015年龙岩市有关部门对闽西地域的古村落进行了普查，普查结果为84个（见表一）。

表一　龙岩市第一批市级传统村落名单[2]

序号	县（市、区）	个数	传统村落名单
1	新罗区	9	适中镇中心村、万安镇竹贯村、梅村村，白沙镇官洋村、营边村、南卓村，苏坂镇美山村，小池镇汪洋村，适中镇仁和村

续表

序号	县（市、区）	个数	传统村落名单
2	永定区	19	湖坑镇洪坑村、南江村、实佳村、新南村，高头乡高北村、高东村，下洋镇初溪村、中川村、陈正村、思贤村、三联村、富川村，陈东乡岩太村，抚市镇新民村、社前村，岐岭乡石培村，古竹乡大德村，培丰镇长流村，高陂镇西陂村
3	漳平市	13	双洋镇东洋村、城内村、西洋村，赤水镇香寮村，灵地乡易坪村、溪南镇官坑村、东湖村，官田乡桂东村，西园乡丁坂村，永福镇西山村、赤水镇田头村、芦芝乡月山村、象湖镇杨美村
4	连城县	16	宣和乡培田村、庙前镇芝溪村、四堡乡雾阁村、中南村、田茶村、四桥村，莒溪镇璧洲村、太平僚村，新泉镇新泉村，罗坊乡下罗村，朋口镇文坊村，姑田镇中堡村，隔川乡隔田村，庙前镇丰图村，塘前乡塘前村、迪坑村
5	长汀县	10	三洲镇三洲村、馆前镇坪埔村、红山乡苏竹村、南山镇中复村、四都镇汤屋村、红都村，馆前镇黄湖村、濯田镇水头村、童坊镇彭坊村、古城镇丁黄村
6	上杭县	10	太拔镇院田村、坵辉村，稔田镇官田村，官庄乡回龙村，蛟洋镇华家村，中都镇罗溪村、田背村，庐丰畲族乡丰济村，南阳镇南坑村，才溪镇下才村
7	武平县	7	岩前镇灵岩村，平川镇红东村，中山镇老城村、新城村、城中村，下坝乡下坝村，永平镇中湍村
	总计	84	

以上古村落含被国家住建等部门评为一、二、三批中国传统村落的共20个村落。[3]

2015年5月始，龙岩市委宣传部、文广新局、住建局、财政局、旅游局等五部门联合开展"闽西最美古村落""最书香古书院"评选活动，通过媒体寻访，共刊发65篇寻访65个古村落，收集古书院的稿件，剔除寻访所得与住建部门已经掌握的重复的古村落，闽西新增古村落17个。新增古村落名单如表二所示。

表二　闽西最美古村落媒体寻访新增传统村落名单[4]

序号	县（市、区）	个数	新增传统村落名单
1	新罗区	2	岩山乡玉宝村、万安镇梧宅村
2	永定区	3	虎岗乡虎西村、湖坑镇蛟塘村、奥杳村
3	漳平市	2	新桥镇南丰村、永福镇李庄村
4	连城县	1	曲溪乡白石村
5	长汀县	6	羊牯乡吉坑村、南山镇严婆田村、铁长乡芦地村、古城镇黄陂村、濯田镇刘坑村、陈屋村
6	上杭县	2	中都镇仙村、蛟洋镇秋竹村
7	武平县	1	湘店乡湘湖村
	合计	17	

2015年8月，"闽西最美古村落""最书香古书院"评选活动进入专家实地考察阶段。按照评选规程，经过报名海选、媒

体寻访、网络投票、实地考察、专家评选、公示公布、宣传推介等程序，除这些古村落与市有关部门掌握的及新闻媒体寻访新增的古村落共计101个外，又增加闽西古村落13个。新增的闽西古村落名单如表三所示。

表三　闽西最美古村落海选报名新增古村落名单[5]

序号	县（市、区）	个数	新增村落名单
1	永定区	1	湖雷镇石城坑
2	漳平市	6	新桥镇产盂村、新桥镇秀溪村、象湖镇下德安村、象湖镇灶头村、南洋镇菅仑村、芦芝镇芦芝村
3	连城县	1	曲溪乡冯地村
4	武平县	5	永平镇帽村、桃溪镇亭头村、湘店乡湘洋村、城厢镇云礤村、岩前镇大布村
	合计	13	

从以上三个方面获得的闽西古村落数量，是比较全面准确的。这样，闽西古村落数量合计为114个。

以上所列闽西古村落，其地理位置分布有其规律性。

一部分村落分布在古代通往汀州府、龙岩直隶州或沟通直隶州和汀州府的驿道上，大部分村落分布在溪流、河埠、码头边，这些地方通常适于水运，而绝大部分村落位于既有驿道功能又具航运功能的河埠码头上。

闽西地区有高峻的武夷山、玳瑁山、戴云山等，且基本呈东北—西南走向，山间有许多小盆地，地势陡峭，利于众多的山间溪流在相对低洼的盆地汇合，以至形成纵横密布的河流。河流在闽西境内因山势走向呈放射状分布，往南成为汀江，往西南成为梅江上游，往东南成为九龙江上游，往北成为闽江沙溪上游。汀江、梅江汇入韩江在汕头入海，九龙江在漳州入海，闽江在福州入海。依托发达的水运，闽西地区成为海上丝绸之路最大的货物供应地之一。

水是生命之源，也是闽西古村落赖以生存发展的基础。闽西气候温和，雨量充沛，河水丰盈，肥田沃土，足以养活千千万万个村落人家。丰富的水源，不但可供人畜饮用，还可用于灌溉。随着生产力的发展和手工业的发达，丰富的竹木以及竹木制品和其他特产均通过这些河流运到山外，直接或间接为"海上丝绸之路"提供了充足的货源。

根据闽西境内河脉走向，兹把位于闽西四个水系的古村落列表并作比对。

表四　闽西地区古村落对应水系一览表 [6]

序号	水系	支流	分布地域	分布的传统村落举偶
1	汀江水系	汀江	汀武杭永	长汀三洲镇三洲村、上杭官庄乡回龙村
		濯田河	长汀县南	长汀四都镇红都村、长汀濯田镇水头村
		桃澜河	武平县北	武平桃溪镇亭头村

续表

序号	水系	支流	分布地域	分布的传统村落举偶
1	汀江水系	旧县河	上杭县境	连城新泉镇新泉村、连城庙前镇芷溪村
		黄潭河	上杭县南	上杭太拔镇院田村、上杭稔田镇官田村
		永定河	永定县境	永定抚市镇新民村、永定抚市镇社前村
		金丰溪	永定县南	永定湖坑镇洪坑村、永定下洋镇中川村
2	九龙江水系	雁石溪	龙岩盆地	新罗苏坂镇美山村
		万安溪	龙岩东境	新罗万安镇竹贯村、新罗白沙镇官洋村
		双洋溪	漳平双洋	漳平赤水镇香寮村、漳平双洋镇东洋村
		新桥溪	漳平新桥	漳平新桥镇秀溪村、漳平新桥镇产盂村
		溪南溪	漳平溪南	漳平溪南镇东湖村
3	闽江沙溪水系	北团溪	汀连交界	长汀童坊镇彭坊村、连城四堡乡中南村
		文川溪	连城县境	连城罗坊乡下罗村、连城隔川乡隔田村
		姑田溪	连城姑田	连城姑田镇中堡村、连城曲溪乡曲溪村
4	梅江水系	中山河	武平县境	武平中山镇老城村、武平下坝乡下坝村

以上所列四个水系，以汀江水系集水面积达9032.6平方公里，在闽西境内干流长度达285公里而居于榜首。汀江在宁化县治平乡木马山北坡发源后，流经长汀、武平、上杭、永定，分别吸纳濯田河、桃澜河、旧县河、黄潭河、永定河、金丰溪等溪流，在广东大埔三河坝汇合梅江、梅潭河后称为韩江，流经潮州、汕头入海。这是一条维系闽西客家人生计的生命之河，也是造就客家文化的人文之河，所以汀江被誉为客家人的母亲河。

其次是九龙江水系。九龙江上游流域主要在闽西境内的龙岩、漳平，汇龙岩小池溪、北溪、苏溪之水成龙津河，并雁石溪、万安溪、漳平双洋溪、新桥溪、溪南溪，在漳州汇成九龙江入海。九龙江上游是闽西历史上龙岩直隶州的辖地，也是九龙江文明的衍生地，对于推进闽西地区的文明进步起着积极作用。

再次是闽江沙溪水系。这个水系主要集中在连城县之西北和长汀县之东北地带，主要河流有发源于长汀童坊的北团溪、发源于连城境内的文川溪和发源于连城曲溪乡黄胜村的姑田溪。"文川溪，曾名清溪，是绕连城县城东南曲折向北而去的闽江水系上游小支流。其源有两条，东源李屋乡陈地坝，西源城郊文川乡五礤村羊角寨，两水至七星岗、姚坊汇合。东西两源合流后转向北，流经刘屋抵城关莲花，过彭坊桥、外坊墩至揭乐，再纳西侧各支流来水，经黄坊过乐太平，流至北团乡柯坊与北团溪水汇合出县境，入清流，注入闽江上游沙溪，经南平于福州入海。境内全长30.8公里。"[7]

梅江水系主要在武平县境，包括松源河干流、中山河干流、下坝河干流。其中最主要的是中山河干流，包括黄坊溪、云礤溪、平川河、文溪、处明溪、中赤溪、中山河，经下坝境在河子口汇下坝河干流，进入广东蕉岭境（称石窟河），在梅县白渡入梅江。[8]

二、闽西水系的分布

唐开元二十四年（736）始置汀州，闽西地区进入规模开发时期。

以汀属客家县为例，截至南宋绍兴三年（1133）连城县完成县级建置，汀州府属已有长汀、宁化、上杭、武平、清流、连城共6个县级建置，以后经过约300年的社会发展，直到明成化六年（1470）设立归化县（今明溪县）、明成化十四年（1478）设立永定县，才最终完成汀属八县的建置格局。

明成化七年（1471）设立漳平县、明隆庆元年（1567）"析龙岩、大田、永安部分县地置宁洋县"，清雍正十二年（1734）设立龙岩直隶州。[9]闽西地区实际形成了"　州府"建置格局。

一方水土养一方人。从闽西地区建置沿革分析，唐代是村落得到开发时期，北宋是村落积聚力量时期，南宋是村落形成规模时期，元、明两代是闽西村落大发展时期，到清代是闽西村落的成熟时期。

这几个时期的划分都有其深厚的历史背景和文化形成基础。

首先是社会安定，人口增殖，开疆拓土，形成村落的规模开发。南宋以降，宋室迁都杭州，社会进入一个稳定发展的时期。

（一）以汀江水系为例

从赣南迁入汀州的人口越来越多，"汀州崇宁年间，主、客户合计81453户。从崇宁到庆元年间，前后仅数十年，汀州境内净增172359户，增长率268%。如没有外来移民的因素，这样的增长速度是难以想象的。"[10]

更重要的是汀江航道得到疏浚开发。

"南宋嘉定六年（1213年）汀州知事赵崇模，为选择进口食盐的运输捷径，奏准改销漳盐为潮盐，于是着手整治汀江下游峰市至上杭航道。端平三年（1236年），长汀知县宋慈，辟滩炸石使汀口上游河道可通至回龙。明嘉靖三十年（1551年），汀州知府陈洪范。雇石匠炸开回龙滩，又使汀江航道上溯到长汀水口。至此，汀江自水口至峰市航道全线开通。"[11]

长汀县"运潮盐至汀……县内航线由庵杰始，经新桥、大同、城关、策武、河田、三洲、水口至宣成羊牯，与上杭县回龙相接，全长121.5公里。濯田河、南山河是境内最大的两条汀江支流。濯田河经四都流入濯田安仁与红山河汇合，在水口注入汀江。通航河道从四都平铺起，经濯田至水口，航程23公里。南山河由钟屋村、大田村两条溪流汇合而成，流经河田观坑、桐子坝，在义家庄河口经黄蜂桥流入汀江，可通木船"。"长汀境内还有铁长河、郑坊河、七里河、南刘河、刘坊河、涂坊河、古城河、陈连河、童坊河等，均系山溪，河床高，水流急，不通船，仅为山区流送毛竹、木材等。"[12]

连城县南有"李冈溪、隔口溪合流而朋口溪，又汇萧坊溪、丰头溪而新泉溪，合流上杭县。"[13]注入上杭县旧县河。朋口—新泉是连城县境内唯一可通航的溪流。"朋口而下，一苇可达新泉，且公路棣通，水陆无阻，西通汀、赣，东连省会，南达漳、潮。"[14]

上杭县境内"水可通舟者三，即汀江、旧县河、运河（黄潭河），皆以峰市为总汇。虽滩多险恶，而篙师穿罅飞行且能审水势高低而定所标准，故杭俗有纸船铁艄公之称。"汀江进入上杭，"下至峰市一百二十里。按，船行入境则自回龙始，两岸商店林立，附近纸木多集此运行。南过官庄墟、蓝屋驿、龙潭墟、迳口、水西渡，绕潭头而至县城。下河船则由阳明门，行经黄泥垄、撑篷岩、德里、大沽上、南蛇渡、马寨下、折滩、河头城，至峰市。"[15]

武平县境内，"小澜河，其水自桃溪区北流，经湘湖区之小澜，出河口而合于汀江，行舟凡三十里。"[16]

可见，汀江航道发轫于南宋，直到明嘉靖年间全线贯通。汀江航道的开辟，为闽西客家地区融入"海丝之路"提供了基础条件，也带动了闽西村落的大规模开发。

（二）以九龙江水系为例

九龙江贯穿龙岩、漳平、宁洋地域，是历史上的龙岩直隶州辖地。据《龙岩州志·山川》对龙岩直隶州河流的描述，

"川流湍莹,源之大者曰龙川,环绕城廓。其在西者,名罗桥溪,南注为石鼓潭,东汇于瓮口潭,又东南为傅军滩,过雁石渡而达于漳平。"[17]在漳平县境内,有"九龙溪,亦名漳平上溪。绕县而东,诸川所聚,深潭大湍,通舟至华封。水石巉险。十余里至岭兜,又为洪流达于海。华封以上为上溪。岭兜以下为河。雁石溪,自本州境以上发源,至雁石通舟,合于漳溪。万安溪,自连城地界发源,流合漳溪,亦名小溪。徐溪,自宁洋聚宁里,至九鹏与罗溪合流,在宁洋为徐溪,至漳平界为九房溪。罗溪,自和睦里发源,流出倒宅,会九房溪。二溪合流,至于盐场,与雁石、万安溪会。"[18]以上文字说明了龙岩、漳平境内一脉相承的九龙江水系源头和河网流布状况。

龙岩县在九龙江上游,主要有两条河,"岩地之水,为九龙江上源,大别为二,在廖天山、黄连盂二山系之间者,曰藿溪,在黄连盂、朗车崙二山系之间者,曰龙川。"[19]藿溪即现在龙岩境内的万安溪,龙川即现在龙岩境内的雁石溪。"入藿溪,溪口水势颇大,船舶可通。统计藿溪支流十二,来自万安者五,来自宁洋境者三,来自白沙境内者四,干线全长七十里,为龙岩西北水流航运干线,沿溪丛山峻峭,地势崇高,无广大平原,农业不甚发达,惟两岸山多竹茂,故造纸工业颇为繁盛。"[20]以上文字说明龙岩县境内九龙江上游的通船能力,并指出"造纸工业颇为繁盛"的原因。

在漳平,"境内航道以九龙江(北溪)为主,其上游有雁石溪与万安溪,两溪在苏坂合溪汇合后在基泰入漳平境,至盐场洲与新桥溪、双洋溪汇合后称九龙江(北溪)。航道开拓于唐垂拱三年（687）。其时漳州刺史陈元光开发漳州，遣部将刘珠华、刘珠成、刘珠福兄弟三人，率部沿九龙江上溯疏浚河道，直至雁石，以通舟楫。九龙江横穿漳平中部，经县城、华口、大杞入华安。境内全长45公里，有支流6条，其中双洋溪、溪南溪可通舟楫，其余可流放竹木排筏。"[21]以上文字记载，说明漳平以九龙江（北溪）为主的干流具备通舟楫能力。

宁洋县境，有"南溪、北溪、西溪、大坑溪、徐溪、小溪、流水滩"等溪流，[22]虽注明溪流的发源和走向，遗憾的是没有注明舟楫能力，但这并不影响历史上宁洋县（今漳平双洋镇）境内双洋溪业已存在的"双洋溪、溪南溪可通舟楫"这一通航史实。

（三）以闽江沙溪水系为例

闽江沙溪流域主要分布在连城，即境内的北团溪、文川溪、姑田溪。

北团溪发源于长汀童坊，在北团柯坊过境。"附城之水，汇为文川。文川发源五磜口之溪源山，东经田心村右，过新林寺前，北流过罐上、龙冈，合金鸡山水自东南来会。"[23]文川溪在柯坊与北团溪汇合后汇入清流县境。姑田溪汇入永安小陶出境。三条溪流均为闽江沙溪上游，从福州入海。在连城境内均不能行船，但"可放竹木排筏外运各地"[24]。

（四）以梅江水系为例

闽西地区的梅江水系主要分布在武平县境，能够通船的河流主要有中山河（中赤河）、下坝河。

中山河发源于东留乡南洞。在中山镇境内与平川河合流往下坝，又在下坝境内的石营村有中赤河汇入，与下坝河汇合流入广东蕉岭，始称石窟河。平川河，历史上称"化龙溪，即龙河碧水，一名南安溪，在县治南百步。源出清平乡，合流归顺乡，入潮州界"[25]。清平乡应为现在的城厢镇云礤村，归顺乡应为现在的中山镇。"中赤河，其水自中赤西南流至石灰洲十五里，合县城来之水过员子渡，出村头坝五里，与下坝来之水合，行舟凡二十里。下坝河，其水东南流，左为县辖，右为平远辖，舟行十里至村头坝，与中赤河合，又六十里过蕉岭，出梅县，合梅江以达潮。"[26]此为武平南部的水上交通要道，元、明间武平山货输出，盐、布、百货输入，多经此水道。

以上是闽西地域的四个水系，最发达的水运体系莫如汀江。这些水系的支流纵横交错，一头连着大海，一头连着千千万万的闽西村落。在实际生活中，任何一个村落都与大海相通，村落里所生产的货物都通过"海上丝绸之路"运向山外，运向海外，为世界文明做出贡献，反过来，通过"海丝"贸易所获得的财富又为村落的建设提供雄厚的资金。一个村落的生存发展，如果没有强大的经济实力作支撑，如果没有步入良性循环，那是不可想象的。

三、闽西地区的对外贸易

闽西地区素来重视农耕传承，"山峻地僻，俗梗民强。尚武勇，足以御敌；力本业，足以营生。学问英豪，时中科第。勤劳稼穑，不事商贾。"[27]但随着南宋政权南移定都杭州，明朝初定都南京，形势的变化开阔了闽西山区人们的视野，人们"不事商贾"的观念得以改变。特别是从明永乐三年（1405）到宣德八年（1433），郑和率领庞大船队七下西洋，积极开展和平外交，足迹遍布亚洲、非洲37个国家和地区。"最西到达赤道南面的非洲东海岸（今坦桑尼亚的马迪村），接近莫桑比克海峡；最南到达爪哇；最北到达红海的天方（今沙特阿拉伯的麦加）。总航程达16万海里，合29.6万公里。"[28]船上满载粮食、棉花、布匹、丝绸、铁器等物品。郑和七下西洋与邻国交好，扩大了中国在海外的影响，表达了中国人民希望世界和平的愿望，增进了中国与亚非各国的经济、文化、科技交流和友好往来。

郑和下西洋这一壮举，成为世界航海史上的里程碑，也为海上丝绸之路的开辟奠定了基础，从而带动了闽西地域转运贸易的大发展。散布在闽西大地的村落成为最大的货物出产地，为市场提供大宗货源，为货物提供储存空间；从海外传来的先进技术在村落有了更大的发展空间，手工业、制造业进一步发展，整个村落成为巨大的手工制造车间，经过加工的农副产品不但向周边输出，更通过"海丝之路"营销到海外，直接或间接地推动了村落的发展。

（一）闽西村落出产的木竹等大宗货物

闽西山地资源丰富，森林茂密，水上交通方便。随着生产力的发展和人们商品经济意识的萌发，闽西地区成为木竹等大宗货物的最大出产地。这些大宗货物的原产地就在村落，并通过村落有序地组织生产来完成。

每一个村落都是"海丝贸易"的实践者，也是"海丝贸易"的得益者、见证者。明清之际，闽西村落主动融入"海上丝绸之路"，为山外的阔大市场提供充足的货源。以输出原木为例，村落组织人员到深山密林中，把一棵棵粗壮的树木砍倒，斫去枝叶，待晾干后，或肩扛下山，或辟开山路，使这些原木顺路溜到山下。一般在山下的溪边设立堆场，让这些树木沿溪水漂流。待这些原木漂到村落水口处，或足以通船的河岸，再用竹篾、竹圈、木扦等搭建成一斗木筏；一斗一斗的木筏连接起来就成为可以抵抗风浪的木排，在汀江、九龙江、闽江上游、梅江上游漂流，或在沿途销售，或直抵海口。这一销售模式，俗称"放排"。

"斗"，客家话，量词，10多根原木合钉起来为一斗，具体材积不定。考虑到闽西地区河床较窄、水急，一般一条排由8～10斗原木组成。"每条排约15立方米。"木排由一人在前头掌舵，把握方向，另一人在尾部撑排，负责摆尾。出发时，常常有八九条排甚至更多的木排鱼贯入水。以汀江、梅江为例，木排过三河坝，由于河面宽阔，可把两三条木排拼凑成一条，浩浩荡荡，慢慢悠悠，随河水自动漂流，直至潮汕靠岸解缆。撑船人可在木排上睡觉做梦。[29]

闽西村落放竹排到潮汕，原理相同。

有史为证。汀江水系的汀州，其水运"始于宋嘉定年间

（1208—1224），历元、明、清而长盛不衰。日运输量虽无文字记载，但民间有'千猪牛羊万担米'之说。民国三十四年（1945）前后，每日从江西赣南、闽西各县运集长汀的农副产品达2000多担，由汀江水运到广东潮州、汕头市场，又从那里回运食盐、煤油、海味、药材、布匹、百货等物资至汀，散销闽西和赣南。"[30]

上杭县处于汀江的黄金地段，"旧时杉木运售潮汕佛山等处，年达十数万。北区盛产杉木，古田里商人购买古杉制造枋板，选择足油木料施以工作，尺寸合度运往漳厦潮汕发售，亦有运售于粤东佛山而得重价者。"[31]这一方面说明上杭汀江外运木材到潮汕的史实，另一方面说明上杭地理位置特殊，与龙岩州紧邻的"古田里商人"把木材和木制品运往漳州厦门的史实。

九龙江水系的龙岩，"输出货物，以纸类、木材为大宗，香菇次之。输入货物以食糖、布类、海味为大宗，食盐、煤油等次之。"[32]

梅江水系的武平县，"山林出产，以竹木为大宗。竹麻用以造纸，老竹用以破篾，竹器以此为原料。杉木为建筑材料，装编木排，运往潮汕，年值一百五十万元（商会采访稿）。"[33]"木排向为本邑出产大宗。邑西运南昌、赣州，邑东南北俱运潮汕，销路颇广。"[34]只是到抗战时期，海路不通，销路停滞。

位于闽江沙溪上游的连城县，"输出之品，惟竹与木"[35]。"境内盛产木竹，其产品原木筒、毛竹、柴炭等大都从产地编成排筏顺流漂运。北团溪、朋口—新泉溪（注入上杭旧县河，属汀江水系）和姑田溪上游共11条小支流均可流放排筏，将土产运销外地，年外运木材2000余立方米，毛竹近万根。"[36]

以上说明，闽西地区通过水运外出的大宗货物是木材和竹子，为山外的世界提供了充足的竹木货物。

（二）闽西村落加工外运的商品

随着"海上丝绸之路"的开通，闽西村落生产出大量以木、竹为原料的农副产品，并形成分工极其明确的产业链条。最主要的产品是土纸、烟丝和烟刀，以及茶叶、茶油、笋干、香菇等。

1. 纸业外运

从闽西村落的生态环境看，举目所及，均是丰富的木竹资源。这些资源或以大宗货物外运，或加工以后再外运获得财富。如造纸业，曾是闽西村落的经济支柱。"竹以制纸，春笋方萌，侵伐之害数倍于木。及其漂也，曰是竹丝也。及其制也，曰是槽料也。及其成也，曰是纸也。及其输也，曰是商货也。"[37]形象地描述了制纸的原料及其成纸、变成商品的过程。

据《龙岩地区志》记载，"清乾隆初期（1736—1745），广东潮州、广州等地商人到上杭、长汀、永定、武平一带，采购土纸、茶叶、木材、烟草、香菇、笋干等土特产品，由汀江运销该两地，并有部分出口。这种情况，一直持续了200多年。"[38]

长汀县造纸历史悠久，宋代时长汀造纸已成为主要农副产品"。竹佳、水美、工良，为长汀造纸业发展奠定了良好基础。其种类主要有玉扣纸、毛边纸、改良纸、节包纸、斗方纸、烧纸、谷皮纸等。长汀是手工纸的主要产地，又是纸的集散地，"故三四百年前，就有本地和外埠商人在汀城开设庄号"，"民国二十四年（1935），参加纸业同业公会的有79家，参加色纸业同业公会的有22家，两种合计101家。店员161人，其中纸业117人，色纸业44人。经营纸业79家中，长汀籍54家，连城籍17家，上杭籍4家，龙岩籍1家，广东籍3家。经营色纸业全属长汀籍者。""从清代开始，长汀纸商在外埠开设纸行。"[39]

表五　长汀纸业在外埠开设纸行商号一览[40]

序号	地点	早期开设	后期增加
1	广州	长兴行（李惕生）、公安行（罗左衡）、德和行（陈旭和）、永丰行（陈伯醇）	安乐庄（陈伯醇、蓝其伟）、陈昌隆（童少青）
2	香港	汀州行（郑云松）	南连昌（周仰云）
3	潮州	长安行（许蔚营）、荣丰行（童子捃）	长安行（李鸿楷）
4	汕头	建安行、连兴昌、公兴行	
5	佛山	长连行、长兴行、建兴行	
6	上海	荣昌行（毛焕章）	

以上所列长汀县纸行开设情况，仅仅是闽西地区纸业外

运的一个缩影。其实，历史上闽西地区的许多村落都有做纸、产纸、出纸的作坊。上杭县"出产以纸为大宗，每年运售潮梅各属及漳州者，旧时价值不下百万"。[41]武平县"有草纸一种为出产大宗，其他杂色纸，俱来自外县，本邑无出"。[42]龙岩县"本县出品，向以纸业为大宗。大多为白料、粗纸两种。白料产地，为溪口、梧新两乡镇，其余如白沙、雁石、内山、铜江、龙门等处，惟产粗料"。[43]漳平县"土纸是传统产品，主要产地在溪南、官田一带"。[44]可见，纸是闽西历史上最普遍的外运商品。纸业的发展，给闽西地区的绝大部分乡村带来丰厚的利润。纸业成为闽西村落获得财富的主要途径之一。

需要说明的是，长汀以盛产玉扣纸享誉海内外，连城以出产宣纸出名。"长汀玉扣纸有200多年历史，质地柔韧，张力均匀，拉力强，摩擦不起毛茸，色泽经久不变，不易被虫蛀，吸水性强，适宜书画、裱褙、包装、印刷等。"[45]"连城宣纸出自唐代宣州泾县的一种具有纤维长、结构紧、韧性大、细薄而洁白等特征的纸料。据传宋朝名将杨文广部下将宣州造纸术带到邵武，后传入连城。从清代嘉庆年间开始，连城宣纸不仅畅销国内，还开始出口。"[46]

2. 烟丝、烟刀和烟厂

烟草、烟丝也是闽西村落外运的重要商品。烟刀是在烟草种植的基础上发展起来的加工业。闽西村落的烟草业以永定为最。

烟草传入我国，大约在明朝万历年间（1573—1620），由菲律宾的吕宋岛传入厦门、漳州，所以也叫"吕宋烟"。

"永定与漳州相隔徒步仅一两天路程，永定到漳州谋生、创业者众，两地商贸往来十分频繁，所以烟草种植和加工技术很快就传到了永定县。从此，永定经济进入了资本主义萌芽状态。"[47]资本主义萌芽的特征是小作坊式的机器生产，组织形式有了明确的分工，有一定的市场并以货币结算，从而为获得更大发展积蓄资本。

据《永定县志》记载，"永定晒烟栽培于明万历末年或崇祯初年，至今有400多年历史"[48]。至乾隆时，"永（定）以膏田种烟叶的多，近奉文严禁，即种于旱地高原，亦损肥田之粪十之五六。"[49]"永定晒烟独著于天下，本省各地及各省虽有种植，然色、香、味皆不能及。"[50]到了清朝后期，永定烟草得到巨大发展，烟草种植面积扩大，"鼎盛时永定烟草种植面积在2万～2.5万亩之间，年产烟叶150万～180万公斤，价值400余万银圆"[51]。烟草品质上乘，条丝烟加工作坊林立，烟草成为闽西乡村外运的商品。村民到外面开设烟庄，为乡村创造了巨大财富，也为村落发展奠定了坚实的经济基础。宣统二年（1910）、民国三年（1914），超庄条丝烟和烟叶分别在南洋劝业会、万国博览会上两次获奖，被誉为"烟魁"。

家家户户种烟，家家户户加工烟，家家户户外运烟，成为乾隆、嘉庆、咸丰年间永定乡村的一大风景。这些烟丝正是通过水路运到外面的世界。烟庄、商行开始遍布江南和大中城市，其中不乏实力雄厚者和影响较大者。

表六　永定县条丝烟（烟刀）庄及商号分布表[52]

序号	地点	烟庄或商号
1	上海	怡和成、天生德、永隆昌、苏德康、松万茂、万有谦、万昌
2	广州	黄福隆、卢万安、阙德隆
3	南京	万清泉、戴福昌、龙兴贵
4	武汉	苏德茂、苏德兴、卢恒茂、三益庄
5	长沙	怡水龙、怡茂源
6	杭州	大有鼎
7	苏州	万顺仁
8	扬州	太丰、太昌义
9	厦门	德昌隆、泰怡祥

永定烟草的大发展，不仅得益于优越的土质光照等客观条件，还得益于永定乡村抓住了发展机遇。经营烟丝、烟刀获得的巨额利润回报为建造土楼提供了经济基础。

实际上，不但永定县的烟草业、烟刀业得到了空前发展，在闽西地区与烟草有关的烟纸、卷烟等产业也得到了大发展。以龙岩为例，专门生产烟纸的工厂就有"行易厂、联友厂、群英厂、民华厂、理化厂等6家"，"以民国三十三年（1944）为例，龙岩县专门生产卷烟的工厂有10家"[53]，这些卷烟厂有了注册商标，生产的香烟行销各地。兹把龙岩县卷烟业发展情况列表于后，作为补正。

表七 龙岩县卷烟业发展情况表[54]

统计年份：民国三十三年（1944）

序号	厂名	商标	等级	行销行域	职工数	经理及发起人
1	三友工业社	三九牌 山炮台	七十	浙南、赣南 福州、闽北	约60人	陈应志
2	强中厂	飞鸟牌 玉塔牌	七十	闽西、南平	约30人	郑德嘉黄道成 郑玉甫郑高增
3	东南厂	邮船牌 快车牌	七十	闽北、龙溪	约40人	丘友三
4	南方厂	白官牌	七十	漳州、永安 南平	约40人	林蔚苍
5	同兴厂	大众牌 大路牌	八十	闽北、永安	约60人	廖祥庆
6	椿茂厂	金盾牌 金山牌	十十	南靖及岩平一带	约30人	丘秀林
7	光化厂	象牌	十	华安、安溪	约20人	林炳南
8	新兴厂	足球牌 红福牌	十十	南靖、平和	约20人	谢枚英
9	强华厂	富贵牌	十	南靖、龙溪	约20人	刘瑞璧
10	华成厂	良友牌 万利牌	七十	龙溪、龙岩	约30人	蒋遵祥

此表说明，龙岩的烟草产业发展到了一个更高的阶段，不仅广植烟草，还用机器生产烟丝、卷烟，比起条丝烟，机器生产可以获得更加丰厚的利润，为龙岩乡村建设奠定更加坚实的经济基础。

此外，如上杭县也种烟草，且"多产下东路与永定毗邻各乡"[55]，即今庐丰、稔田、蓝溪一带。烟草在长汀、武平、漳平、连城均有零星种植，但规模远在永定县之下。

3. 其他农副产品

闽西乡村的农副产品极为丰富，主要有茶叶、花生、香菇、茶油等。这些农副产品除供给乡村外，也随着"海丝之路"的开辟外运，从而给乡村带来可观的经济收入。

"南方有嘉木，北方有相思。嘉木风可摧，相思不可断。""嘉木"，指的就是生长于南方的茶树。

我国种茶的历史可谓久矣。据唐时陆羽所著《茶经》称，"茶之为饮，发乎神农氏"。在中国的文化发展史上，往往是把一切与农业、与植物相关的事物起源最终都归于神农氏。也正因为如此，神农成为农之神。晋时常璩所著的《华阳国志·巴志》中称，"周武王伐纣，实得巴蜀之师，茶蜜皆纳贡之"。这一记载表明在周武王伐纣时，巴国就已经以茶与其他珍贵产品纳贡周武王了。《华阳国志》中还记载，那时已经有了人工栽培的茶园。

据《长汀县志》载，长汀茶叶生产始于宋代，但数量不详。"涂坊扁岭、童坊虎麻山崟、庵杰、大悲山、红山、中坪、四都上湖是最早的茶区。"[56]又据《龙岩地区志》和《漳平县志》

记载，闽西地区最早种茶的是漳平。"元天历二年（1329），漳平双洋乡中村、吾祠乡厚德村就开始种茶。"[57]"明、清时已有专门茶叶加工作坊，茶叶生产成为农民的一宗主要收入。"[58]清同治、光绪年间，已有乌龙茶远销东南亚一带。关于闽西地区最早种茶的历史尽管说法不一，但至少说明宋元时期闽西地区的村落已有人种茶，并把茶作为一个产业来经营。

此外，还有花生、茶油、桐油、香菇等土特产品外销，也增加了村落的经济收入。由于地域不同，规模不一，统计口径不一，不再赘述。

（三）闽西村落自主生产的物品或工艺品

闽西村落自主生产的工艺品，是指依托闽西地区丰富的竹木资源而发展起来的产业产品。这些工艺品主要指木器、竹器、藤器、棕编物品、草编物品等。这些产品不但具有实用功能，在市场上受到百姓青睐，而且由于工艺精湛，成为供人欣赏、收藏的弥足珍贵的艺术品，通过海上丝绸之路行销到海外。

闽西地区出产的木器主要有太师椅、屏风、茶几、柜橱、花床、桌凳等。

闽西地区出产的竹器主要有竹篮、竹席、竹椅、竹箩、竹篓、竹笼、竹簸、竹笪、竹雕、斗笠等。

闽西地区出产的棕编物品主要有绳索、垫褥、床榻、毛刷、蓑衣等。

闽西地区出产的藤编物品主要有藤椅、藤篮、藤箱、藤茶具、藤垫、藤床、藤盒、藤盘等。

这些物品或工艺品,均在以县城或集镇为中心的手工作坊生产完成。这些手工作坊集合了有一技之长的工匠,向散布各地的村落收集原料,通过能工巧匠的加工制作,生产或满足城乡生产、生活的物品,或适合外销的工艺品,形成"城镇集中生产,村落收集原料,市场在村落或海外"的生产、营销格局。

这些物品或工艺品经过海上丝绸之路外运,不但使村落丰富的资源得以利用,村民增加了收入,为村落发展积蓄了更多的财富,而且拓展了民间工艺的发展空间,丰富了闽西民间工艺的内涵。

(四)闽西村落引进的技术及其加工输出

村落引进的技术及其加工输出,主要指连城四堡雕版印刷业的兴起及其产品行销各地。

位于历史上汀州一隅的四堡乡(现属连城县),为什么会兴起与北京、武汉、浒湾齐名的全国雕版印刷基地?有哪些形成和发展的动因?对此,厦门学者谢江飞先生长期深入四堡乡村开展田野调查,收集刊印刻本,并出版专著《四堡遗珍》,甄别四堡雕版印刷的四个起源传说,即"南宋说""明成化说""明万历说""清初说",并认同"清初说",指出是"民众需求""人文环境""族商推动""自然环境"等四个因素,直接推动了四堡雕版印刷业的发展。[59]

笔者曾多次深入连城四堡乡进行田野调查,曾参考《连城风物志》[60]有关四堡雕版印刷业发展的记述，在《闽西近代客家研究》一书中辟出"闽西近代雕版印刷业的兴衰"专节，对四堡雕版印刷业的产生、发展、鼎盛、衰落的历程进行分析，指出，"（四堡雕版）经过明末和清乾隆时期的发展，至道光年间进入鼎盛时期。分布在雾阁和马屋世代相传的大书坊至少有100多家，有清楚的堂名堂号的书坊达65家，从事印书业的男女老少不下1200人，约占当地人口总数的60%"。随着生产规模的扩大，出现了专门的书商贩运路线，"清朝时候书商贩运路线主要有三条，即北线、西线、南线。北线可到江西，溯长江而达武汉、长沙直至四川重庆，下游可抵安徽、江苏直至浙江杭州。西线分水陆两路，一路沿汀江入韩江散入粤西各地，一路于潮州陆路转入粤东北。南路则主要在福建境内。总之，四堡书商的销售范围以我国长江以南各省为主，其地区以广东、广西、浙江、福建、湖南等地为多，最南远达海南岛，最北可抵山东曲阜，西边则到四川重庆，在这一范围内，形成了一个庞大的销售网络。至于各地到四堡订购书籍的书商则更是络绎不绝。"[61]

综上所述，自南宋以来，随着汀江航运的开辟、明朝初年"海上丝绸之路"的繁荣，直接推动了闽西村落的规模化发展。以闽西山地竹木资源为基础的商品开始源源不断外运，获取巨额利润，为闽西村落的建设实现了资本反哺的良性循环。

四、闽西古村落的崛起

（一）以村落墟市发展为例

南宋以降，闽西地区经济得到大的发展，人们勤于稼穑，从农耕为本；汀江通航，略事商贾，直接带动了乡村集市的发展，以货币交易为特征的墟市开始形成，这也从一个侧面说明了闽西村落有了稳定的人群，已达到足以开墟交易的条件。

以闽西客家地区为例，成书于南宋开庆元年（1259）的《临汀志》即有"坊里墟市"的记载。

表八　南宋年间闽西客家地区墟市分布一览表[62]

序号	县名	墟市个数	墟市名称及方位
1	长汀县	10	县市，杉岭市，何田市，成功墟，廖屋墟，南温墟，归仁墟，三州墟，单溪墟，裹荷墟
2	宁化县	6	县市，中沙墟，石壁墟，乌村墟，安乐墟，滑石墟
3	清流县	7	县市，白石墟，吴地墟，廖源墟，清口墟，浮竹墟，长刎墟
4	莲城县	3	县市，吕溪墟，北团墟
5	上杭县	2	县市，浊石墟
6	武平县	3	县市，东坑墟，大洋墟
	合计	31	

从上表看，南宋开庆年间，闽西客家地区虽还没有设立归化县、永定县，但透过表中所列的墟市数量，我们已经看到了村落发展的雏形。长汀作为汀州府属所在地，人口多，墟市多达10个，商品交易也最为活跃，正是商品交易的活跃支撑了墟市的拓展。宁化县开发早，村落人口集聚，墟市达到了6个；清流县建县于北宋元符元年（1098），虽比上杭、武平迟了近100年，但这里有长潭溪贯通，且为从北而南的移民抵达汀州府所必经之地，因此人口比上杭、武平稠密，墟市竟达到7个；上杭、武平、连城的人口处在向村落集聚过程中，数量较少，反映在墟市的分布上面，上杭2个，武平、连城各3个，就显得十分正常。

从以上6个县的墟市分布看，均在县城里形成一个集市，即"县市"，这说明相当多的人口向城镇集中，形成货物交易市场。其余墟市基本上是在河埠或陆路交通枢纽地带建立起来的。

需要说明的是，闽西历史上的墟市名称有的已经更改，比如长汀县"何田市，在长汀县南四十五里，旧名留镇"，应为现在的"河田镇"；"三州墟，在长汀县南六十五里"，应为现在的"三洲镇"；连城县"吕溪墟，在连城县南六十里"，应为现在的"莒溪镇"；"北团墟，在连城县北三十五里寨前"，即今连城县北团镇集镇；上杭县"浊石墟，在上杭县北八十里"，疑为现在的官庄畲族乡回龙墟；武平县"东坑墟，在武平县东三十五里"，应为现在的十方墟；"大洋墟，在武平县西四十五里"，应为现在的东留乡大阳墟。

可见，闽西客家地区在南宋时期即有大量村落产生并形成了一定规模人口聚集。客家民系的文化标志也逐渐在闽西大地形成，最迟在"宋元之间，客家民系形成"。这是因为客家民系形成的特征已经在闽西村落凸显，即"有脉络清楚的客家先民，有特定的地域条件，在特殊的历史年代，有独特的客家文化"。[63]

经过元、明两代及清初，闽西地区的村落得到更大的发展。表现在村落数量的增多，人口的集聚和相对稳定，农村墟市把更多的村落通过"海丝之路"和外面的世界连接起来，闽西客家地区的经济呈现更加活跃的状态。这一时期，闽西地区新增归化县（今三明市明溪县，建于明成化六年，1470年）、漳平县（今漳平市，建于明成化七年，1471年）、永定县（今永定区，建于明成化十四年，1478年）、宁洋县（建于明隆庆元年，1567年，1956年撤销）。可见，明朝初年朝廷采取休养生息政策，使大量村落得以发展生产，人民安居乐业，闽西乡村社会安定，特别是明永乐年间开始的郑和七下西洋这一壮举，沟通了闽西大地与海外、山外的联系，使货物源源不断外运出售，满足了外部市场；海外、山外新奇的商品通过墟市进入闽西山区、村落，从而构成了良性经济循环。

"一个地区墟市数量的增加，可以在一定程度上反映出该地区商品交易活动更加活跃，但要衡量这一地区商品交易活动的真正活跃程度，还应该看其空间和人口的覆盖率以及它们的交易量。"[64]从南宋以来，闽西客家地区墟市数量不断增加，说明村落得到更大发展；又因明成化以来增设县级建置，原本固定的墟市可能呈现新的变化，在新增县级建置的村落可能辟出新的墟市，而原有的墟市可能分流，这一现象同样说明闽西客家地区村落的发展。

墟市的辐射能力一般在2~10公里范围。兹以闽西客家地区的墟市数量变化为截面，可以反证闽西村落发展情况。

表九　汀州府属八县农村墟市变化一览表[65]

单位：个

序号	县名	南宋	弘治	嘉靖	万历	崇祯	康熙	乾隆	道光	咸同	民国
1	长汀	10	4	6	—	7	—	10	—	18	16
2	宁化	6	6	8	—	11	12	11	—	—	31
3	清流	7	2	8	—	15	12	15	17	—	13
4	连城	3	3	4	—	6	10	14	—	—	16
5	上杭	2	1	1	—	1	—	25	—	29	34
6	武平	3	1	3	—	3	3	3	—	—	29
7	归化	—	8	8	14	9	16	13	—	—	15
8	永定	—	1	—	—	—	17	—	—	—	22
	合计	31	26	—	—	—	—	—	—	—	176

需要说明的是，以上南宋年间的闽西地区墟市数量已含县城集市，即城关墟；弘治、嘉靖、万历、崇祯、康熙、乾隆、道光、咸丰、同治年间的墟市数量均参见周雪香《明清闽粤边

客家地区的社会经济变迁》一书中的统计数据。按著作者在书中的说明，弘治年间的数字根据《八闽通志》，嘉靖、崇祯、乾隆年间的数字根据《汀州府志》，括号里的数字根据各县县志数据所得。本表引用时，如果出现通志、府志、县志所供数据不一致时，均采用县志数据，不再加括号注明；周雪香所提供的墟市数据均不含城关墟。民国年间的墟市数据参考《闽西近代客家研究》一书所列数据，除连城县统计时加上城关墟外，其余县均不含城关墟。[66]

从上表可以看出，南宋年间闽西客家地区的墟市共有31个，经过元、明两朝的发展，特别是清朝康熙、乾隆、道光年间的发展，各个县的墟市数量呈增多趋势，说明闽西地区的村落发展更加成熟，直到民国年间墟市总数达到176个，比南宋时增长了近6倍，这是一个惊人的数字，从一个侧面说明闽西村落已经完全成型，即实现了"村落自成一体"的经济发展格局。

闽西地区有"一州一府"的建置，除汀州府辖的大量村落得到很好发展外，龙岩州的村落同样得到发展并成熟。

清雍正十二年（1734），龙岩州建立，统辖龙岩、漳平、宁洋三县，设立"龙岩州"本身就透露出地域人口大量集聚，地域村落发展成熟的信息。同样，以墟市的发展为截面，可以观照龙岩、漳平、宁洋的经济发展情况和村落的开发进程。

成书于清乾隆三年（1738）的《龙岩州志》，对龙岩州、宁洋县的街巷市情况作了记述。漳平墟市缺（原文如此）。

表十　清康雍年间龙岩州、县街巷市分布一览表[67]

序号	县名	名称	个数	街巷市名称及方位
1	龙岩州	街	1+5	城郭长街1,城郭短街5(武安街,太和街,永宁街,黄岩街,朝天街)
		巷	24	(略)
		市	9	州前市,南门市,东门市,西门市,龙门墟,鸡鸣镇,雁石镇,水口镇,上坪镇
2	漳平县			(缺,无考)
3	宁洋县	街	9	康阜街,云程街,太和街,新丰街,安化街,万通街,登云街,澄清街,来远街
		市	2	宁济桥市,青云桥市

从上表数据看，不论是州城还是县城，都形成了井然有序的街巷，而分布在村落的墟市则十分繁荣。龙岩州有9个墟市，其中在州城有4个，在龙门、鸡鸣、雁石、水口、上坪等集镇分别形成连接村落的墟市。宁洋县因人口少，且人口基本上都聚集在城里，因此在一定程度上街市的贸易功能互相转换，"宁济桥市，今废"[68]，说明街区的交易功能在乾隆年间就已经代替了业已存在的宁济桥市的墟市功能。

同样以墟市的发展为例，龙岩、漳平、宁洋的村落亦得到发展。民国年间"龙岩县有墟市19个"[69]，"漳平县有墟市13个"[70]，宁洋县由于1956年被撤销，具体墟市数量未见志书记载，但"历史上宁洋县城分城内、城外、东洋、西洋四处，原有明、清两代民居百余座，现存70多座，由民居、祠堂、书院、学堂、寺庙、店铺及古街道、巷道等组成的建筑群体总面积达7万平方米"[71]，从这一信息不但可以感受到宁洋县城经济的繁荣，也可以感受到村落墟市的发展。有必要说明的是，龙岩州因城市体量大，宁洋县因村落向城镇集中，村落文化传承更多地体现了城镇的特征。

（二）以村落开发年代反证为例

闽西古村落的崛起正是以海上丝绸之路的开辟为前提条件。

闽西古村落的建立总是以某一族姓在村落的肇始开基为根本标志。

纵观闽西古村落的开发历史，也有一个自北而南、自东而西逐渐变短的过程。就汀属客家八县而言，以汀州为中心，越往北，村落开发年代越远，反之，开发年代则越近。以龙岩州为中心，自东而西溯九龙江而上，越往上游，村落开发历史越短，反之则越长。就汀州府和龙岩州村落开发总体而言，龙岩州的村落开发历史则又比汀州府的村落开发历史稍久远些。

闽西古村落的开发历史一般在六七百年之间，部分超过八百年，比如连城县宣和乡培田村、上杭县稔田镇丰朗村、连城县朋口镇文坊村；有些超过一千年，比如漳平市赤水镇香寮村、长汀县濯田镇同睦村等。依据这些开发时间，对应历史年表，应该是在宋元之际大量村落得到开发，及至明清大量村落实现自成一体的经济循环，村落特征明显，基本成型。

漳平市香寮村，是远近闻名的百姓村，"自唐末曹、梁、傅、谢四姓开基至今，已有一千多年的历史，现全村一千多人口中,有80多个姓氏,包括少见的鹿、米、淑等姓。香寮村留存众多历史文物古迹,有始建于唐代的曹氏祖祠和香山桥,宋代的舍利塔、凌云桥、古庵天台寺,元代通真宫等,明代的王家祠、万安桥,还有许家山古村遗址、盘古营商周遗址等。"[72]

长汀县濯田镇同睦村的开发历史也有千年以上。"村里有入汀始祖理政公祠。史载,唐末昭宗年间,刺史钟全慕之孙钟理政继任汀州刺史,官拜金紫光禄大夫,卸任后为避战乱带领家眷隐居于此,创业开基,繁衍生息,与当地陈、黄等姓先民和睦相处,共谋发展。同睦村因此而得名。钟理政,又名钟翱,南唐上柱国,卒后,受朝廷封赠尚书令,并安葬于村内丁坑窝。此后钟氏日渐兴盛,子孙陆续外迁,分布各地,古时有'九子流九州,满子留汀州'之说。"[73]

连城县朋口镇文坊村是一个具有800多年开基历史的古村落,"据项氏族谱记载,文坊项姓始祖念一郎,号一斋,宋室南渡之后,项氏徙浙江。南宋嘉熙年间(1237—1240),时任嘉兴县令的项一斋随文天祥起兵抗元至汀州。宋景炎二年(1277)春,因汀州被元兵占据,项一斋携带眷属随军移至连城河源里,将幼子四六郎托孤温坊,由温姓善士抚养,项一斋率亲属随文天祥部转移至漳州、广东,俱殁于王事而不返。四六郎成为如今文坊村项姓一世祖,此后项氏子孙日益繁盛,反客为主,而温姓子孙则迁至龙岩竹贯。如今文坊村项姓人口共3000多人,全为一脉裔孙"[74]。

长汀县馆前镇是汀州府的三大驿站之一,位于驿道上的坪埔村首先获得发展先机,"早在元朝天历三年(1330),杨氏由连城南坑迁居于此，沈氏于明朝洪武初年从江西泰和县白果树下迁徙汀州府东城门外归阳里，后迁至馆前九曲源、伍家坑等地。坪埔早年以杨、沈姓为主，随后又有江、雷、兰（畲族）、罗、任等姓先后迁入。"[75]

长汀县濯田镇水头村开基历史有800年以上，"村中一条小溪，是汀江支流濯田河的源头之一，它汇入升平河后经丰口村流入濯田河，流至水口注入汀江，村名'水头'由此而来。水头村大约开基于大宋年间，鼎盛于明清，是汀州府知名的富庶村落，大量种植油茶，据说历史上所产茶籽油能影响州府的米价，可见该村的油茶产量何等惊人！"[76]

长汀县红山乡苏竹村，又名苦竹山，"建于元代中期。元末前，开基世祖千十三郎（也叫三世公）在此定居。村中现存有建于元代的十三郎祠堂和建于明代的炕头祠堂"[77]。

连城县庙前镇芷溪村，"据当地族谱记载，南宋末年，芷溪村就有人家氏居住。元朝中期，邱氏先祖从上杭迁居到芷溪邱坑牛角屋开基，而华姓则在明初迁到芷溪，杨、黄两姓的先祖也在明朝初年迁移到芷溪开基。到清朝乾隆年间，当地就有'邱三千，华八百，姓黄姓杨各一百'的说法，被称为当时少有的'千烟之家'"[78]。

从以上村落的开基历史看，连城县朋口镇文坊村、庙前镇芷溪村，长汀县馆前镇坪埔村、濯田镇水头村、红山乡苏竹村，均在800年以上；漳平市赤水镇香寮村、长汀县濯田镇同睦村的开基历史在1000年以上。从每一族姓在闽西地区开基的第一代（闽西开基祖）算起，到如今一般都繁衍到26至29代，超过30代的较少。以每一代25年计，倒推这些族姓的开基时间大都在650至725年前，按历史年表应在公元1200至1350年之间，亦即南宋元初、元末明初。

闽西客家地区的移民是沿着汀江自北而南进行的，由于水系的流向，并不排除这些移民抑或沿着闽江、梅江的流向局部迁移，但这并不是闽西客家地区移民的主流。随着移民的南迁，上杭、武平、永定一带的村落开基相对显得迟一些，一般在五六百年之间，较少有超过800年开基历史的。新罗区、漳平市村落开基时间基本相同。

武平县湘店乡湘湖村，基本是刘姓，这里出了刘隆、刘光第、刘亚楼等名人。刘氏开基祖二夫公即"从长汀成下里刘屋坑迁来避元乱定居"[79]。长汀成下里，即如今长汀濯田镇。可见，武平湘湖刘氏与长汀濯田刘屋坑刘氏是一脉宗亲关系，所不同的是两者开基年代不同。濯田镇刘屋坑，又名刘坑村，"据族谱记载，一世祖刘通海（海通公）南宋末年从江西迁移到这里开基，现已繁衍29代。海通公为宋臣，因耻食元粟，从江西瑞金迁到长汀蔡坊隐居，后迁到刘坑村。"刘氏宗亲从刘坑村迁到武平湘店湘湖村后再发脉，"迁到武平湘湖村后播衍的刘氏宗亲有2万多人，外迁广东潮州凫鸭湖播衍的刘氏裔孙也有数万之众"[80]。

武平县平川镇红东村，位于县城之北，又名北门坊。这里的居民大部分姓李，"北门坊李姓自元至正十二年（1360）开基以来，已历600多年"[81]。

上杭县太拔镇院田村，村民基本姓李，是木德公的后裔。

"早在公元1316年，李火德胞兄李木德后裔四九郎公，由漳平回迁至院田，成为木德公一脉在客家地区的开基祖。历经700多年，院田成为客家李氏的重要发祥地。"[82]

上杭县稔田镇官田村，"宋瑞宗景炎二年（1277），原居宁化的刘氏世祖为避战乱南迁至此开基。最初将落脚处定名为'老屋子'。明洪武二年（1369）更名为官田。由于官田地势开阔，土地肥沃，风景宜人，不断有客家人迁居于此"[83]。

龙岩（今新罗区）万安镇竹贯村，最多时居住过陈、李、赖、黄、郭、廖、温、邓共八姓，由于历史原因，现只存温、邓两姓，其中温姓稍多于邓姓。据族谱记载，"温姓先祖于南宋末年由连城迁竹贯"，"邓姓先祖于宋代由中原迁至福建永安，并于明初迁竹贯"。[84]随着人口发脉再往龙岩其他村落迁移。竹贯村的开基历史在700年左右。

龙岩（今新罗区）岩山镇玉宝村，"大部分村民都姓董，是明朝初年从龙岩的董邦村搬过来的。开基祖是胜龙公，下传一房、二房、三房、四房、五房、六房，人口发脉快。现存16座古民居、古祠堂、古书院等，其中5座建于明代，5座建于18世纪，6座建于19世纪。"[85]玉宝村的开基历史亦在700多年。

龙岩（今新罗区）万安镇梧宅村，这里的居民大都姓滕，"元朝末年，滕氏先祖宜百七郎从宁化石壁来到深山里开基，已有700多年历史，如今繁衍到26代。明清两代，梧宅是龙岩县通往连城、清流、宁化的必经之地，滕氏族人利用深山毛竹资源建起纸坊，生产的毛边纸远销龙岩、漳州，积累了大量的财富，发家后的滕氏宗亲沿着溪流两岸规划建造了大批精美的木结构民居。"[86]

永定县的村落开基相对较迟，因为这些村落的居民大都从长汀、上杭沿着汀江迁来，基本上是在元朝末年或明朝初年，而这时正是烟草业大发展的时候，因此永定县的古村落虽然开发迟，但起点高，大量的财富足以让人们高起点规划村落建设。如永定县下洋镇中川村，"胡氏九世祖铁缘公约于1420年开基，至今有近600年历史"[87]。永定县古竹乡大德村村民大多姓苏，开基祖是苏毅，号九三郎，"于元皇庆二年（1313）癸丑随母氏避难于古竹乡，遂在古竹开基，成为永定苏姓开基祖。至今已有700多年历史"[88]。永定县高头乡高北村居民大多姓江，开基历史有700多年，"江氏祖先江百八郎于元代中期从上杭迁至高北开基，从此江姓人家在此繁衍生息。明嘉靖年间，江氏始建五云楼聚族而居，后因家族扩大，至明崇祯年间又建造承启楼"[89]。

表十一　闽西地区若干古村落开基年代表

序号	县域	村落	开基年代	距今年代
1	长汀县	三洲镇三洲村	唐朝初年	距今1000多年
2		濯田镇同睦村	唐朝末年	距今1000多年
3		濯田镇水头村	两宋之际	距今800多年
4		濯田镇刘坑村	南宋末年	距今700多年
5		馆前镇坪埔村	元末明初	距今700多年
6		红山乡苏竹村	元代中期	距今700多年

续表

序号	县域	村落	开基年代	距今年代
7	漳平市	赤水镇香寮村	唐代中期	距今1000多年
8	连城县	朋口镇文坊村	宋景炎二年	距今800多年
9		庙前镇芷溪村	南宋末年	距今700多年
10	新罗区	万安镇竹贯村	南宋末年	距今700多年
11		万安镇梧宅村	元朝末年	距今700多年
12		岩山镇玉宝村	明朝初年	距今600多年
13	武平县	湘店乡湘湖村	元朝中期	距今600多年
14		平川镇红东村	元至正年间	距今600多年
15	上杭县	太拔镇院田村	元朝初年	距今700多年
16		中都镇仙村村	南宋末年	距今700多年
17		稔田镇官田村	宋景炎二年	距今800多年
18	永定县	下洋镇中川村	明永乐年间	距今600多年
19		古竹乡大德村	元皇庆二年	距今700多年
20		高头乡高北村	元代中期	距今700多年
21		湖坑镇南江村	明崇祯年间	距今400多年

以上所列共21个村落，按现行建置综合所得，历史上属于汀州府的宁化、清流、明溪三县未再列入。村落来源基本上是随机抽取，主要依据是2015年5月始由《闽西日报》记者、龙岩市民间文艺家协会会员对有关村落进行寻访所得资料，并不存在选择性举隅。

以上所列村落，开基历史在1000年以上者3个，占比14%；开基历史在800年以上者3个，占比14%；开基历史在700年以上者10个，占比47%；开基历史在600年以上者4个，占比19%；开基历史在400年左右者1个，占比4.7%。可见，开基历史在700至800年之间的村落占了一半以上。

从这一现状看，我们可以获得结论，闽西古村落的开基在宋元之间，成熟在明清之际，而古村落的开基、崛起，正是由于海上丝绸之路的开辟所带来的一系列的乡村结构的变化，使得闽西古村落进入一个相对稳定发展的时期，这种稳定发展表现为经济实力不断增强，文化活力得到激发，乡村教育得以延续，民间信仰得以扩展，社会管控更加严密，中国传统文化得以传承，从而实现了人与自然的和谐，人与社会的和谐，人与人之间的和谐，人的心灵更加和谐。

有关文化、教育、民间信仰、社会管理、生态建设等文化事象，限于篇幅，不再赘述。

结语

闽西地区山脉纵横，河网密布，汀江、九龙江、闽江、梅江水系为闽西古村落的建立奠定了良好宜居的生态。南宋以降，汀江航道的疏浚带动了闽西地区的盐谷贸易。特别是明永乐年间郑和七下西洋，开辟了海上丝绸之路，从而打开了闽西乡村对外贸易的通道，闽西地区丰富的竹木资源及其产品得以外运，满足海外市场，而从山外又运回来闽西乡村日常生活必需品。资本主义生产经营模式在闽西城镇得以萌芽，这种管理模式打破了传统的单打独斗、各自为政的格局，或表现为劳动力密集型一条龙生产，或表现为机器大生产，或表现为产品对外销售，或表现为民间资本运作扩大再生产，这种模式充分运用于闽西手工业作坊，扩大了生产规模，使手工产品得以外销；充分运用于闽西乡村墟市和商品交易等过程，获取的巨大财富成为村落建设最重要的经济来源；充分运用于闽西乡村所必需的要素调配中，如街巷、建筑、水井、戏台、民间文艺、民间风习等；充分运用于民间信仰的传承过程中，不但让乡村扩大了视野，也让乡村获得了更多接受其美好诉求表达的各路神明，从而丰富了闽西地区的民间信仰，为村落的发展提供了取之不尽、用之不竭的前进动力。

海上丝绸之路的开辟为闽西古村落的发展插上了起飞的翅膀！

参考文献

[1]钟德彪.闽西乡村社会研究 [M].北京：光明日报出版社，2014：79.

[2]资料来源：龙岩市住建局村镇管理站提供，截至2015年7月。

[3]被评为一、二、三批的中国传统村落是：新罗区适中镇中心村、万安镇竹贯村，永定区湖坑镇洪坑村、下洋镇初溪村、湖坑镇南江村、高头乡高北村，上杭县太拔镇院田村，武平县岩前镇灵岩村，长汀县馆前镇坪埔村、三洲镇三洲村、红山乡苏竹村、南山镇中复村，连城县庙前镇芷溪村、宣和乡培田村、莒溪

镇壁洲村、四堡乡雾阁村、中南村，漳平市双洋镇东洋村、城内村和赤水镇香寮村，共20个。

[4]资料来源：根据闽西日报刊发记者和龙岩市民间文艺家协会部分会员寻访稿件累加，截至2015年7月。

[5]资料来源：根据龙岩市委宣传部提供的"双最"评选数据整理而成，截至2015年8月。

[6]资料来源：参考龙岩地区志（上卷），第110页，据"水文"数据，结合个人田野调查分析得出结论。村落举例以"龙岩市第一批传统村落"名单、媒体寻访名单、申报最美古村落名单共114个有选择性地作为参考村落。每条流域选取2个以内村落。

[7]连城县地方编纂委员会. 连城县志 [M]. 北京：群众出版社，1993：103.

[8]武平县县志编纂委员会. 武平县志 [M]. 北京：中国大百科全书出版社，1993：100.

[9]注：1956年7月，宁洋县撤销。原宁洋县大陶区划归永安县，双洋区划归漳平县，小溪区（7乡）划归龙岩县。具体来说，划归漳平管辖的有城厢、员当、徐溪、溪口、城口、中村、温坑、坑源、赤水、田兜、安坑、香寮等12个乡（镇）、116个自然村、3001户、10930人，耕地面积42943.06亩。划归龙岩管辖的有珍坑、陈地、邹山、小溪、营兜、大科、罗畲7乡。

[10]林开钦. 论汉族客家民系 [M]. 福州：福建人民出版社，2011：5.

[11]永定县地方志编纂委员会. 永定县志：卷十三交通 [M]. 北京：中国科学技术出版社，1994：368-369.

[12]长汀县地方志编纂委员会. 长汀县志：卷十一交通 [M]. 北京：生活·读书·新知三联书店，1993：273.

[13]连城县地方志编纂委员会. 连城县志：卷二舆地志（康熙版点校本）[M]. 北京：方志出版社，1997：56.

[14]连城县志：卷四山川志（民国点校本）[M]. 北京：方志

[15]丘复总纂,唐鉴荣校点.上杭县志:卷十二交通志(民国廿七年版),281、282.

[16]丘复主纂.武平县志:卷十一交通志(民国三十年版),1986:205.

[17]龙岩市地方志编纂委员会整理.龙岩州志:卷之一封域志(清乾隆三年版)[M].福州:福建地图出版社,1987:30.

[18]龙岩市地方编纂委员会整理.龙岩州志:卷之一封域志(清乾隆三年版)[M].福州:福建地图出版社,1987:46.

[19]郑丰稔总纂,郭义山校点.龙岩县志:卷之三地理志(民国三十四年撰),2004.

[20]郑丰稔总纂,郭义山校点.龙岩县志:卷之三地理志(民国三十四年撰),2004:43.

[21]漳平市地方志编纂委员会.漳平县志:卷十交通[M].北京:生活·读书·新知三联书店,1995:328.

[22]漳平市地方志编纂委员会办公室整理.宁洋县志:卷一舆地志(清康熙元年刊本).漳平方志办重印,2001:44.

[23]邓光瀛.连城县志:卷之四山川志(民国版点校本)[M].北京:方志出版社,2014:51.

[24]连城县地方志编纂委员会.连城县志:卷九交通志[M].北京:群众出版社,1993:286.

[25]赵良生重纂.武平县志:卷之一方舆志(清康熙三十八年署县),1986:26.

[26]丘复主纂.武平县志:卷十一交通志(民国三十年版),1986:205.

[27]武平县志编纂委员会整理,赵良生.武平县志:卷之二风土志(清康熙三十八年版),1986:35.

[28]钟德彪.原乡的风[M].北京:人民日报出版社,2014:49.

[29]据笔者前往武平县下坝乡大田村访问老人时获得口述资

料整理。采访时间：2014年8月。

[30]长汀县地方志编纂委员会.长汀县志：卷十一交通 [M].北京：生活·读书·新知三联书店，1993：285.

[31]丘复总纂，唐鉴荣校点.上杭县志：卷十实业志（民国二十七年版），2004：255.

[32]丘复总纂，郭义山校点.龙岩县志：卷十七实业志（民国三十四年版），2003：346.

[33]丘复总纂.武平县志：卷十实业志（民国三十年版），1986：193.

[34]丘复总纂.武平县志：卷八物产志（民国三十年版），1986：177.

[35]连城县方志办校点，邓光瀛.连城县志：卷十一物产志（民国点校本）[M].北京：方志出版社，2014：141.

[36]连城县地方志编纂委员会.连城县志：卷九交通志 [M].北京：群众出版社，1993：296.

[37]连城县方志办校点，邓光瀛.连城县志：卷十一物产志（民国点校本）[M].北京：方志出版社，2014：141.

[38]龙岩地区地方志编纂委员会.龙岩地区志：卷十九对外经济贸易 [M].上海：上海人民出版社，1992：748.

[39]长汀县地方志编纂委员会.长汀县志：卷十土纸 [M].北京：生活·读书·新知三联书店，1993：255.

[40]长汀县地方志编纂委员会.长汀县志：卷十土纸 [M].北京：生活·读书·新知三联书店，1993：256.

[41]丘复总纂，唐鉴荣校点.上杭县志：卷十实业志（民国二十七年版），2004：258.

[42]丘复纂.武平县志：卷八物产志（民国三十年版），1986：176.

[43]郑丰稔纂，郭义山校点.龙岩县志：卷十七实业志（民国三十四年版），2004：33.

[44]漳平市地方志编纂委员会.漳平县志：卷九商业[M].北京：生活·读书·新知三联书店，1995：310.

[45]卢建岩.闽西风物志[M].福州：福建人民出版社，1988：244.

[46]卢建岩.闽西风物志[M].福州：福建人民出版社，1988：247.

[47]胡大新.永定客家土楼研究[M].北京：中央文献出版社，2006：22.

[48]永定县地方志编纂委员会.永定县志：卷六烟草[M].北京：中国科学技术出版社，1994：204.

[49]福建省地方志编纂委员会整理，伍炜，王见川.永定县志：卷三食货志（乾隆二十三年）[M].厦门：厦门大学出版社，2012：8.

[50]福建省地区志编纂委员会整理，方履篯，巫宜福.永定县志：卷三食货志（道光十年）[M].厦门：厦门大学出版社，2012：8.

[51]永定县地方志编纂委员会.永定县志：卷六烟草[M].北京：中国科学技术出版社，1994：194.

[52]永定县地方志编纂委员会.永定县志：卷六，有关开设烟庄的表述[M].北京：中国科学技术出版社，1994：195.

[53]郑丰稔纂，郭义山校点.龙岩县志：卷十七实业志（民国三十四年版），2004：344.

[54]郑丰稔纂，郭义山校点.龙岩县志：卷十七实业志（民国三十四年版），2004：344.

[55]丘复总纂，唐鉴荣校点.上杭县志：卷十实业志（民国二十七年版），2004：259.

[56]长汀县地方志编纂委员会.长汀县志：卷四农业[M].北京：生活·读书·新知三联书店，1993：33.

[57]龙岩地区地方志编纂委员会.龙岩地区志：卷六农业[M].上海：上海人民出版社，1992：232.

[58]漳平市地方志编纂委员会.漳平县志：卷五农业[M].北

京：生活·读书·新知三联书店，1995：193.

[59]谢江飞.四堡遗珍[M].厦门：厦门大学出版社，2014.

[60]曾玲，马卡丹主编.连城风物志[M].厦门：厦门大学出版社，1995.

[61]钟德彪，苏钟生.闽西近代客家研究[M].北京：北京燕山出版社，2000：196.

[62]（宋）胡太初，赵与沐.临汀志[M].福州：福建人民出版社，1990：13.

[63]林开钦.形成客家民系的四个特征[M].福州：福建人民出版社，2009：1.

[64]周雪香.明清闽粤边客家地区的社会经济变迁[M].福州：福建人民出版社，2007：260.

[65]资料来源：周雪香.明清闽粤边客家地区的社会经济变迁"明清闽西各县墟市数量变化统计表"[M].福州：福建人民出版社，2007：258；钟德彪.闽西近代客家研究[M].北京：北京燕山出版社，2000：220.

[66]资料来源：1.长汀县志（民国二十九年版）；2.宁化县志（1993年版转引自民国年间宁化墟市统计数字）；3.清流县志（民国三十六年版）；4.连城县志（1993年版）；5.上杭县志（民国二十七年版）；6.武平县志（民国三十年版）；7.归化今明溪.明溪县志（1997年版转引自民国县志统计数据）；8.永定县志（1994年版）。

[67]龙岩市地方志编纂委员会整理.龙岩州志：卷之二规建志（清乾隆三年版）[M].福州：福建地图出版社，1987：75.

[68]龙岩市地方志编纂委员会整理.龙岩州志：卷之二规建志（乾隆三年版）[M].福州：福建地图出版社，1987：77.

[69]郑丰稔纂.龙岩县志：卷之十七实业志（民国三十四年版），2003：348.

[70]（清）蔡也钹，林得震.漳平县志[M].清道光十年修，

民国廿四年重印本,台北:成文出版社,1967:40.

[71]政协漳平市委员会文史委编.历史文化名镇——双洋:古镇新姿(漳平文史资料总第二十八辑)[M].2004:10.

[72]笔者曾于2005年5月,2006年1月前往该村田野调查获得资料。此引文见维炎,陈晓霞,林威.山川灵秀百姓村[N].闽西日报,2015-07-09.

[73]笔者曾于2011年12月前往该村田野调查获得资料。此引文见傅长盛,黄启元.千年古村同睦坑[N].闽西日报,2015-05-23.

[74]傅长盛.客家古祠"博物馆"[N].闽西日报,2015-07-03.

[75]朱裕森.古驿苍苍沐雅风[N].闽西日报,2015-06-04.

[76]朱裕森.辉映汀州八百载[N].闽西日报,2015-06-12.

[77]朱裕森.高山僻壤存古村[N].闽西日报,2015-06-09.

[78]傅长盛.古宅连云深似海[N].闽西日报,2015-06-25.

[79]梁玉清.耕读家风代代传[N].闽西日报,2015-07-03.

[80]朱裕森.老屋古村八百秋[N].闽西日报,2015-07-30.

[81]谢美永.书香浓郁北门坊[N].闽西日报,2015-07-09.

[82]2015年8月25日下午笔者在太拔镇院田村考察时听取情况介绍所得资料。

[83]2015年8月25日下午笔者在稔田镇官田村考察时听取情况介绍所得资料。

[84]钟德彪.闽西乡村社会研究[M].北京:光明日报出版社,2014:167.

[85]钟德彪.一派田园好儒雅[N].闽西日报,2015-05-26.

[86]傅长盛.古村雾列望如云[N].闽西日报,2015-06-19.

[87]胡赛标.客家侨村文脉深[N].闽西日报,2015-06-26.

[88]赵伟,林蔚学,刘琦,王占鑫.村落家规代代传[N].闽西日报,2015-06-06.

[89]赵伟,林蔚学,马斌.邮票上的土楼最迷人[N].闽西日报,2015-07-11.

世界遗产项目鼓浪屿的源流与特质

卢志明　李梦丹

在第41届世界遗产大会上，我国申报的文化遗产项目"鼓浪屿：历史国际社区"在激烈的角逐中胜出，成为中国第52个世界遗产项目和第36个世界文化遗产项目。

鼓浪屿，这个"衣冠自古有贤声"的蕞尔小岛如何成为举世瞩目的所在？她因何声名远播，又有何独特魅力呢？让我们登临这处位于福建省厦门市鹭江对岸、胜似蓬莱而又步履可及的人间仙洲，去探访她的前世今生吧。

一、天风鼓浪淘玉沙

在地球造山运动时期，上天就对厦门周边的这片汪洋特别眷顾，让鼓浪屿和厦门岛几乎同时出世。浴水而出的鼓浪屿自出生便已卓尔不群，这个1.8平方千米的小屿上，具备了高岩、山谷、峭壁、礁石与沙滩等多种地貌特征。

在闽南沿海，岛屿比比皆是，但鼓浪屿面对厦门岛的海峡仅宽七八百米，一岛独横，辉映厦岛。"天生丽质难自弃"的鼓浪屿不仅有天成的美丽，还有周边环境条件的映衬，在碧玉翻涌的沧海中，特定的水质和地理条件使其裙摆柔软而洁白：鼓浪屿周遭环布着多处细嫩的沙滩，如覆鼎岩沙滩、鹿耳礁沙滩、田尾沙滩、面包石沙滩和蚣蛾湾沙滩等。

鼓浪屿，古称"圆沙洲"，又称"圆洲仔"。关于鼓浪屿的得名，民间另有说法，圆沙洲从西北到东南，有五座低丘蜿蜒伸展，在面对厦门岛一侧的海滨汇合。按堪舆家的说法，此地五龙聚首，故又被称为"五龙屿"。在闽南语中，"五龙"与"鼓浪"发音相近，"五龙屿"遂逐渐演化为书面文字"鼓浪屿"。流传更广的说法是，鼓浪屿面对大洋的海滨有块"鼓浪石"，当海浪冲击时，这块奇特的礁石会发出雷鼓般的声音，这个奇妙的现象衍生了鼓浪屿的名称。

天公造就鼓浪屿之美，并不一定全部付诸形色，气候这一软条件让鼓浪屿更显得和颜悦色。这里全年平均温度21℃，冬无严寒，夏无酷暑，却有取之不尽、用之不竭的天风海涛，使这个宝岛在钟灵毓秀中，动中有静，静中有动。

小岛最宝贵的自然资源除了沙滩，就是岛上的石头和环绕的海洋。岛上高低错落的山头由千姿百态的花岗岩构成，其中最具代表性的是日光岩。日光岩并不高，海拔仅92.7米，却雄峻伟岸，气势峥嵘。岛上其他山头和岩石，如鸡母石、面包石、关刀石、仙脚印、驼背石（剑石）、印斗石、鹿耳礁等，也各怀秀色。

鼓浪屿全岛海岸线长近7000米，环绕全岛有8个突出岬角和

9个相对完整的海湾相间分布，周边有10处礁石群、7处峭崖。海蚀洞、海蚀平台、海蚀地阶、海蚀石等各类海蚀地貌相当发育。

二、屐痕蜿蜒通远处

在中国漫长的历史岁月中，农耕一直是进行人口迁移的先决条件，鼓浪屿"石多土少"。从农业生产的角度看，这里缺乏支持大规模农业生产的条件。作为厦门岛的卫星岛——鼓浪屿，虽然在历史中行走的节拍和母岛并不相同，却注定了要扮演起更特殊的角色。

鼓浪屿的人文历史在宋元之前不可考，而当风姿乍展之后，却展现出惊人的潜力。

唐中叶以后，来自中原的陈、薛等家族先后迁居厦门岛，该岛遂有"新城""嘉禾里"之地名。宋、元时期，厦门岛上人烟渐繁，闽南文化在岛上形成积淀。元朝至元十六年（1279），忽必烈首次在厦门设立"嘉禾千户所"，其中即包含鼓浪屿。到了明代，鼓浪屿"一鸣惊人"。根据厦门文史专家洪卜仁的研究，16世纪世界地理大发现后，大航海时代来临，明熹宗年间，本土商人已经与荷兰人在鼓浪屿开辟贸易场所，生意做得红红火火。之后，鼓浪屿对外联络不断。

鸦片战争后的几十年间，外国传教士和商界人士频频登岛，本土士绅也聚集岛上。就这样，这座小屿因其横枕沧海的地理位置和特殊环境，而与外夷交集、结缘，不断汇集来自世界各地的多元文化，更成为中国东南地区东西方文化交流的重要窗口。

1902年，鼓浪屿成为公共租界，先后有15个国家在此设置过领事馆。德记、和记、怡记以及英国亚细亚火油公司等洋行借助鼓浪屿将商贸辐射到闽南及更广阔的地区。

在这段时期内，外国商人、文化人士来到鼓浪屿定居下来，形成了华夷共处的特殊现象。清光绪二十七年十二月初一（1902年1月10日），清朝官员与外国领事代表签署了《厦门鼓浪屿公共地界章程》，并在当年11月得到了光绪皇帝的御批"允行"。这个章程对今后的鼓浪屿产生了多种影响，鼓浪屿成为华夷相处的公共社区，也让岛上的华人体验了一种与清王朝迥然不同的管理体制。

太平洋战争爆发后，日军独占了鼓浪屿，1949年10月17日，厦门和鼓浪屿解放，就此历史翻开新的一页。

三、华夷相处人文灿

通过对鼓浪屿地理历史轮廓的了解，已经可以体会到鼓浪屿的与众不同。这个小岛见证了清王朝晚期的中国在全球化早期浪潮冲击下，是怎么样步入近代化的曲折历程，鼓浪屿因而成为当之无愧的全球化早期阶段多元文化交流、碰撞与互鉴的典范。历史给了鼓浪屿一个特殊的历史机缘，上天赐给鼓浪屿一个独特的空间。当西方世界在19世纪进入工商时代，鼓浪屿在早有历史积累的背景下，很自然地成了东西方的交流窗口。

1842年，美国传教士兼医生雅裨理来到鼓浪屿。之前，他在广州及新加坡等地学习汉语，并通晓闽南方言，从而得以顺利租住在黄氏小宗。他还在黄氏小宗设立诊所，这也是鼓浪屿最早的西式诊所。自雅裨理之后，医院往往由教会主办，且兼有半医半学的特征，培养了很多掌握现代医学的人才。黄氏小宗建于19世纪，是鼓浪屿黄姓支系的祠堂，是黄氏族人和祖辈先人灵魂的共居之所。让洋人住进宗族祠堂，足见当地百姓的友善与豁达，足见闽南文化民风的开放和包容。

在来厦一年之后的1843年11月，雅裨理巧遇福建布政使、福建通商事务督办徐继畬。后者对西方自然科学、人文历史以及政治经济等兴趣浓厚。二人见面相谈甚欢，雅裨理尽其所知地解答徐继畬的疑问。后来，雅裨理与徐继畬多次会面，雅裨理传递西方文明的先进知识，为后来徐继畬写《瀛寰志略》提供了丰富的知识和素材。

也正是因为雅裨理的关系，徐继畬对于美国的政治历史也有所涉猎。他在《瀛寰志略》中评价美国首任总统华盛顿："米利坚合众国以为国，幅员万里，不设王侯之号，不循世及之规……泰西古今人物，能不以华盛顿为称首哉！"这段话其全刻在了一块花岗岩石碑上，在1853年被赠送给美国政府。如今这块石碑，依旧安放在华盛顿的纪念碑旁。1998年6月29日，时任美国总统的克林顿在北京大学发表演讲，他特别指出，这块汉字石碑是"150年前美中两国关系沟通交往的开始"。

语言是沟通的桥梁，在鼓浪屿，至今仍有耄耋老人会用拉丁字母书写闽南话，这种语言被称为"白话字"，产生自一个叫打马字的美国牧师。打马字于1847年来到鼓浪屿，找到闽南话的发音规律，用拉丁字母连缀切音（拼音），创造出简单易学的闽南白话字。汉语、英语这两个不同的语种、不同的文字种类，在鼓浪屿得到最早的交流沟通。打马字28岁来到鼓浪屿，在这里度过了42年的光阴，他一直把鼓浪屿当作自己的第二故乡。1889年，打马字回国，三年后，在新泽西州的老家去世。弥留之际，他希望回到充满友善温情的鼓浪屿，后来，他的女儿们按照他的遗愿，将他的骨灰带回了鼓浪屿。打马字终能长眠于令他魂牵梦萦的东方古国。

与打马字不同，清代末年在鼓浪屿的一位中国人卢戆章，从外国人带到鼓浪屿的拉丁文中找到了用它来拼写汉字的规律，这就是我们现在普遍使用的汉语拼音的前身，卢戆章因此被称为"中国新字元祖"。同样居住在鼓浪屿的清廷三品大员林辂存，为他撰写过一副对联："卅年费尽心机，特为同胞开慧眼；一旦制成字母，敢叫吾国进文明。"卢戆章是个成功者，中华人民共和国成立后得到了周恩来总理的赞誉，他的成功离不开鼓浪屿上的中西文化交流。

外国教会先后在鼓浪屿办了多所学校，不仅带来了现代教育，更为中国妇女的教育、平权、解放开了风气之先。我国现代妇产科奠基人林巧稚曾就学于鼓浪屿的蒙学堂。鼓浪屿的现代教育培养了一批新型知识分子，如作家林语堂、音乐家周淑安、画家林克恭等。出生在鼓浪屿的马约翰，在岛上教会学校读书时，接受了现代体育教育，后成为著名的体育教育家。

各国教会纷纷来鼓浪屿传道，兴建了诸多教堂和教会住宅。协和礼拜堂是鼓浪屿最早的教堂，由岛上美国归正教会、英国伦敦公会、英国长老会捐资兴建，时称"国际礼拜堂"。这些西洋宗教与鼓浪屿本土的佛教、道教及民间信仰等和平共处，各信其主，各传各道。

闽南文化具有海洋文化开放包容的基因，西方人士为鼓浪屿带来音乐、钢琴，正与本地居民喜好闽南音乐的天性相合，鼓浪屿由此成为音乐之岛、钢琴之岛，直到今天，钟声、琴声、读书声依然浸润着鼓浪屿人的生活。

四、万国建筑此斗艳

以闽南文化为主体的本土传统文化，在鼓浪屿形成深厚的文化积淀。建筑是各种文化的载体，岛上各种风格的建筑错落有致，在鼓浪屿上显得多姿多彩。

岛上的民居建筑有"大夫第"，始建于1796年；有四落大厝，建于19世纪上叶。这些典型的闽南红砖民居，共同体现着鼓浪屿本土居民的闽南特色。1843年，厦门开埠，英国率先派驻领事。此后，美国、法国、奥地利、意大利、日本等国纷纷派驻领事，先后建起领事馆。鼓浪屿这样一个弹丸小岛，曾经有13个国家派驻领事。这些领事馆在建筑风格上各出心裁、各具特色，点缀在岛上，形成充满国际社区韵味的建筑群。

在20世纪30年代日寇侵华前，鼓浪屿的环境优美、社会稳定、设施良好，吸引了大批华侨、台胞回到鼓浪屿创业和营建住宅，今天所见各色华屋大宅多由华侨所建。鼓浪屿岛上的菽庄花园、林氏府等是台湾板桥林家林尔嘉所建，菽庄花园建于1913年，浓缩外部山海于一园之中，堪称"补山藏海"，完全体现经典的中国园林文化精神。在建筑上，则体现了中为主体、洋为点缀的特色，园林的建材采用琉璃瓦、红砖，有些部分兼用了钢筋水泥，尤其是被誉为"长桥支海三千丈，明月浮空十二栏"的四十四桥，桥上的渡月亭采用了西式的柱子，中式的半月亭盖，中西交融，十分和谐，美轮美奂。鼓浪屿中部的八卦楼，筹建人是台湾富商林鹤寿，它融西方经典风格于一体，宏伟大气。八卦楼圆形的红色屋顶，据说借鉴了美国白宫的部分样式，而"八卦楼"的名字则纯是中国文化的内涵。

在鼓浪屿的福建路上，两座著名华侨建筑对面而建，一座是"黄荣远堂"，一座是"海天堂构"，黄荣远堂外表看是纯西式建筑，园林中则采用了中国假山的装饰风格，这座假山和相邻的天主教堂共围一墙。有意思的是，天主教堂把天主教的圣母请进了假山的洞府之中。这种中西交融堪称完美。而海天堂构，外表是中式的宫殿建筑，飞檐翘角，牌匾题联，纯中式的外表中，骨子里却完全应用了西方的钢筋水泥，建筑的雕花几乎全部是用水泥筑造的，可谓把"洋为中用"发挥到了极致。

此外，还有许春草的春草堂、黄仲训的瞰青别墅以及金瓜楼、杨家园、钻石楼、容谷等，真是风情万种，不胜枚举。这种建筑风格被称为"厦门装饰风格"，它们的特点是中中有洋，洋为外表，中为实用，对此后厦门的建筑产生了广泛而深远的影响。

历史上，在华侨的支持和参与下，鼓浪屿国际社区空间不断拓展、完善。华洋社区的边界被彻底打破，公共设施由大家共享、共同推进与完善。而这时华人华侨的贡献起了主导性的作用，尤其是20世纪后还乡华侨群体，在鼓浪屿的城市建设与社区营造中，集中展示出他们在寻求社会近代化的种种努力和成就，是闽南移民文化开放性、民族性和包容性的最佳见证。

华侨富商黄奕住看到鼓浪屿岛上淡水缺乏即与其他华侨筹资合股兴建自来水设施，由德国西门子公司承建，工程和设备直到今天还作为鼓浪屿自来水的备用设施。黄奕住创办的中南银行，在鼓浪屿开展业务，充足的资金流动为鼓浪屿的城市建设注入动力。从1871年丹麦大北电报公司在鼓浪屿率先实现电报通信，到1924年黄奕住的鼓浪屿电话公司让鼓浪屿与厦门等闽南地区的电话通信实现联通，鼓浪屿社区的通信基础设施，一步步走向近代化、现代化。经过几十年的建设，一个现代国际公共居住社区出现在古老中国的土地上，为今天的鼓浪屿奠定了基本的样貌。

五、时空交错易醉人

鼓浪屿申报世界文化遗产的构成要素包括51组代表性历史建筑及宅园、4组历史道路、7处代表性自然景观与2处代表性文化遗迹，它们与岛上现存的900余栋历史风貌建筑，共同构成了鼓浪屿自然有机的空间结构和内涵丰富的城市历史景观。同时，整个岛屿仍然保持了优美的海岛景观特征和不同片区的城市肌理特征。

不仅如此，这些构成要素是人们可见、可闻、可亲历的，鼓浪屿上现有多家博物馆，如钢琴博物馆、管风琴博物馆、鱼骨博物馆等，集中揭示了海洋文化，展现多元文化、民俗文化。在台胞洪明章开办的"鼓浪屿百年故事"博物馆，几乎是鼓浪屿成为国际公共社区的一个缩影，在这里可以看到百年来各种文化在鼓浪屿交汇的实物，从林林总总的西洋瓷器到风格各异的西洋家具，以及各种西洋钟表、西洋体育器械、西洋工艺品、西洋雕塑、碑刻等，它们和侨批、洋行、店招、老照片一起，带领人们追溯历史。

当你在鼓浪屿穿街走巷时，仍可偶遇钢琴的悦耳、丝竹的缭绕；在小巷徜徉时，会突然勾起你对浪漫时光的憧憬。著名作家林语堂和廖翠凤演绎爱情故事的立人斋，藏身在漳州路44号；日光岩下的瞰青别墅，蒋介石曾经居住；日光岩寺里，弘一法师一度驻锡……当你一转身，还可以巧遇蜡像馆里的各国政要；想歇歇脚时，又可以在小街上品尝各种风味的美食……这就是鼓浪屿，让你在时光交错中，流连忘返。

第三部分

海丝民风信俗的寻绎与流布

王爷信俗与送王船仪式的文化功能

夏 敏

一、从"王爷"到"代天巡狩":瘟神的退化与全能神的现身

2020年12月17日联合国教科文组织将中国与马来西亚联合申报的"送王船——有关人与海洋可持续联系的仪式及相关实践"列入当年人类非物质文化遗产代表作名录,这是中国非遗保护的一项重要的文化事件,也是我国致力于"一带一路"文化战略的一个重大收获。

在中国南方,烧纸船送瘟神是一个被广为接受的除瘟习俗,闽台两地甚至东南亚闽人社群送王船时,也不脱"烧船送瘟"的原初意义,历史上泉州有五月"以纸为大舟及五方瘟神……送水次焚之,近竟有以木舟具真器用以浮于海者"[1]。福州有八月五帝(瘟神)巡游于闽江焚烧纸舟的做法[2],莆田有端午彩舟送五帝(瘟神)习俗,可见送瘟神(五帝)是送王船的"底色"。但是今天绝大多数福建滨海社区的送王船仪式

参与者，并不认为他们的仪式仅仅是在送瘟神，更多的意义指向是祈求滨海人众生活美满、风调雨顺，四境平安，厦门民间把送王船称作"做好事"。从请王爷送瘟神扩大为祈求幸福、平安，最明显的语义转换体现在"代天巡狩"名号的使用上。闽语滨海社区的王船之上不约而同张挂一面旗帜，上书"代天巡狩"四个大字，这是送王船仪式与内陆送瘟神从名号到内容上的最大不同，王爷都是送往大海，所以与其说是"代天巡狩"，不如说是"代天巡海"。

清代莆田国画《五帝显圣图》龙舟船舷两面大牌都写"代天巡狩"字样[3]，它表示送出去的王爷执行着"代天巡狩"的重大使命，这个使命不能狭隘地理解为禳除瘟疫一件事。在仪式参与者看来，除瘟只是王爷"巡狩"目的之一，"巡狩"更多的意义不能被"除瘟"一义遮蔽。送瘟入海，播瘟异地，那是伤天害理，绝对不是"代天巡狩"的职能。已经有学者指出，代天巡狩意义下的王爷不再是瘟神，而是"送瘟之神明"[4]，泉州富美宫是萧太傅王爷、关公、文武尊王[5]，以后有忠义神明萧太傅派出的金、韩、池、雷、邢、狄、张七位王爷登上"金庆顺"号彩舟"驾放出洋，巡游四方"漂至苗栗，这应该是王爷巡境（巡游）的最早记载[6]，泉州东岳庙的王爷是文天祥、岳飞、陆秀夫、关公、张飞、许远等忠臣义烈，泉州斗美宫有池、朱、李三王爷。

从语源学角度看，"巡狩"一词语出《孟子·梁惠王下》："天子适诸侯曰巡狩"，后来衍生出成语"南巡北狩"；而"代天巡狩"则意指巡查官员代天子到诸侯国查看政事执行情况，《幼学琼林》卷一"文臣类"有"代天巡狩，赞称巡按"，指"巡按"代替"天（子）"到四方检查政事；在送王船仪式中，"代天巡狩"意义转化为王爷代替（行驶）天意到地方或阴阳两界巡查，"天"已经不再是"梁惠王下"中的周天子，也不是"幼学琼林"中的皇帝，这里的"天"即最高天神天公——玉皇上帝，它由原意中的"人皇"，变成了仪式中的"天皇"，"代天巡狩"在此寄托着人通过"仪式"的实施，来满足人的生命得以安顺的"人"愿。人际（天子与人民）关系转变为天人（天公与人民）的关系。这里的人"愿"不只是除瘟一种，而且还有更为丰富的生命诉求。代天巡狩的仪式性展开就是王爷（漳州龙溪进发宫一带称之为"恩主""恩主公"）在仪式中代行天意，祀神（天神与王爷）以求人安，所以"送王船"习俗在滨海闽南人身上，已由单纯的"烧船送瘟"演变为"烧/漂船"保佑风调雨顺、四境平安的意味；这是入仪者意欲让"王爷服务于人"的观念展开一种带有情感与想象意味的模拟与象征活动。此种活动仪式复杂，过程较长（多从春天启动仪式，秋天处置王船），王船给予许多装束，处置王船（送船）时，伴随有信仰者参与的各种"阵头"展演活动，带有浓烈的民间审美与狂欢形式。所以闽南语滨海社区的"送王船"既是仪式活动，也同是审美活动。

"代天巡狩"是福建、台湾以及马来西亚送王船仪式中打出的共同的旗号，他们有别于单纯送瘟神的王爷，所以民间也称其为"代天巡狩王爷"。史上较早看到的"代天巡狩"名号出现在王船上的材料是光绪二十九年（1903）泉州富美宫漂放王船"金庆顺"号上插"代天巡狩"大彩旗漂至苗栗[7]。

二、不一样的王爷：横空出世的代天巡狩

闽南送王船来自王爷信仰，王爷最早是消灭（禳除）病疫的"瘟神"。送瘟神，除瘟疫，这是我国各地百姓制作"瘟船"并加以焚烧或漂放的主要目的，《泉州府志》："是月无定日，里社禳灾。先日延道设醮。至期，以纸为大舟及五方瘟神，凡百器用皆备，陈鼓乐仪仗百戏，送水次焚之。近竟有以木舟具真器用以浮于海外者。"[9]

闽南王爷初义是瘟神，这是不可回避的，纸船或木船送瘟神是王爷信仰的仪式环节之一，只是后来该初义被放大与延伸，在"代天巡狩"的名义下，瘟神演变成全能神了。作为闽南滨水村落的送王船，人与王船的关系，构成了人/神关系；王船内部神明的关系也是主次分明，被"拟人化""人间化""社会化"了。比如漳州市的中山旧桥头的水上神庙"进发宫"由一主船、两副船构成，主船船舱正中神龛主祀"朱池邢李"四府王爷，旁列剑印将军、九天玄女、玄天上帝、关帝圣君、中坛元帅、玄坛爷、黑虎将军、福德正神等30多尊神像，所有神明各就各位，相安无事，等候着人们在王醮仪式中体面、热闹地将其送走。

在民间，王爷的职能可做多种理解。（1）除瘟者：即瘟神可以消灭散播瘟疫的厉鬼、凶神或邪祟，瘟神对待它们的唯一办法就是人通过送瘟神的仪式加以禳除，送王船中的各种禁

忌，以及烧王船、"出海"漂王船，都有逐疫（大傩）意味，民国《厦门志》卷15风俗记称送王船为"圣人神道设教……犹曰：'得古傩遗意'"[10]，林豪《澎湖厅志》卷9风俗云："窃谓造王船，亦古者逐疫之意，使游魂滞魄有所依归，而不为厉也。"[11]（2）水中遇难的孤魂野鬼的管理者与安抚者，他们对孤魂野鬼或喝退或安抚。如果是喝退，王爷便面呈凶相，像捉鬼的钟馗一样，被工匠做成凶神恶煞、以丑吓鬼的神明，以至于形成民间在送王船时拒绝妇孺观看的禁忌；如果是安抚，王爷便被做成慈眉善目的样子。（3）地域保护神：作为瘟神的王爷是除瘟灭疫、保境安民的善神，属于地域保护神，"（厦门）后崎尾大王街地方……王爷船，谓请王爷收拿疫鬼装入船中，载送出洋。待船制成，即迎神。会名游山探路，绕境保平安。"[12]（4）禳灾植福、有求必应的全能神。

上述可知王爷既是消灭散瘟厉鬼，禳除作祟人间的邪祟的主要力量，也是"代天巡狩"上呈天意、下镇邪祟的执掌者。"代天巡狩"指的是王爷遵从玉皇上帝旨意，驻于宫内，代表"上天"，以玉皇上帝钦差的身份巡抚安民。其权限较瘟神大大增加，其神明构成越来越复杂。到了现代，每船载着3至10个王爷，有瘟神，也有非瘟神（如郑成功）。

王爷与闽江纯瘟神（五帝）信仰有着细微差异，即全能神与职能神的差异，闽南所送王船的使命是"代天巡狩"，执行天意，以求诸事平安，闽江送船出海只是为了逐疫，清施鸿保《出海》："出海，驱遣瘟疫也，福州俗……漳府属亦有之，然皆绫纸所糊耳。惟厦门人造真船。"[13]送王船规模一届比一届盛大，旧时王船上绘制或扎制狰狞厉鬼，如今已经不大看得到，船上所供王爷及其周边役使也是慈眉善目，之前禁忌妇孺观看的规定也不存在，全民都可以参与到活动中来。送王船过程中，人们可以许下不同的心愿，祈求王爷保佑，这说明送王船正在由单纯瘟神信仰向全能神信仰转换。王船背后的超自然力量，经历了以下意义转化的过程：

邪祟禳除者——职能神（瘟神）——地域守护神（王爷）——全能神（代天巡狩）。

三、"代天巡狩"下南洋："送王船"仪式的跨境播迁

15世纪东西方同时进入大航海时代，因有宋元发达的海商经验，闽人从此开启了分批次移民海外的历程，史称"下南洋"，17至20世纪之间闽人移植南洋高潮迭起，改变了南洋诸国人口、经济、文化的格局。伴随着闽人面向南洋的移民潮，"送王船"仪式也被带到南洋，最为著名的就是马来西亚多个地市闽南语社区华人（主要祖籍地为漳州）、峇峇娘惹人（华马混血）以及印裔马来人，迄今保留着送王船习俗，当地表述为"土舡（音同船）游"，其中领头的举办方是马六甲市的勇全殿（马六甲州怡力街195号）。马来西亚的送王船与闽南的送王船十分相似：（1）送的是除瘟灭疫的各府王爷，常常有姓无名，共有朱、温、池、李、白等"五府王爷"，最著名的是"池府王爷"，与厦门沙坡尾社区的龙珠殿的王爷一样，王

船上打出的王爷名号一律是"代天巡狩"，船头、船舷、船上"王府"均有此四字，说明马来西亚的"王爷"信仰指向跟闽南一样是全能神；（2）所送王船皆为双桅帆船，帆面均上书"合境平安""一帆风顺"；（3）以焚烧王船（舡）结束仪式。从有文献记载的勇全殿送王船有9次之多，分别是1854、1880、1891、1905、1919、1933、2001、2012、2020年。马六甲马来西亚送王船博物馆还保留着1919年（史载马六甲勇全殿第五次送王船）的一幅送王船照片，据说是迄今为止存世最早的送王船影像资料（见下图）。

图1　颜泳和（马来西亚侨生公会总会长）介绍马六甲最早的一幅送王船照（1919年）[14]

从文物古迹看，勇全殿建庙时间应该不短，里面池王爷的神龛标记时间是嘉庆二十三年（1818），一块匾额是道光十七年（1837），说明当地王爷信仰至少在200年左右。

马来西亚马六甲州华族的主体人口源自福建闽南地区，占该州华人人口总数的47.7%（详见下表）。这是当地送王船习俗源自闽南的主要原因。据2000年马来西亚七大方言群在各州的人口及各州华人人口所占的比例的统计资料，马六甲州华人178277人，占州总人口（635791人）的28%，这些华人中来源于闽南的最多，约计8.1万人，该州所有送王船的宫庙（有勇全

州属	闽南	占比%	广府	占比%	客家	占比%	潮州	占比%	海南	占比%	福州	占比%	广西	占比%
雪兰莪	50.6	43.5	28.9	24.9	20.4	17.6	5.8	5.0	2.7	2.3	0.9	0.8	0.4	0.4
柔佛	41.5	50.3	9.7	11.8	14.0	16.9	9.1	11.0	2.8	3.4	1.1	1.4	0.8	1.0
槟城	29.8	54.2	6.5	11.7	4.0	7.2	12.3	22.3	1.1	2.0	0.3	0.6	0.1	0.1
吉隆坡	19.0	34.7	18.4	33.7	10.9	18.5	2.3	4.1	1.5	2.8	0.5	0.9	0.2	0.4
霹雳	15.4	24.9	20.2	32.6	13.4	21.6	6.0	9.7	1.0	1.6	2.8	4.6	1.2	1.9
吉打	10.1	45.1	2.5	11.0	2.4	10.6	6.2	27.4	0.4	1.6	0.5	0.6	0.1	0.3
马六甲	8.1	47.7	1.7	10.0	3.2	19.0	1.1	6.5	1.1	6.5	0.1	0.5	0.1	0.3
砂拉越	6.9	13.5	2.9	5.7	16.2	31.5	3.8	7.4	0.8	1.5	17.8	34.8	0.04	0.1
森美兰	6.4	30.8	5.5	26.7	6.2	30.1	0.4	2.1	0.8	3.8	0.5	2.6	0.2	1.1
彭亨	5.9	28.5	6.2	29.9	3.8	18.1	1.1	5.2	0.8	3.6	0.3	1.5	2.0	9.5
沙巴	3.4	13.3	3.1	12.3	14.8	58.0	1.2	4.5	0.7	2.6	0.5	2.0	0.05	0.2
吉兰丹	3.0	67.0	0.6	12.5	0.4	8.0	0.1	2.2	0.2	3.5	0.01	0.3	0.02	0.5
玻璃市	0.9	48.0	0.2	9.5	0.4	21.0	0.3	14.7	0.04	2.3	0.01	0.3	0.03	1.7
总数	202.1		106.8		109.3		49.7		14.1		25.2		5.2	

图2 2000年马来西亚七大方言群在各州的人口（万人）及各州华人人口所占的比例[15]

殿、清华宫、华德宫、清侯宫、玉华宫等5座王爷宫庙）都建在闽南人社区。除了马六甲州的各路王爷宫庙，马来西亚相关州的王爷信仰还分布在峇株巴辖（旁加兰港）、吉兰丹、古晋等地的华人社区。

马六甲州与中国联合申报"世界非物质文化遗产"积极性高涨。2011年厦门市启动"送王船"申报"中国非物质文化遗产"后，2012年厦门联手本市13所王爷宫庙成立"送王船联谊会"，并举办相关研讨会、成立传习中心、社区展示厅；同年，马来西亚马六甲州勇全殿联手清华宫等王爷庙举办"安全号"王船游和学术会议，推出脸书账号，推出明信片、纪念邮票等文创，建立王船博物馆，建送王船固定场所，给本地送王船资料建档。2016年中马双方在厦门市敲定联合申报"世遗"，迄今马六甲州王爷宫庙来闽相关宫庙交流达十多次，为与中国联合将送王船申报"世遗"做出了积极的贡献。

马六甲的"王船游"习俗跟闽南人到了当地落地生根一样，也受到当地多种文化的影响而与祖籍国的"送王船"习俗有了一些细微的不同。（1）仪式称呼不同，闽南叫"送王船"，马六甲叫"王船游"；（2）仪式时间不同，闽南三四年一次，马六甲闰年旱季举办；（3）仪式参与者不同，福建全为闽南人（包括厦门钟宅畲族、漳州旧桥疍民），马六甲则包括闽南人、峇峇娘惹人和印裔马来人。

马来西亚马六甲州与中国一道参与"世遗"申报的意义十分重大，说明中马等国送王船仪式及其实践是祖籍国文化在"海丝"国落地生根的文化表达，体现了中华文化顽强的生命力；是中国与海丝国家文化交流与合作的成功案例；是中国自古以来经略海洋的典范作品。

四、送王船与禳灾保平安

保证生命安全是所有的民间信仰得以安身立命的主要原因。将王船造好，择日将其付之一炬，或任其漂流四海，是送王船仪式的最高潮部分，为什么要焚烧王船或漂放王船？这涉及王爷信仰的初义，即瘟神信仰。旧时福建气候炎热，卫生条件差，缺医少药，容易滋生疫情，夺人性命，越是有人力不足以应对的危险，越是有假借超自然力的仪式应对。闽南送王船，有3个意涵：（1）请作为瘟神的王爷逐疫；（2）烧船表示"游天河"，以火逐疫；漂（放）船表示"游地河"，逐疫入海；（3）王爷赏善罚恶，代天巡狩，威震邪祟，保境安民。这三个目的都是维护生命安全。

既然是利用仪式抗击瘟疫，那么作为禳灾仪式之一的送王船是地道的保护型巫术。马林诺夫斯基曾将巫术分类为保护型巫术（防身除疫）和生产型（保护物产）巫术，它们属于白巫术（white magic）。送王船仪式意在通过禳灾逐疫、安抚厉鬼的"表演"引发生命更加安全，生活更加平顺，自然可以纳入富含保全生命意味的保护型巫术范畴。依据弗雷泽的分类原则，送王船首先属于模仿巫术，无论抬王爷巡境，抑或送王爷上路降瘟，都是在模仿王爷"代天巡狩"，禳灾纳吉。

严格意义上说，送王船仪式就是一种带有象征意味的系列表演，是一种盛大的广场艺术。仪式本身就是带着"情节"意味的"半戏剧化"演出，造船、献祭、做醮、送船巡境、海边送船（烧或漂），郑重其事展开着"故事"：敬请代天巡狩王爷登舟、出巡、远行，仪式的统领者就是这出戏的"导演"，每一介入者都是"演员"，闻声而来的看客都是"观众"。在这样的仪式活动中，人们制造华丽的王船、穿上仪式性盛装、寄托对生活美好期待、戏剧化的送船、对王船上"代天巡狩"的坚定信奉，都使这种保护型的巫术与审美创造浑然一体。在送王船仪式中，所有的民间审美活动附丽于保护型巫术本身，具有巫术与审美的双重特征。

送王船习俗发生在闽南沿海或沿江地区，与这些地区抗瘟除祟安抚海难死亡者密切相关，因此该习俗应视为水域群落的禳灾习俗。针对水上灾难（瘟疫、海难）举行的送王船仪式，其实就是利用民俗活动对可能的危机加以对抗并取得心理上的安抚，所以送王船是一种民俗治疗方式。民间的大型仪式都是有原因的。走船的闽南沿海人，其生计活动充满了危险。一怕风高浪急而沉船，二怕瘟疫瘴疠而夺命。去风险，保平安是送王船仪式的根本目的。送王船仪式被视为维系着滨海濒水群体生命安全的公共行为，于是百姓才投入时间、财力与热情。

五、送王船的空间展开与入仪者的时间生活

送王船习俗多发生在我国南方滨水人民中间。参与者多为滨水村落民众，有的是以船为家的疍民（如漳州九龙江居水

社）。仪式首先是从陆地展开，除疍民外，送王船前的王醮活动也多数是在陆地完成，王船送至海（江）边以前，王船的送行队一律要在家户门前沿途绕境。王船在陆地，仪式关涉陆地人的生活安宁；王船在海边送走，仪式关涉村民的海上安宁。因此，王船送行的过程，其实表现了从陆地到海洋的精神链接。王船多由渔村、渔港相关人员在陆地请工匠提前制好，并在陆地相关的王爷宫庙完成"送"前绝大多数仪式环节。但王船最后要带到海岸边焚烧或漂走，仪式目的地是大海。送王船是渔民、半农半渔的沿海闽南村落的传统习俗，送王船也是为了解决水上或海洋劳作群体的精神诉求。这些目的有三：（1）通过仪式安抚水上遇难的孤魂；（2）祈求水上靖安，与妈祖职能相仿；（3）促进渔发礼市，保佑渔村生活安康、生意兴隆、水陆兼宁。

　　送王船习俗故地在闽南厦漳泉，随着闽南人的扩散以及离散异地（主要是中国台湾和东南亚）的闽南人接纳漂舟，善待王船，于是完成了与王船有关的一系列延伸性、相关性的新习俗。如果所送王船不是在当地海岸焚烧宣告仪式结束，而是随风漂至异地，那么"送王船"仪式必会衍生出异地的闽南人"接王船"，无论送还是接，都在海岸进行。王船从大海此岸的科仪中出发，漂至大海彼岸，又在科仪中结束。整个过程，人们恪守心照不宣、约定俗成的习俗默契，在本地熟人与异地陌生人中，完成王船的整个仪式过程。异地接到漂来王船后进行延伸性展开，则与本土送王船仪式无关，属于"处置性"习俗。

闽南漳州进发宫三年举行一次送王船仪式，步骤如下：（1）"询平安"。送王船当年的春天二三月，夜请各路神明，确定外海王爷以及水府王爷数目与姓氏。（2）"请平安"。由三坛法长主持仪轨，请来到此"代天巡狩"的各路王爷替身彩扎王令（令箭）供于神龛并驻跸半年。九月初八结船建坛，初九请诸神之彩扎金身于王船厂开光后到王船王爷馆安座，王船为长约7米的竹木骨架用绢布和绫纸扎在船骨上，船头为纸狮头，船身及两侧插有各种旗帜。九月十一过火科仪。（3）"送平安"。九月十三道士做"请王送瘟修醮谢恩祈安植福法会"，将王船送至河上沙洲置入供品再焚烧王船，前后历时三小时。九月十四、十五、十六各循科仪并告结束。从时间上看，从请神到送神，送王船往往历时6~8个月不等；从上一次到这一次，送王船要间隔3年；从询平安、请平安到送平安，送王船的主要仪式（王醮）时间均停留在陆地，王船焚烧/漂放之后，即与村人无关。所以从入仪者的时间生活看，送王船仪式拥有了间隔性（三年一次）、循环性（周而复始）、模式性（王醮/绕境/送舟）、狂欢性等基本特征。

这些特性彰显了送王船仪式介入者的集体无意识与仪式广场上发生周期性狂欢。这是因为，送王船的地区性的全民介入的仪式性行为，寄托了人们对灾难和疾病的畏惧以及给予控制的愿望与信心，它在集体中展开和结束以及每三年周而复始进行，说明：（1）不经常举行，若举行，则必遵仪式本身的"套路"（展开法则）进行。（2）认为仪式能提振信心、自我慰藉和释放焦虑。所以，三年一次的送王船的重复性进行，显然出于保护和珍惜生命的生命安全需要。送王船最初是禳灾性仪式，带有仪式性禁忌（如严禁妇女儿童观看），可是在突破禳灾单一目的成为满足多种心愿的仪式后，送王船开始颠覆了许多旧日的禁忌，演变成为一种全民参与性质的节日和世俗性、开放性、周期性广场狂欢活动。妇孺被允许观看，严肃的祭祀与活泼的民间艺术表演穿插进行，祭祀中的仪式装束（如参与打醮的道士身着华丽的道袍）和仪式艺术（如鸣鼓、奏乐、步虚、唱礼、祝神），与本地民间艺术（如高跷、神尪、舞旗、拍胸、阵头）同步进行，成为一种广场性和街头性的狂欢。

六、送王船的文化"语法"

送王船仪式无处不表现为入仪者二元对立的分类意识。在仪式中，人/神，村民/神职人员，日常/仪式，危机/解厄，焚烧/漂放……都构成一整套完整的仪式密码或文化的"语法"。这里撮要分析几种文化事象的结构关系。

1. 王船神明面相

古代的狰狞恐怖和现代的慈眉善目。

2. 从纸船到木船

纸船。烧纸船是从内地到沿海送瘟神普遍具有的送瘟神方式，毛泽东《送瘟神》"纸船明烛照天烧"可证。早期糊纸为船烧毁以送瘟神各地都比较流行，漳州进发宫王船就以竹木为骨架，糊上绢布和绫纸，送船日抬到河洲焚毁。

木船。木船可烧可漂，因承重能力强，木船上一切神明及物件较纸船相对更加复杂，"历史上的王爷船长度约10米，载重2吨以上，经得起大风浪，可漂过台湾海峡。王爷船布置得十分美观，画得五彩缤纷五光十色，王船木料选择比货船更好，精工制造。王船甲板设有神龛，正中为主神，旁配有副驾三驾。王船两旁插上刀枪剑戟、大牌、凉伞、彩旗、肃静、回避牌等物，神龛前陈列公案桌，桌上有香炉、烛台、文房四宝、供品花瓶。左有一列纸扎的人役（水手、公差神将），还有乐队、乐器。船舱中装有熟饭、药材、柴米油盐酱醋茶、布匹、纸衣、纸裤，还有瓮、盆、桶、称等日常生活必需品。船上还放一只活公鸡报更，一至三只公羊，舱底还放有木料和石料。木料是供给塑料神像用，石块保持船体平衡，船舱中放许多冥纸（金银纸等）。"[16]

3. 王船的焚烧/漂放

这是送王船仪式中关于王船走向的两种最基本的手段。烧来自旧时以火逐疫，漂来自旧时"出海"（亦名"浮海"）送疫，是火、水两种送神方式。清厦门萧宝芬《鹭江竹枝词·王船》："牲仪果品送家家，一座王船萃物华。清醮建余随绕境，海滨火化当驱邪。"原诗题注："夏月乡人制小船一座，船器具食物俱全。诹日迎遍街衢，并备牲礼，将船送往海滨焚化，谓之'送王爷船'。"

被焚烧的王船有两种，一种是纸船，一种是木船。一般来说，无论焚烧还是漂放，都是要把王船运到海边。结果是一个通过"烧"（毁形灭迹）来送王爷（瘟神），亦名"游天河"，一个通过"漂"（保护船体，任其漂流）来送王爷，亦名"游地河"。可烧的王船既可以是纸糊的（即纸糊于竹木骨架上，如漳州进发宫的王船），也可以是木制的；而漂放的王船则只能是木制的。林豪《澎湖厅志》："（王船）造毕，或择日付之一炬，谓之游天河；或派数人驾船游海上，谓之游地河。"[17]乾隆《重纂凤山县志·卷三·风土志》："醮毕，设享席演戏，送至水滨，任其漂去，纸船则送至水滨焚之。"[18]《同安县志》："近海者，造龙船，名曰王船……届期将船挂帆，乘风送出海洋，任渔船搬取。其船漂流到何乡，该乡则迎而祀之。筊择期，仍送去。"[19]历史上，台湾的王船处置仪式（如焚烧或漂放），都是由闽南（特别是泉州）沿海王船漂放到台所致。焚烧或漂放，视情而定："台俗尚王醮，三年一举，取送瘟之义也……（请王即毕）将瘟王置船上，凡百食物、器用、财宝，无一不具。送船入水，顺流扬帆以去。"[20]

4. 巫术/祭祀

送王船既属于人对邪祟（瘟神）的灭除、镇压、驱离的巫术行为，也是祭水府神明的一种有求于崇拜对象的祭祀行为。送王船仪式中，巫术与祭类两种活动或交叉进行或混合一体难以截然区分。

5. 安境的王宫/移动的王府

送王船前的王爷在陆地上都有各自祭祀场所（宫庙），内供王爷起到安境的作用。以泉州为例，知名的王爷宫及其供奉王爷情况见下表：

地点	宫庙	主祀王爷
泉州南门	富美宫	萧望之（俗称萧阿爷）
鲤城浮桥镇树兜	八王府	张、郑、纪、温、池、苏、雷、沈
五堡	灵溪殿	康、玉、李、周
晋江青阳	五府千岁庙	
深沪镇	南沙坑宫（镇海宫）	五岁千岁、十二位王爷
石狮祥芝	斗美宫	朱、李、池三王爷
	集美宫	朱、邢、李三王爷
	碧云宫	萧、李、池三王爷

王爷一旦从王宫请到王船上的王府，这个王府就会在仪式中得到移动，所有的移动都是在王醮和绕境的仪式中进行。如果没有被最终送走，登舟的王爷继续履行安境的职责。焚烧或漂放的王船虽然也是安境，但也有更多的想象性的解读。

6. 送王船/接王船

如果以放舟入海任其漂流的办法送王船（台湾叫"游地河"），这些王船漂到其他海岸的渔村搁浅，接到王船的村民会请出王船上的神像加以供祀。这就是"接王船"仪式。清代的时候，泉州富美宫的王船海上漂移，常常漂到台湾西海岸村落被人接到，供奉到相关庙宇中。使得"送王船"变成的异地陌生人的"接王船"。"有台湾瘟神总庙之称的南鲲鯓代天府，相传在清康熙五年（1666）由麻豆一位姓杨的渔民发现王船后，将船上所奉的李、池、吴、朱、范五位王爷神像请到鲲鱿山盖一草寮供祀，后改建为宫庙；云林县麦寮光大寮的村民在清乾隆十年（1745）从水边接到富美宫的沉香木料（王船上的构建）雕刻萧太傅神像供奉。嘉庆元年（1796），新竹县的居民接到富美宫王船，船上萧、潘、郭三王爷神像被奉祀。嘉庆十年（1805），台中大安乡村民建和安宫，供奉停靠在海滩上的富美宫所送王船内的金、吉、姚三尊王爷神像。泉州法石文兴宫送出王船在清代也被苗栗县后龙乡民接到，船上的王爷香火被供奉。台北三重市斗美宫等海保留着石狮祥芝斗美宫送出王船的遗物。"[21]

台湾"接王船"并不仅限于接，而且也会照搬闽南"送王船"，其"送"也分别有"焚烧"跟"漂放"两种做法。《澎湖厅志·卷九》："大王庙，神各有姓，民间崇奉维谨，甚至造王船、设王醮，其说亦自内地传来。船造毕或择日付之一炬。"如果接到大陆漂来的王船，便会将王爷请到"王庙，遂醮演戏……祀毕，仍送至游海，或帮焚化"。也就是台湾人将接到的王爷，或令其再次漂走，或将其焚烧。漂放或焚烧的仪式，也大同于闽南："台湾王船也是约10米，辟有8个船舱填塞各种物品。放烧王船前先举行盛大的做醮庆典，王爷出巡各村庄绕境，热闹非常，有艺阵、艺阁、神轿、代王爷出巡的王爷的王马，主要祈求福安、吉祥。三天后举行放烧王船仪式。先恭请大王爷登船，地上堆满金纸是信徒捐献的，把王船拉到金纸上，船中引火燃烧，这时是夜间11—12点；另一种方法是恭请王船送到海边或送到海里称为'王船游天河'，至11—12点，王船金纸自动发火引燃。这种烧王船要花费巨额钱财，尽管如此，台湾民众还是希望通过这种方式去灾求福来，过平安幸福日子。"[22]

七、代天巡狩名义下的现代送王船的独立品格

2020年12月17日晚，中国与马来西亚两国联合申报的"送王船——有关人与海洋可持续联系的仪式及相关实践"项目与"太极拳"一道列入联合国科教文组织非物质文化遗产名录。世遗项目的获得，与代天巡狩名义下的现代送王船的独立品格更加契合。理由是：

第一，送王船与福州闽江地区的五帝（瘟神）信俗无关，虽然最初都是由文人转化而来的瘟神（闽江地区为5个，闽南地区为360个），但是闽江地区止于瘟神，未向全能神转化，闽南地区瘟神变成王爷后，在代天巡狩的旗号下摇身变为全能神。

第二，最早送王船与送瘟神（烧纸船）有一定关系，即请瘟神逐疫，海陆皆可，但是现代的送王船已经不等于送瘟神。

第三，民间普度的部分仪式也会用在送王船仪式上（如道士打醮，民间阵头），但二者根本不是一种仪式。普度是道教中元祭祀和佛教盂兰盆斋的一种杂糅，处理的是在世者与亡故的祖先的关系，时间点以七月十五为中心，而送王船目的是陆地的人与海洋的和谐问题，多在农历九至十月之间。

第四，王船上的王爷不是道教中的阴神（如城隍、土地等阴司之神）或不入正统的邪神，它是滨海闽南人代天巡狩海陆四方，降福万般的全能神，表达了闽南人对大海的敬畏和感

恩。送王船是把王爷请上造好的王船，船设王府，先陆上绕境，再水上送走（可烧王船，可漂王船），安抚客死海上的水鬼不是送王船的主要目的。送王船的主要目的是"敬畏和感恩海洋"。

第五，海边渔村送王船是陆地"王爷"信俗的海洋延伸，送王船申报世遗的副标题将该俗性质概括得很准确："有关人与海洋可持续联系的仪式及相关实践。"

第六，王爷是滨海闽南人的"安境"之神和"纳福"之神，逐疫只是其许多功能中的一部分。所以闽南渔村送王船一为逐疫，二为安境（打出旗号"合境平安"，此境为陆海二境），三为代天祈福，做（各种）好事（打出旗号"代天巡狩"）。

如今的送王船已经不完全是闽台民间滨水群落的禳除瘟神仪式，其上附加许多新的文化内涵，从其所层积和叠加的内容看，代天巡狩的符号指向，使得送王船仪式已然成为入仪者驱除灾难、风险等不安宁因素演变成更加宽泛意义（如敬畏和感恩海洋，安境、祈福）的全能性仪式。

参考文献

[1][9]泉州府志：卷20风俗（乾隆）[M].上海：上海书店出版社，2000：429.

[2]美国传教士卢公明Doolittle，1865.泉郡富美宫董事会编.王爷信俗与送王船傩文化，2020.

[3]叶春荣.王船与王爷：福建与台湾的交流.泉郡富美宫董事

会编.王爷信俗与送王船傩文化，2020.

[4]曾经民."王爷"非瘟神说.泉州市区民间信仰研究会，泉郡富美宫董事会合编.萧太傅信仰民俗研究[M].北京：九州出版社，2018年.吴幼雄.论"王爷"非瘟神说.泉郡富美宫董事会编.王爷信俗与送王船傩文化，2020：86 90.

[5]武圣殿萧王爷府行宫捐交目录.载泉郡富美宫董事会.泉州市区民间信仰研究会合编.泉郡富美宫志（内部刊物）.1997.

[6][7]泉郡富美宫志.日本人对神船的调查，1977.

[8]林国平.闽台民间信仰源流[M].福州：福建人民出版社，2003：133.

[10]厦门志：卷15风俗记（民国）[M].厦门：鹭江出版社，1996：517.

[11][17]林豪.澎湖厅志：卷9风俗[M].台北：大通书局，1984：325.

[12]申报.光绪二十九年，1894年10月21日.

[13]（清）施鸿保.出海，闽杂记：卷7[M].福州：福建人民出版社，1985：113.

[14]陈悦.探访马六甲送王船今昔：文化交流民心相通的桥梁[EB/OL].中国新闻网，2021-01-04.

[15]文心强.马来西亚福建及其他方言群的人口与分布.雪兰莪暨吉隆坡福建会馆编.第二届东南亚福建学研讨会（内部交流），2015：44.

[16][22]孙英龙，杨海红.晋江与台湾民间信仰关系密切.晋江与台湾文化民俗信仰.

[18]重纂凤山县志：卷3风土志（乾隆）[M].上海：上海书店出版社，1999：61.

[19]同安县志：卷22礼俗（民国）[M].北京：方志出版社，2007：630.

[20]刘良璧. 重修福建台湾府志：卷6风俗 [M]. 台北：大通书局，1984：95.

[21]孙英龙、杨海红. 晋江与台湾文化民俗信仰关系密切. [C]. 福建省民俗学会2004年年会论文集《晋江与台湾文化民俗信仰》（内部交流），2004：42—43.

穿行在青山绿水间的福建畲族山歌

陈美者

畲族是我国一支古老的少数民族,现有人口70余万,分布在福建、浙江、江西、广东、安徽等省的60多个县市的部分山区,主要聚居地有福建福安、浙江景宁、广东凤凰山等。畲族没有自己的文字,唱山歌是畲族人民非常重要的文化活动。畲家人以歌言情,以歌叙事,甚至以歌代言。畲族山歌自由的唱法、质朴的情感,加上即兴创作的乐趣,形成其独特的艺术魅力,内容涵盖历史、社会、生产、生活等各个领域,是我国民间艺术的瑰宝。

一、山歌——"山哈"的最爱

《歌是山哈传家宝》唱道:"水连云来云连天,山哈歌言几千年……歌是山哈传家宝,千古万年世上传。"

畲族人自称"山哈",意思是山上的客人。由于多居住在山区,人们山岭相隔,歌声就成了山哈的心灵翅膀。唱山歌在畲族人民的生活中占有相当重要的位置。在过去，畲家人上山唱，下田唱，婚嫁唱，拜年唱，只听青山绿水间，盈盈歌声回绕，既是人与人之间的美好交流，又培养了才情乐趣，山歌也成为其民族特色。

畲族山歌可分为叙事歌、小说歌和杂歌等。叙事歌主要歌颂祖先事迹，交代民族起源，其中最广为传唱的《高皇歌》（也称《盘瓠王歌》），长达两百多行，是畲族人民的民族史诗，世代相传。比较重要的历史传说歌还有《麟豹王歌》和《封金山》等。小说歌主要关于历史人物、英雄传说，大多在家里唱。杂歌中情歌数量最多，也最有特色，由不同宗族的异性男女对唱。

畲歌多以七言为一句，两句为一行，两行称为一条。讲究畲语押韵。歌词内容丰富，什么都能唱，强调即兴创作，见什么唱什么。畲歌的一大特色是运用衬字、衬词、衬腔，如体现语词、音调的衬字"啰、啊、吗"等，体现特殊情感的"噜、噜呜哎、哪噜"等，还有引入其他民族歌曲中的"嘿啰嗦"等。这些衬字、衬词、衬腔在畲歌中很重要，既是盘歌时的缓冲，又丰富了山歌的韵味和气氛。

其曲调特点是高亢、自由、舒朗。学界认为畲歌主要有四大基本音调：闽浙调、罗连调、顺文调、闽皖调。不同地区，调也不同。闽东畲歌有华安调、延平调、建阳调、罗连调、福安调、福宁调、福鼎调、过海调、平阳调等。浙南畲歌有丽水调、景宁调、龙泉调、文成调。一般一个地区的畲民只用一种地方音调唱。

畲家人大多用假声演唱畲歌。假声唱法高亢、清亮，好听，也传得远，偶也有真声唱法和真假声结合唱法，难度很大。"双音"是畲歌的另一大特色，即二声部重唱，如"一个先唱，另一个人晚唱2个字或4个字跟进"，产生两个声部追逐的效果，结尾同时收音。畲歌是清唱的，没有伴奏和动作。

歌唱形式有独唱、对唱、齐唱等。对唱是最主要的方式，也称"对歌""盘歌"，既要有唱歌能力，也考验歌手的机智灵活。歌俗主要有拦路情歌、来客"比肚才""做表姐""做亲家伯"等。唱歌主要发生在"落寮会唱"和拦路截唱。畲家人好客，有年轻客人来，全村欢迎，当晚都会对歌，这就是"落寮会唱"，每每盘歌到天明。平日路遇、歌会上，年轻男女在山坡上对唱，此为拦路截唱。此时歌声嘹亮，山花遍野，最为浪漫。

二、"把脉"——谁的眼泪在飞

近年来，在党和政府的重视和努力下，畲族山歌有了一定的发展。

福建福安现有畲族人口6.8万多，从1992年至今已连续举办了十八届"福安市三月三畲族民俗节"。除了三月三歌会，还有每年农历四月"分龙节"，在福安穆阳一带苏堤山的牛石岗歌会，六月初一在福安留洋白云山的歌会，七月初七在福安社口、营坑白云山的歌会，八月十五中秋节福安城关镇的歌会，九月初九霞浦城关马洋目莲山与溪南葛云山的歌会等。在宁德，建有闽东畲族博物馆，2000年成立闽东畲族民歌联谊会，已举办六届歌会。在广东，河源市东源县漳溪畲族乡每年一度的蓝大将军招兵式上也都有畲歌表演。在浙江景宁，三月三歌会更是成为品牌，逢此佳节，多彩的山歌比赛、对唱歌会、篝火晚会等活动，吸引众多游客，让当地成为"歌的世界、舞的海洋"。畲族聚居地之间也有开展联谊活动，举办各种盛大的"畲歌艺术节"。如2008年浙江景宁县举办了"中国畲族民歌节"。来自福建、广东、江西、安徽、浙江等5省20多个市县的百余名优秀选手带来100多首畲族山歌参赛，反响热烈。近年来，各地还开展主题歌会，如小说歌会、红歌会、畲族青年歌手赛等。此外，针对年青一代唱畲歌人数减少的问题，福安文联等部门开展"艺术扶贫"行动，目前在福安康厝乡中心小学，设有畲歌讲习所，有老师专门教唱畲歌。

畲歌书面资料的收集和整理也得到相关部门的重视。用汉字记录成册的《中国歌谣集成·福建卷》共收录畲族歌谣201首，其中引歌8首，劳动歌23首，时政歌13首，仪式歌40首，情歌34首，生活歌64首、历史传说歌14首，儿歌15首。在浙江景宁县，约有手抄歌本3000多册，2万余首畲歌。其中，畲族婚俗歌935首，哀歌642首。除了政府出面采取各项保护措施，许多热爱畲歌的民间有识之士也自发地为保护山歌做出自己的努力。福建福安畲族老人蓝兴发，是首批"中国民间文化杰出传承人"之一，他很欣慰地告诉笔者，自己一生热爱畲歌，花费十年时间收集创作的畲歌1000多条，共70余万字，在有关部门支持下，即将出版。康厝乡的钟伏龙编纂的《山哈歌言概说》

样稿，不仅收录歌本，还注重介绍歌俗礼仪。福建光泽县的雷启秋老人则将整理、创作的山歌共1000多条，精选后自费编印为一本《光泽畲族山歌》。

歌会热闹，歌本也不少，但在调查中发现畲歌普遍存在着缺乏活动场所、村落小而分散、年轻歌手太少，没有形成更大气候等问题。

在福安的一个地下室，笔者见到了正在唱山歌的畲家人。福安城关现有畲族人口3万多，他们大多来自附近的民族村如铁湖村、福阳村等，白天在电机厂等工厂打工，晚上的娱乐休闲活动就是聚在一起唱唱畲歌。虽然地下室阴暗、狭小，但却是城关唯一的唱畲歌的聚集点，人们一周至少来一次，少则几十人，多时达成百上千人，活动甚至吸引了周边宁德、霞浦、福鼎的畲家人前来捧场。

目前除了在城关缺乏活动场所，畲族村里也的确需要一些歌场。福安福阳村是政府在2001年为畲民盖建的新村，现有人口1000多人。村里正在想办法，打算把一个古旧的老宅翻新，作为歌场。其他村的情况也都类似。民族村落不少，可惜并没有利用好畲族民族文化资源形成村落人文旅游新的增长点。

同其他非物质文化遗产保护项目一样，畲族山歌自身的传承也面临人才断档等问题。虽然会唱畲歌的人不在少数，每个民族村里都至少有几十上百人会唱，但都是三四十岁以上的，而且唱功平平。真正唱功十分了得的还是那些耄耋老人。随着老艺人一个个驾鹤西去，新生力量难以为继，畲歌传承青黄不接、日益萎缩之势着实令人担忧。

编纂档案材料，保存歌本，举办歌会，等等，保护畲族山歌的工作举措虽有一些成效，但其传承发展的文化空间还需竭力拓展。

三、"药方"——明日君再来

针对畲族山歌的发展现状，笔者提出以下建议抛砖引玉：

（一）在畲族人口较多的城镇开设专门的畲歌歌台。由于现在生活方式发生变化，不少畲家人进城务工，喜爱唱歌的青年人往往找不到一个合适的场所飙歌。如果找一些公园或广场设台，畲家人可以尽情地歌唱，配上美丽的畲族服饰，也可以成为城市的一道亮丽风景。

（二）在民族村里建歌场。目前村落里留守老人、妇女、儿童居多，如果每个村都能有一个畲歌歌场，大家平日就可以集合起来传唱畲歌，丰富群众的文化活动。在此基础上，可以重点把一些示范村开发成为民族风情旅游村，人们可以在美丽的山村听畲歌、品畲酒、赏畲俗等。这样既保存和发展了畲歌，又可以为当地畲家人增加收入。

（三）推广民族村中学、小学的畲歌讲习所、学唱址。多开展"艺术扶贫"活动，联系当地的学校，请畲族音乐教师给学生们教唱畲歌。也可邀请畲歌传承人、当地歌王等到班上开课指导。成立校畲歌合唱团，举办各种活动时，可让学生登台表演。

（四）可邀请畲族音乐专家，对畲族歌舞进行创新，结合时代背景，加入时尚元素，增强节奏感和旋律感，吸引更多的年轻人来传唱畲歌。精心创作出一批畲家人喜闻乐见、又富有时代气息并能广为传唱的新歌佳作。

（五）除了搜集整理畲歌的文字资料外，还可以拍摄一些多媒体影像资料。将优秀歌手的演唱视频刻录光盘，便于群众学习和传唱。甚至还可以拍摄一些以畲歌为主题的电影等，进一步推广和宣传。

（六）支持和表彰民间当地人整理编撰畲歌资料。畲歌因地区不同，曲调也不同，所以各县市最好都能有一本自己地方音调的歌本。不少朴实的畲族歌手都在为畲歌的发展而努力，但苦于资金有限，若能在政府扶持和社会赞助下，设立专项资金，妥善保存畲歌资料，编印出版山歌传统作品集等，使传习者有更多的范本和参考。

（七）组织更多的畲族山歌比赛活动，如多开展一些主题歌会，如畲歌红歌会、青年歌手赛等，表彰优秀歌手和民间传承人。在畲乡旅游区，多打畲族山歌牌，营造浓郁的传唱氛围，突出当地文化特色。

从长远来看，动听的旋律要在鲜活的传唱中才能代代相传，唱畲歌应更日常化、普遍化，最期待更多年轻的新声来传唱，渐渐回归"人人都爱唱，人人都能唱"的那种最初的美好。如此，美妙音符才能永远在山涧流淌，在"山哈"的生活天地里激情飞翔。

郑和航海文化与福船文化本源含义

刘宗训

2014年，"水密隔舱福船制造技艺"被批准为国家级非物质文化遗产保护（扩展项目）名录。中国民协授予泉州市泉港区"中国水密隔舱福船文化之乡"称号。

"福船"作为海上丝路之交流载体，向海内外输送物质文明和文化产品，传播亲诚友善和道德力量。尤其是古代泉州造船人以"水密隔舱"制造技艺及圭峰黄氏造船世家独具匠心的"十二生肖"人性化构件所造出的"黑坡五枪堰"船型在海上丝路最为威风显眼。"黑坡五枪堰"船型也是郑和船队改进型之船体结构。同时黄氏造船人还随船队沿途维修，并传授指导罗盘针使用，从而不断积累航海经验，提高航海知识和造船技术等，彰显出泉州黄氏造船人在郑和下西洋过程中所做出的突出贡献。因而"福船"文化承载着郑和航海和平之旅和中华民族盛世雄风。

把郑和航海文化与福船文化置于海洋中国和海洋世界的大背景中来思考探析，能感受到郑和航海与黄氏造船的脉动心律……

一、黄氏造船渊源长

峰尾黄氏造船（"福船"制造技艺）宗师黄源修出生于宋孝宗赵昚隆兴元年（1163）。黄氏家族长守滨海半岛，黄源修自少酷爱模仿制作各种古船模型，长大后通过实践研修劳作，终成为圭峰黄氏造船世家一代宗师。

元代由于重视泉州港的对外贸易，重视对台澎地区的管理，而多次把行省设在泉州。至公元1405年，明成祖朱棣为了扬名于海外，立威于四方，命宫内太监"郑和"筹划"下西洋"之旅。"三保太监"郑和在受命之前，面临的首要问题是造船和组建船队等艰巨任务。据圭峰黄氏族谱记载：时任船队"忠武卫"的"黄参"（福建长乐塘屿人），他"伯乐识马"，向郑和力荐圭峰黄氏造船世家参与组织、策划规模庞大、任务繁重的造船工程，并由黄负责船艺设计、工程规划、材料统筹、监匠训导等主要工作。使黄氏造船人最擅长的古式"船壳法"及水密隔舱"五枪堰"船型制造技艺在郑和船队建造的过程中得以全面发挥。黄氏造船人呕心沥血，夜以继日，带领众多的造船工匠挥汗施工，共同完成了郑和船队62艘远洋船中最大的几艘远洋木帆船。其中最大的船长44丈，宽18丈，九桅九帆，船上有阁楼宫殿式的指挥台、指航灯，火药炮台、船舷两侧建构独特的"回"形"枪堰"枪孔，设多层粮仓、密室及救生用具、会客室等，基本采用水密舱结构。整体为古式"官船"，豪华壮观。船内置丝绸瓷器、茶叶、纸张及金银珠宝等物品许多出产于泉州。郑和船队在福建各地和泉州招募大量的船员，而船上的峰尾船员和黄氏造船人随船懂得使用指南针航海，以"子午盘"浮针定方向，测定入港的针字，例如入台湾基隆港浮针指癸丁，入高雄港浮针指子午正，所谓"圣人传千古，子午定一针"。峰尾民间的"航船簿"成为船老大和老船工的必读本，峰尾民间遗存的"航船簿"所标注从峰尾到江浙沿海所经过的29个"澳头"（如峰尾石狗头、湄洲簸箕头至普陀鹿仔头、大巨三山头、四礁徐光头、嵊山凤鸽头等）还有峰尾至广东惠州沿海经过的15个"澳头"，峰尾至长江口航线经过15个"洋"（如平潭石牌洋、闽江口犬洋等）及峰尾至长江口所经的73个"屿门"（如西亭红礁门、文甲湄洲门、浙江岱山门、鼠浪湖门、花鸟门等）与《郑和航海图》有许多吻合之处。郑和带领两万多名兵将、水手、采办、工匠、医生和翻译等，乘船从苏州刘家港出发，一路顺流直下。郑和第一次出使，遍访近10个国家，一直到1408年9月才回国内，而福建长乐和湄洲湾、泉州湾不少港口和马六甲海峡都成为郑和船队的中转站和重要的维修补给基地。由于船队泊港补给和回购商货促进了当地贸易的兴盛，因而兴起南海、红海与印度洋之间海交商贸的活跃。

值得一提的是，郑和船队一路上虽遇到几次惊涛骇浪，但凭船中有众多经验丰富的船长和水手，都能化险为夷。但船队经过旧港时，却遭海盗袭击，幸好船上有黄氏造船独特的"枪堰"设计，周密配备火药枪炮，郑和宝船凭借船高和"枪堰"挡板优势，将火把丢进海盗船中，枪箭齐发，打得海盗狼狈逃窜，并且活捉了海盗头目陈祖义，顺利完成了第一次航海成功的壮举。

在1405至1433年，28年间，郑和船队七下西洋，打通了中国与南洋、印度洋30多个国家和地区的海上交通和友好和平交流，传播了华夏文明，为世界航海业的发展和中国同各国的经贸、人文交流做出了巨大的贡献，而鲜为人知的圭峰黄氏造船人为郑和组建船队和建造远洋木帆船而呕心沥血，功不可没！

成书于宣德年间的《郑和航海图》标注郑和船队起自南京，最远至东非，并绘有沿途海域、岛屿、港口、礁石、浅滩和居民点500多个地名，国外地名约300个，国内的200多个地名与峰尾民间航船簿有不少吻合之处。并列出太仓至忽鲁漠斯针路56线，回太仓针路53线。且所附的四幅《过洋牵星图》是当时郑和船队上的峰尾先民和黄氏造船人观察天象，利用天文导航的实例及长期积累的海洋地理知识之文化遗存。而福船水密隔舱制造技艺就是改进型的郑和宝船之主体船艺设计架构，为郑和船队驾驭海洋征服海洋的船舶本身增加重要的安全系数。

综上所述，黄氏造船渊源长，航海抗战浩气荡；直至1958年10月，超先公社成立后不久，新组建的峰尾造船厂也以圭峰黄氏造船人为主要技术队伍继续建造近海和外海的水密隔舱木质海船。"福船"文化成为郑和下西洋和平之旅及泉州"东亚文化之都"一笔宝贵的"非遗"财富。而郑和宝船古船模和福船古船模也成为海洋福建和泉州市文化旅游中耀眼的创意文化产品之一。

二、黄氏造船世家"水密隔舱"福船制造技艺

早在宋、元时期，古代泉州的造船业就已经勃兴。尤其是以"王氏"（王尧）造船师匠和"黄氏"造船世家为代表的泉州造船人，因擅长建造远洋木帆船而著称于世。

泉州古代的远洋木帆船在"海上丝绸之路"劈波斩浪，穿梭于被誉为与埃及亚历山大港齐名的"东方第一大港"。从1974年泉州后渚港出土的一艘宋代远洋货船残体及1982年试掘的泉法石宋代古船中，可证实宋、元鼎盛时期泉州人所造的木帆海船已延续采用成熟的古式官船"船壳法"建造技艺及普遍水密舱结构。尤以峰尾"黑舶五青案"船型最为威风显眼。船上各重要部位有十二生肖喻称的暗标记号，是黄氏造船人独具匠心的人性化构思设计和制造特征，布设在船上不同位置的"十二生肖"构件，能使船工水手按船长下达的指挥口令一呼百应，迅速进入明确的操作岗位，各司其职，减少失误，保障安全，此种独特的古式渔航船备受各国商人和海内外同行的青睐。而最擅长建造"黑舶五青案"（又称"五枪堰"）古式渔航船的师匠是泉州峰尾"黄氏造船世家"。

据《圭峰黄氏族谱》记载："明代峰尾建城时，仅城内一族，黄氏造船首执斧者达九十九人之多，分布于圭峰、沙格、崇武、连城（黄崎）等地造船、修船。早就载誉班门，驰名海内外。"

被列为"中国传统村落"和"福建传统村落"的泉港区峰尾镇诚锋村诚平村，早在历史上享有"峰尾小上海"之盛誉，自宋代开埠、明代建城以来，就蕴含着丰富的海洋文化"海国

文明"并融入郑和下西洋而延伸的泉州"海上丝绸之路"。

（一）水密隔船"福船"的建造流程

根据各船的不同用途和实用需要，凭借圭峰黄氏造船世传的图样、图纸数据及实践经验，确定近海远洋各式渔船（钓捕或拖网）、商船、运输船、旅游船等种类，以郑和宝船和"黑舶五青案"福船为基本特征及外观造型，现场放样。

首先根据需要、吨位，确定龙骨的长度、宽厚、头禁、关营、大堵、尾营及若干隔舱板在龙骨两边的相对位置，加接首尾两段向上翘起的龙骨首尾部位不同角度，初定该船的脊梁骨造型及船宽、船深基本参数。

结合不同船种及其用途和作业所需条件等确定隔板的上下宽度、关营、下营度及其设定分布的位置。再根据该船的生产需要及本船关营的上宽确定主桅杆的长度大小、口径大小及蓬叶高宽。

最后待整船基本定型后，根据需要制作舵叶的形态与大小。

（二）选料用工考究

主要材质是油松、樟木、什木、杉木。龙骨多用东北油松，长期泡水不易腐烂。隔舱板多用什木或樟木，铁钉入木后不易开裂。舱板、船壳板采用长杉，较有韧性，有利雕制成弯曲弧形船壳。龙骨首尾、梁座、梁头等多用但什木或樟木。

船舵、木碇则最好用质地坚硬的铁力木（俗称"黑腰二"）及柚木、但什木等。主桅杆、前后桅则选用"老福杉"或进口的"铁木"（门格里斯进口木）等。

选料优劣事关整船质量的好坏、品位及安全生产是否可靠，黄氏造船人对此特别考究。

（三）圭峰黄氏造船主要工序

先安放龙骨，（雕刻龙骨）钉龙骨翼板和两边水底板。

安装隔舱板，一般均采用不同定格的水密舱装置，钉舭板及"梁拱"。

铺设"胁骨"，雕制弯曲形的船壳外板及舱面甲板。

该船主体结构完成后，同时用"桐油灰"掺揉"麻柠茸"或"竹丝"挤塞粘缝。

安龙目、钉头根、竖桅、张帆。

（四）圭峰民间造船习俗

"安龙骨（竖令）""安龙目""钉头根""拔落令"（船下水）这四道俗成工序最受渔航船民的重视。必须预先择定良辰吉日，并在大潮、涨潮之时，备办牲礼、果品等物，敬拜海神妈祖、姑妈和三宝公，祈神求助，期盼顺风顺水出航，满载盈归泊澳。

"拔落令"号子："嗨——嗨力来呀——嗨啊！""嘿嗨

力来呀——嗨嗨！"号子节奏由长转短，由慢转快，经数次不断呼号，呼声雷动，粗犷有力，直至把船拔落到海滩为止，最后大放鞭炮庆祝新船下水，一帆风顺。

船中贴上特定船联：

龙目联："龙头生金角，虎口发银牙。"

中桅联："大将军八面威风。"

头桅联："二将军开路先锋。"

尾桅联："三将军顺风相送。"

舵杆联："万军主帅。"

船后匾："海不扬波。"

水舱匾："龙井甘泉。"

船上妈祖神龛："出湄洲顺风得利，入祖庙满载盈归。"

（五）峰尾"黑舶五枪堰"水密隔舱福船构造独特

普遍采用传统的分格式水密隔舱结构，隔板下方靠近龙骨处，左右各有"肚脐"两个，既可排水，又可堵舱防漏。

全船首尾依次排序头禁、假肚、五肚、官厅、水柜、尾踏奔边、"前奔后奔"、前刊后刊、柴盐舱、驾驶台等，设置"十二生肖"暗示标记于整船的不同位置。喻称为鼠桥、牛栏（护手）、虎口、兔厕（船后如厕的弧形挡板绘画兔图）、龙骨、舟皮蛇（或称"水蛇"或指船舷两侧水平线）、马面（舱面甲板）、羊角、猴头（滑轮索）、鸡橱、狗齿、猪架（安放船帆支架处）。

必须特别指出的是这些匠心独具的人性化十二生肖喻称的暗标记号只有峰尾黄氏造船人建造的郑和宝船和"黑舶五青案"古式船舶才有,也只有峰尾人及渔船民才懂得解释,连泉州"海交馆"里放置的"黑舶五青案"古航船史料,也是派专人来峰尾了解和搜集的。真假郑和宝船与"黑舶五青案"古式福船既不易仿冒,也不难辨识。

在最后涂装粉饰时,郑和宝船与"黑舶五青案"古式福船的船头油漆图画浪花托起一轮旭日东升,立意"前程似锦",船尾镌刻有"海上女神"妈祖的胸襟花饰及靴纹图案,以"安澜海国""顺风得利""祈求平安"为创意。

总之,作为郑和宝船与"福船"的外观最大的特点是沿用宋、元、明时期官船上"回"形"枪堰"船舷挡板,枪炮的洞口构造分布在两侧船舷涂上黑白相间油漆,船体以黑棕色为主,稳重威武,远望很像古代官船,能够以假乱真,令海盗胆战心惊。让人们虔诚敬重。

三、圭峰黄氏造船工艺得以传承,保护工作日益进展

为了传承和保护这项传统的造船技艺,泉港区政府十分重视并充分发掘和发挥民间文化资源及文化力量;在申报"非遗"保护名录的工作过程中,坚持"政府主导、社会参与"的基本方针。2011年4月21日,中央电视台纪录频道(CCTV-9)《南海一号》摄制组一行来峰尾拍摄峰尾木质渔船("福船"类型)"拔落令"之"福船"制造古习俗场景,民间文化志愿者刘宗

训在现场接受央视摄制组有关"福船"文化的专题采访。

于2006年6月10日（我国第一个文化遗产日）在泉港圭峰文化研究会老会长林玉荣的鼓励下，地方文史业余工作者刘宗训自觉长期搜集整理郑和航海文化与福船文化历史图文资料及黄氏造船世家的传承人资料。诚平村林配宗于同年间具有前瞻性地投资创办"泉州福船古船模制作有限公司"，以黄氏造船传承人黄宗才、黄仁德、黄振煌等为主要技术指导和制作班底，逐步扩展"福船"制艺技术人才队伍，并开发出"郑和宝船""郑成功福船""黑坡五青案"古船等各类型的圭峰古船模，多次参加泉州市文博会，厦门、深圳国际文博会和首届海峡两岸文化产品博览交易会，大福古船模赴韩国光州参加文化创意产品展销会。林配宗所属的公司成为泉州市"福船非遗"传习所和泉州市首批旅游文化产品创业基地。现正在筹建郑和航海文化与"福船"非遗文化博物馆。

由于有了"福船非遗产品"这块金字招牌，提升了圭峰黄氏古船模的产品文化内涵和经济价值，突出了文化创意产品具有地方特色的亮点，使其产品的市场盈利模式也逐渐成熟。圭峰黄氏造船世家薪火相传，余绪不断，目前峰尾还有承制各类生产实用实体海船的黄唐阳造船师，拥有国家农牧渔业部颁发的生产造船许可证及营业执照。其父黄初宗还为莆仙、福州等地创新制造造型各异、古色古香的龙舟和旅游船，圭峰黄氏"福船"制艺享誉四海，影响深远。

现在黄氏造船世家传承人已打消旧观念，逐步收徒传艺，通过技术培训熟悉工艺流程及制作工序磨合过程后，将部件产品分户加工，集中回收组装，提高古船模制作生产效率。无论从"福船"船艺设计，研发到市场营销，都已初步打造出各自的专业技术团队和生产销售常态化平台，并逐渐形成品牌优势及稳定的盈利模式，从而不断吸引一些着力于开发创意设计成果的智慧型实用人才和民营企业加入泉港发展旅游文化创意产品的行列中来。水密隔舱"福船"制造技艺的传承保护取得初步成效。

2014年10月，泉州市市长郑新聪专程携带一艘水密隔舱"福船"船模赴法国巴黎，赠送给联合国科教文组织总部永久收藏。2015年2月，由省文化厅厅长陈秋平携带大福公司"福船"船模赠送给联合国秘书长潘基文，并在纽约献演福建歌舞剧《丝海梦寻》，向世界传播和平友谊。

纵观历史上中国曾经是一个海洋大国与强国；汉唐所开辟的海上丝绸之路，宋元时期海交商贸的兴盛，到明清"海禁"导致号称"东风第一大港"的泉州港开始逐渐衰落，好在郑和下西洋在海外的重要影响并延伸了泉州海上丝绸之路。自中华人民共和国成立和改革开放的新时代，才结束了中国人有海无防的历史。但若从世界海洋版图来看，中国所占有的地位仍然不容乐观；历史一刻的黯淡应当牢记，传承并发展海洋文明是中国人的责任所在。

革命先行者孙中山先生敏锐地指出："自世界大势变迁，国力的盛衰强弱，常在海而不在陆，其海上权力优胜者，其国力强占优胜。"曾经有过的辉煌激励人民放眼海洋，拥抱海洋，更加坚定我们探索海洋，经略海洋，捍卫海洋权益和推进祖国统一的坚定决心和意志。

造船大师
黄旺来

黄"西亭师"

黄"流备师"

造船师黄永金承造的
"机六"船

"福船"部位架构图

原峰尾造船厂
职工胸章

造船师黄荣堂用心
检验船艺、材质

造船师黄宗初精心制作
"福船"船模

造船师黄初开精心
制作"福船"船模

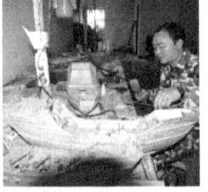
造船师黄振煌"转
行"从事古船制作

央视"南海一号"摄制组来峰尾
拍摄海船"拔落令"

编者与"福船"制作公司创办人
林配宗探讨、研究

郑和航海文化与福船文化本源含义　329

"郑和宝船""郑成功宝船""圭峰黑舶五青案"等各式古船模

海丝文化背景下福建望夫塔的传说

杨 杰

望夫型传说是在中国民间流传极为广泛的一种传说类型，民俗学家钟敬文先生在他编著的《钟敬文民间文学论集》中，将"望夫型"传说放在"中国地方传说"中"解形态"一类，并把其列为中国地方传说的十种类型之一，他在书中有这样的叙述："离别是件难堪的事，尤其是在密切地共同生活的两性的夫妇。一般民众的思想、感情，虽然比较知识阶级来得质朴，但对于悲哀或快乐事件的感受，他们往往是极热烈的。望夫型传说之普遍于古今各地，便是一个极好的明证。——周启明说，这种传说：'能够表示一种心情，自有特殊的光热。'这话虽然主要是站在文学的立场说的，可是即从别方面来看，仍然是很有意义的。"[1]张紫宸先生在他的《中国古代传说》一书中，也从传说的情节类型考虑，将"望夫化石型"传说作为一种情节类型，可见"望夫型"传说在中国民间故事中的重要地位。在"望夫型"故事的类型下，流传范围最广的，当数"望夫化石"，如魏晋时期的《列异传》中："武昌阳新县北山上有望夫石，状若人立者。传云：昔有贞妇，其夫从役，远赴国难。妇携幼子饯送此山，立望而形化为石。"[2]这是关于"望夫化石"型故事最早的记载，诸如此类，在史料中的记载也是颇为丰富，可在福建沿海一带所流传的地方性民间故事中，"望夫型"的故事，却由"望夫化石"演变成了"望夫建塔"。

刘守华在他的《故事学纲要》中提出"民间传说是同一定历史人物、历史事件以及自然风物（山、石、河、湖、花木、虫、鸟等）、人造古迹（桥、井、庙、楼、钟、塔等）、社会习俗等相关联的一类故事"。[3]钟敬文先生在他的《传说的历史性》这篇文章中写过这样一段话："一般的传说，是依据着一定的历史事实所虚构起来的故事。这原是跟一般的神话、童话相像的，但是由于在叙述的形式上它往往关联到实际的历史上有名的人物、事件或真实的地方、事物，它就好像特别具有历史的性质。其实，除了很少数是历史上的个别事件或著名人物逸事的加工结果，过去的传说绝大部分是一种根据一般社会历史所提供的素材的文艺创作，其中不少还是幻想性很强的创作。"[4]从刘守华与钟敬文两位先生的话中可以看出，传说故事虽然是虚构的，但是却都有社会所存在的真实事件或者素材。由此来看，所有"望夫"的故事，无论是最后变成塔或是石或是山，其一定都有实际的真实的事物或者事迹存在。

在福建民间流传的"望夫塔"类型的故事，如福建民间文艺家协会和《故事林》杂志社编写的《海上丝绸之路的民间故事》（故事篇）中有关于《寡妇塔》的记载：

在福建福清市上迳镇的迳江北畔塔山村的鳌峰顶上，有一座七级花岗石宝塔，门楣上刻有"鳌江宝塔"四字，人们也把这塔叫作"寡妇塔"。相传多年前上迳码头是福清的一个重要港口，当地百姓南闯七洋洲，北走天津。一年春天，林姓十八家男人驾着合置的一条三桅大帆船，满载国内的货物下南洋贩卖，又装着南洋的特产赶在农历十一二月回来过年。这年冬末，到了男人们该回来的日子，一天傍晚，十八家的媳妇们却听说昨夜的雾黑天，她们丈夫的船因为辨不清方向触了礁，人毁船亡。十八家的媳妇们痛苦不已，一个名叫欧姐的人倡议："阿春他们虽然回不来了，可这儿下南洋的人不会断，别让后来人再遭厄运啊！"于是十八寡妇拿出自己所有的积蓄，并向四邻八乡募捐，在鳌峰上建了一座八九丈高的七级宝塔，并夜夜轮流上塔点灯，为远涉重洋从海外归来的船只指引方向。

故事中的寡妇塔，坐落于福清市上迳镇迳江北畔塔山村的鳌峰顶上，是为鳌江宝塔，建于明朝万历二十八年（1600）。塔总高度为25.3米，共七层，塔身为八角，四周砌有石栏。在每层塔门处均镌刻有"愿四海宁谧，愿五谷丰登""愿天常生好人，愿人常行好事"的联句。其各层柱上刻着乡里十八姓氏信女舍银数额，由此也引出望夫之类的传说，人们便也将鳌江宝塔称为望夫塔，或者十八寡妇塔。

在另一则故事《姑嫂塔》中，是这样讲述的：

在闽南侨乡的晋江宝盖山下，住着哥、嫂、妹三人，他们相依为命地过着苦日子，一年大旱，又被地主逼迫，哥哥海生和姑嫂商议一番后，决定驾驶木排到南洋去打拼。一年又年，姑嫂每天把石头搬上山头，石头越垒越高，成了一座石塔，可海生还没有回来……一天，她们写了一封血书系在风筝上，让它顺着风飘去给海生，海生捡到了那个风筝，便日夜兼程赶回家乡，快要到达渡口时看到了姑嫂二人所建的石塔，在想是不是船行错了，正当犹豫的时候，一个大浪扑来，吞没了海生的小船，正在宝盖山等待的姑嫂二人目睹了这一幕，悲恸欲绝，与石塔一起永远站在山头，盼望着远离故土的亲人，愤恨不平地离开人世。后人就把这座塔叫作"姑嫂塔"。

闽地最出名的塔，当数这个姑嫂塔。姑嫂塔建于南宋的绍兴年间，距今已有800多年的历史。姑嫂塔占地325平方米，高21.65米，八角五层，为仿阁楼式花岗石空心石塔。其位于泉州市石狮市宝盖山上，又称"万寿塔""关锁塔"。

在史料上有关姑嫂塔的记录也很多，《泉州府志》云："关锁水口镇塔也，高出云表，登之可望商舶来往。宋绍兴中，僧介殊建，又俗谓之姑嫂塔。"[5]《八闽通志》云："宝盖山在永宁里二十都。上有石塔甚宏壮，商舶自海还者，指为抵岸之期。"[6]明朝时期，何乔远所著《闽书》中有记载："昔有姑嫂嫁为商人妇，商贩海久不至，姑嫂塔而望之，若望夫石。"这与农家姑嫂的人物设定又有所冲突，但基本情节都为望夫。至于为何该塔有着这样的传说，《闽书》中提到"塔中刻二女像，游人拾瓦掷之，中者生男，不中女也"。[7]故传为姑嫂塔是宝盖山下的乡亲，为纪念姑嫂望夫终不能相会后跳崖自尽，从而修建而成的。姑嫂二人死后被人神化，可能出于佛塔的缘故，姑嫂二人被神化如同送子观音。

除以上两则故事之外，搜集到的关于"望夫"类型的故事还有：

位于仙游县榜头镇南溪村望山王峰上的望夫塔，据传古时仙游有少妇周氏香娘因丈夫林作良漂海经商，好多年没有回过家。她思夫心切，天天登山顶眺望海上帆船，盼丈夫早日回归。后来觉得山不够高，看得不够远，就天天搬石头垫在脚底远眺。日复一日年复一年，石块越垒越高，犹如一座石塔。一天，她终于看到丈夫特有标志的帆船回来了，眼看那船就要到岸，却又掉头他驶。原来丈夫误以为不是家乡：山上哪有石塔呢？香娘喜极生悲，顿时陷入绝望，便纵身跳海自尽。人们敬佩这位忠贞刚烈少妇，就在其日日望夫遗址上建起石塔纪念她。

位于连江县东岱镇云居山巅的普光塔，俗称云居塔、望夫塔，亦称无尾塔。建于元至正十年（1350），塔高9.5米，花岗石砌造，二层八角，空心四门。传说过去云居山住有一对年轻夫妇，过着男耕女织的生活，后因干旱，丈夫出海经商，一去十多年，妻子思念丈夫，就在云居山巅垒石成塔，日夜守望丈夫早日归来。后人就把这一石塔叫作望夫塔。

从以上几个故事中，我们可以看到上述所有的福建沿海的望夫塔都是以塔为实物，加以虚构的情节和故事，成为一个个有血有泪的传说。除了有塔作为实物外，这几个故事还有一个共性，那就是都是丈夫为寻生计下南洋经商，妻子（亲人）在家久盼不归，每日登高望远，乃至建塔盼归。"望夫塔"类型的故事与"望夫石"故事比较相似，都是同属"望夫"母题之下的分离型故事，悲剧性是故事的主色调，男外女内的劳动分工及传统下南洋（过番）讨生活是故事产生的主要原因，海外华人以闽人为主的"被出走"，久别望夫故事由此而来。但不同的是在大江大河流域流传甚广的"望夫石"故事，为什么在福建省东南沿海地区就变成了"望夫塔"呢？笔者认为这有三个重要原因。

1. 地理因素

传统的"望夫石"型故事，一般是高山之上的醒目处，有一状如女子身形的巨大石块或者更为高大的地方，人们举目抬头之时，将其想象成一位妻子登上山顶盼望丈夫归来，这些巨大石块是她日复一日的身影凝聚而成，又或者是这些石块由她累积而成。如南宋王象之著《舆地纪胜》中记载德安县（今江西德安）流传一则故事："夫行役未回，其妻登山而望，每登山，辄以藤箱乘土，积日累功，渐益高峻，故以名焉。"[8]故事中的妻子每日登高望夫时，总觉得登的山不够高，看得不够远，才导致自己没有看到丈夫归来的身影，因而坚持日日挑土积山，以求足够的高度和视野，这种说法必然来自人们对于高山之上的突出高地的想象。

在福建地区流传的"望夫塔"的故事，也有类似的原因：从地图上看，福建省位于我国的东南沿海地区，整体地形上呈现出西北高、东南低的走势，山地丘陵占福建全省面积的80%，即省内西北部为山地丘陵地带，闽西和闽中更是两大主要山带，全省仅东南沿海狭长地区的地势较为平缓，在东南狭长的海岸线和较为平缓的地势环境下，人们出海谋生，远行归来之时需有航标指引，这时的塔就扮演了这个重要的角色。所搜集到的"望夫塔"故事：莆田市仙游县榜头镇西隅南溪村的塔山上的望夫塔，是仙游境内海拔最高的塔，塔山海拔857米，原名高望山，据《八闽通志》记载："高望山旧名望高峰，在九仙山之西，何岭之上。"[9]因为山上有古迹望夫塔，当地人也称之为塔山。流传最广的"姑嫂塔"故事中的姑嫂塔，又称万寿塔、关锁塔，位于福建石狮宝盖山上，该山周围再无其他山峰为邻，也叫大孤山，姑嫂塔建于此处，平地孤峰，视野更为开阔。一种类型的传说故事在某一特定地区流传，必然会将该地特有的风土人情等融合进来，闽东南相对中部和西北部的山地来说较为平缓，一座石塔屹立海边更是尤为醒目，为"望夫"型故事在福建提供了新的遐想对象，既然可以望夫成石，那在家的妻子期盼出海的丈夫早日回家，不辞辛劳建成航标之塔用以照亮丈夫的归家之路，也是情有可原的。除姑嫂塔有在县志中记载"商舶自海还者，指为抵岸之期"[10]外，《漳州府志》也有关于延寿塔的记载："延寿塔……海上归舶望以为标。"[11]这便是"望夫型"故事在福建发展成为"望夫化塔"或"望夫建塔"的地理因素。

2. 信仰因素

塔，也称"浮屠"或"浮图"，是佛教寺庙的典型建筑。福建沿海对佛教的信仰从史料中我们可以很容易发现。曾江在其著作《福建古塔》一书中收录有福建省全境各类古塔共247座。书中在写福建古塔历史中提到五代时期，福建"在王审知主闽期间，保境安民。鼓励生产，兴办义学，优礼中原流亡人士，发展海外交通贸易，福建社会经济日益富庶。但他深知，身处纷争时代，朝不保夕，为保自身荣禄，便誓愿皈佛，大造功德"[12]。在王审知当政27年中，福建境内所造寺院267座，很多寺院也都建塔。而后各朝各代都有佛寺佛塔建造的记载，塔制多样，类型丰富。在《泉州县志·卷二十·风俗》中记载"濒海者恃鱼盐为命，依山者以桑麻为业，大抵皆崇简朴，好佛法，重婚姻丧祭，以俭薄为耻"；"泉之为郡，风俗淳厚，其人乐善，素称佛国"[13]。泉州在古代有别号为"佛国"，这虽然与人人向善有直接关系，但不可忽视的是佛教对其百姓思想教化的影响力。同样，在《福州府志·卷二十四·风俗》中亦记载"乡学喜讲诵，好为文辞。信鬼神，重浮图之教"；"闽中塔庙甲天下"；"城裏三山千簇寺，云闲七塔万枝灯"[14]等内容。可知福州在古代塔庙无数，佛教信仰同样浓厚。凡此种种资料，无不证明福建沿海对佛教的信仰十分普遍，塔早已是当地建筑的一部分。在沿海建塔，既有佛教祈福保佑航海平安之用，又因为高塔可当航标有指路之便。所以，由此再看，在福建沿海的许多佛塔建设自然是顺理成章的事了。

3. 商业需要

笔者认为，商业原因应该是"望夫塔"出现在福建沿海最为重要的原因。

海上丝绸之路，是古代中国与外国进行贸易往来、文化互动的要道，其中主要是与南海周边国家的沟通，之后经过印度洋，到达非洲和欧洲国家。在海上丝绸之路上，福建凭借其特殊的地理位置，发挥着重要作用。福建简称"闽"，位于我国东南沿海，东隔台湾海峡与台湾省相望。陆地平面形状似一斜长方形，东西最大间距约480千米，南北最大间距约530千米。陆地海岸线长达3752千米，以侵蚀海岸为主，堆积海岸为次，岸线十分曲折。海岸线曲折造就了众多天然良港，自北向南有沙埕港、三都澳、罗源湾、湄洲湾、厦门港和东山湾等6大深水港湾。这种地理特点，使得福建沿海地区形成独特的海洋文明。福建省也是全国闻名的侨乡，华侨、华人的祖籍遍布全国各地，在福建尤甚。而闽粤两地华侨众多的原因，在广东普宁县蓝鼎元著《论南洋事宜书》，论述闽广形势说中可见端倪："闽广人稠地狭，田园不足于耕，望海谋生十居五六，内地贱菲无足重轻之物，载至番境，皆同珍贝。"[15]为谋生致富远走他乡，别父母离妻子，由此开始了"下南洋"的路途，也叫"过番"。它与中国历史上"闯关东""走西口"一样，饱含了满满的深情。笔者曾关注过一些福建当地的"过番歌"，歌词多写下南洋经商的艰辛，谋生的不易，家人分散，夫妻别离，等等。这里引两首为旁证：

送君去番片

　　送君去过番，那送那心酸。恩爱无若久，拆散心怀愿。为着家穷赤。为着捐税重，悲伤送君去，治日才团圆？送君到码头，目屎江水流，今日来分手，实在痛心头。为着避灾难，路途这艰难，身命你着顾，批信报平安。阿妹免伤心，咱兜债主重，被迫过番去，讨趁三二冬。政府不中用，做官像虎狼。若怀过番去，保长无天良。[16]

断约

娘子宽心莫挂意，言语句句我当记；为着生活暂分开，三年两载就归期！此去番邦做经纪，起早摸夜看细腻；三年五载若是到，无钱也着归故里。[17]

中国的对外交流自古有之，汉武帝时期派张骞出使西域，开辟了中国通往西亚各国的陆上丝绸之路。而海上航线同样在西汉汉武帝之时开始出现，经过历朝历代的接力，于明代的郑和七次下南洋，将海上丝绸之路的南海航线发展到了极盛。早期的海外贸易，多是政府主持，意在宣扬古代中国的强大国力。但除去这些政府主导下的商旅贸易，古代中国的海洋贸易多是因国内经济凋敝，赋税严重，靠海谋生的沿海居民不得已走上"过番"之路。《泉州府志》载："泉州人稠山谷瘠，虽欲就耕无地。关州南有海，浩无穷，每岁造舟通夷域。"[18]农业的先天不足，让福建沿海的人开始走向商业之路。在海外经商其实是暴利，这在《岛夷志略》中就有记载："舶人幸当其取之岁，往往以金与之互易。归则乐数倍之利，富可立致。"[19]从很多现存资料上，我们都能看到在海上丝绸之路的许多国家岛屿物产贫乏，所以在古代，福建沿海居民下南洋多在船上装运金银铁器、青白瓷器、铜器漆器、丝绸布匹甚至酒、纸、牙梳等生活物品，在南洋诸国就可以交换国内没有的稀缺物产或者直接交换金银，利润巨大。例如在蓝鼎元文章中就有描述说："况番山材木，比内地更坚，商人每购而用之，如鼎嘛桅一条，在番不过一二百两，至内地则直千金。"[20]北宋时，福建港口众多，造船业发达。南宋于杭州建都之后，尤为重视海上丝绸之路，福建港口及造船业获得了更多发展。元代，海上贸易往来更胜，往来中国船动辄百千艘。统治者的扶持，加上海上贸易的巨大利润让更多人走向下南洋致富之路，一代代福建人的努力让海上丝绸之路愈加繁荣。明清之际，政府实行海禁，海上丝绸之路被断，有志之士亦为此上书朝廷，请求撤除海禁，分析海禁利弊，并指出海上丝绸之路事关闽广两地人民的福利，是沿海人民的生存之道。尤其清代后期，下南洋更是成为热潮，翻阅华侨史资料，不难发现，19世纪以来，福建沿海居民移民东南亚各国的人数极多。即使现在，新加坡、马来西亚等国家依然有很多华侨是当时的移民后裔。

为什么在繁荣的海上贸易下还有这么多望夫塔的悲伤传说？这就是海洋贸易巨大的利润背后存在的危险。第一，海洋的危险自古就存在，从春秋战国始，我国就有海防的存在，到明朝海防体系基本建立。这说明古代，海洋战争是经常发生的。除去国与国之间的海洋战争之外，海盗也是海洋的一种危险存在。第二，由于古代造船材料和航海技术的限制，海洋上不确定的巨风大浪也导致很多商船被大海吞噬。第三个重要的原因则是疾病，这在《岛夷志略》里有一段记载："倘在番苟免，回舟之际，栉风沐雨，其疾发而为狂热，谓之阴阳交，交则必死。昔泉之吴宅，发舶梢众百有余人，到彼贸易，既毕，死者十八九，间存一二，而多羸弱乏力，驾舟随风回舶。"[21]古代医药不发达，下南洋经商动辄数年不归，途中一旦有严重疾病，便很难存活。所以柳宗元曾经说："海贾以生易利，观此有甚者乎！"第四，许多沿海居民下南洋是为谋生，但文化的差异，经济的困苦，他们中许多人既缺资金又没技术，只能依靠劳力在困境中艰难挣扎，客死他乡。

从福建沿海望夫塔的传说中，我们能看到真实的海上丝绸之路。它带给人们财富，让人们一代代冒着生命危险毅然南下的同时，也带来了一个个离别的故事，太多福建沿海的女性年年日日苦苦等待，换来的却是丈夫死于异乡的消息。离别的痛苦在人们的口耳中造就了一个个美丽却又令人感伤的故事。但我们应当认识到，海上丝绸之路不仅仅是中国与南洋各国经济的交流之路，更是一条政治、文化的交流之路。它见证了中国自古以来与南洋各国的友谊，传播中华文化发展了中国沿海乃至内地经济的同时，也促进了海上丝绸之路上各个国家的经济文化的发展。

参考文献

[1]钟敬文.钟敬文民间文学论集（下）[M].上海：上海文艺出版社，1985：90.

[2]（魏）曹丕等撰，郑学弢校注.历代笔记小说丛书：列异传等五种[M].北京：文化艺术出版社，1988：27.

[3]刘守华.故事学纲要[M].武汉：华中师范大学出版社，2006：4.

[4]钟敬文.传说的历史性：民间文艺谈薮[M].长沙：湖南人民出版社，1981.

[5]乾隆泉州府志：中国地方志集成·福建府县志辑 [M]. 上海：上海书店出版社，2000：106.

[6]（明）黄仲昭编. 八闽通志 [M]. 福州：福建人民出版社，2006：124.

[7]乾隆泉州府志. 中国地方志集成·福建府县志辑 [M]. 上海：上海书店出版社，2000：106.

[8]（宋）王象之撰. 舆地纪胜：卷三十（清影宋抄本），512.

[9]（明）黄仲昭编. 八闽通志 [M]. 福州：福建人民出版社，2006：218.

[10]（明）黄仲昭编. 八闽通志 [M]. 福州：福建人民出版社，2006：124.

[11]光绪漳州县志：中国地方志集成·福建府县志辑 [M]. 上海：上海书店出版社，2000：958.

[12]曾江. 福建古塔 [M]. 福州：福建美术出版社，2015：13.

[13]乾隆泉州府志：中国地方志集成·福建府县志辑 [M]. 上海：上海书店出版社，2000：482.

[14]乾隆福州府志：中国地方志集成·福建府县志辑 [M]. 上海：上海书店出版社，2000：504.

[15]（清）蓝鼎元撰，蒋炳剑、王钿点校. 鹿洲全集：卷三论南洋事宜书 [M]. 厦门：厦门大学出版社，1995：55.

[16]刘登翰等编著. 过番歌文献资料辑注（福建卷）[M]. 厦门：鹭江出版社，2018：221.

[17]刘登翰等编著. 过番歌文献资料辑注（福建卷）[M]. 厦门：鹭江出版社，2018：207.

[18]乾隆泉州府志：中国地方志集成·福建府县志辑 [M]. 上海：上海书店出版社，2000：482.

[19]（元）汪大渊著，苏继庼校释. 岛夷志略 [M]. 北京：中华书局，1981：288.

[20]（清）蓝鼎元撰，蒋炳钊、王钿点校.鹿洲全集：卷三论南洋事宜书[M].厦门：厦门大学出版社，1995：56.

[21]（元）汪大渊著，苏继庼校释.岛夷志略[M].北京：中华书局，1981：209.

闽台风狮爷崇拜及其文化价值探析

曾晓兰

狮子是百兽之王,这种猛兽原产于非洲和西亚。它最早传入中国是在汉代,从印度经西域传入。此后历朝历代,无论是皇家宫殿还是百姓人家,狮子都成为人们心中消灾祈福的保护神。而狮文化融入闽台文化后,成为道教文化的重要内容,由此衍生出了避邪吉祥物——风狮爷,自此,风狮爷崇拜成为闽台地区独特的民间信仰,对于弘扬中华"石狮"文化,促进台湾和大陆两岸的文化交流,具有十分重要的意义。

一、闽台风狮爷崇拜的形成原因

风狮爷崇拜最早起源于闽南地区,主要分布在福建的闽南地区和台湾及金门地区。道教认为"甲卯风是风水的大忌",而石狮子能镇风压邪,所以雕刻"石头风狮"来镇风。林蔚文在《福建民间动物神灵信仰》一书中指出:"在福建闽南地区,用石狮子来镇风止煞,这一民俗广泛流传。"

福建和台湾一衣带水，本来就同属一个地域文化圈。所以，拥有相同的风狮爷崇拜这一民俗信仰，属于十分自然的现象。《金门县志》有言："在明清时期，金门、大嶝岛上多次经历天灾人祸，风沙肆虐，粮食颗粒无收，岛上民不聊生，后来岛上居民在村头巷尾放置'风狮爷'，逢年过节，烧香祭拜，终于风平沙息，化凶为吉，后来慢慢地，风狮爷演变成能镇风、镇厉鬼、镇水煞、护风水、破路冲、驱邪、求财添丁、升官进爵等无所不能的神物。"

由此可见，闽台风狮爷崇拜的形成原因有两个：内因是受海洋文化的影响，闽南人素有"好巫尚鬼"的习俗。而外因是闽台地区，同属于亚热带气候带，夏季具有高温多雨、风力强盛的特点。每年的3—6月，闽台地区人们出海时，常常会遇到台风暴雨等恶劣天气，使得外出航海变得变幻莫测，民间信仰由此兴盛。和福建距离非常近的金门，由于常年风浪大，又多台风，所以人们将风伯与石狮爷进行结合，形成了我们所熟知的风狮爷，用来祈求风平浪静，渔民出海安全。《金门县志》指出："金门多风，村落大多坐落在背风处。在迎风路口，可多见石刻巨兽，像猿狻张口直立状，人称风狮，百姓说它可挡风。"古代科技不如现代发达，人们对"台风暴雨"等自然灾害缺乏科学的认识，以为风灾是风妖在作祟，狮子是百兽之王，正好可以用来镇风止煞。就这样，人们为了祈求神明庇护，对风狮爷的崇拜开始在闽台地区兴盛。

二、闽台风狮爷的造型艺术特点

正是由于闽南地区自然灾害频发，风灾肆虐，所以衍生出了独具特色的民间信仰——风狮爷崇拜。风狮爷为保护村落和自己的住宅而设，主要分为两种，一种放在村落的外缘，称为"村落风狮爷"；另一种放在屋顶上，称为"屋顶风狮爷"。"村落风狮爷"要保护整个村落，"屋顶风狮爷"则保护自己的住宅即可。

在闽台先民的心中，无论是"村落风狮爷"，还是"屋顶风狮爷"，都具备镇风止煞、避邪驱魔的功效，但两种风狮爷在材料和造型上却有比较大的差别。"村落风狮爷"体积比较大，最高的风狮爷有三米多高，多用石头雕刻而成，造型大多是单狮直立式；而"屋顶风狮爷"体积较小，通常高约二十厘米，它多用陶土烧制而成，也有少数是石头狮子。造型一般为骑狮武士，也有少数是单狮子。

和我国其他地区的石狮相比，闽台地区的风狮爷造型，主要有以下三种特点：

（一）单狮直立式

从民俗调查中我们不难发现，我国其他地区石狮的摆放基本上都是成双成对的，而且一般是左雄右雌，这和中国传统文化中男左女右的阴阳哲学相符合。而闽台风狮爷多为单狮直立式。因为闽台先民认为，比起其他地区的石狮子，闽台地区的风狮爷能镇风止煞、驱魔纳吉、守护家园，因此，工匠们在雕刻风狮爷时，在一定程度上弱化了它作为狮子的动物性，加上了它作为神灵的特征，使它更加威武，所以风狮爷多以单只直立造型出现。

（二）高度拟人化

风狮爷集兽、人、神于一体，在造型上具有高度拟人化的特点，闽台地区的风狮爷，姿态多为仰天长啸、昂首向前式。在"村落风狮爷"的座前，往往设有香炉，逢年过节，都有村民用香火供奉。在闽台地区，人们还给风狮爷披上披风，有的风狮爷还举着令旗，或者挂着帅印，有的还拿着朱笔，非常像手握大权的天神或将军。

（三）象征写意性

在闽台地区，风狮爷一般以凸出的圆眼、宽阔的鼻头、龇咧的大嘴、露出尖牙的形象出现。在造型上具有象征写意的特点，传统的风狮爷主要具有三种独特的象征含义：一是能镇风止煞，抵御强大风灾；二是能驱邪镇宅，防止妖魔作祟；三是能克制蚁害，保护村落。此外，有的风狮爷还会雕刻上葫芦，象征着雄性器官，闽台先民认为，崇拜风狮爷就可以多子多福。当然，这些其实都象征着闽台先民们在长期的生产生活和辛勤劳动中，形成的祈求家宅安康，万事顺遂的美好情感和美好愿景。

三、闽台风狮爷崇拜的文化价值

（一）弘扬传统石狮文化

在中国古代，作为百兽之王的狮子，和龙凤一样，都被视为百姓敬畏和崇拜的神灵或图腾。加上大家很难见到狮子的真面目，所以对它的想象更丰富。自汉代狮子传入中国后，在王室宫庙、塔桥、私家府邸、皇家园林，以及陵墓上都会看到石狮子。明代以后，石狮子在人们的生活中使用范围更加广泛了。皇宫大殿，甚至一般的市民住宅，都有守门石狮；在屋檐和栏杆上也会雕上石狮子的图案作为装饰。到了清代，工匠雕刻的石狮已基本成型，下设基座，上有锦铺。总的来说，狮子的造型因朝代变化而有所不同：汉唐时的狮子通常强悍威猛，元朝时的石狮瘦长有力，到了明代和清代，石狮则较为温顺。

石狮与闽台文化相融合后，衍生出了避邪的厌胜物——风狮爷，自此，风狮爷崇拜成为闽台地区独特的民间信仰，道教风水学家认为"甲卯风"乃"风水之大忌"，要以"石头风狮"来镇压。因而形成了独具特色的风狮爷崇拜。它是闽台人民共同创造的精神财富，对于弘扬传统石狮文化具有十分积极的意义。

（二）促进两岸文化交流

风狮爷是闽台两岸民众的共同保护神和崇拜物，小小的风狮爷，是闽台文化一本同源的象征。随着科技的进步，我们抵御自然灾害的能力大大提升，对沿海恶劣的自然灾害也有了更科学的认识，然而风狮爷能驱邪消灾、纳祥祈福的美好寓意，依然保留下来了。

福建与台湾隔海相望，地缘相近，血浓于水。两岸民族文化认同感是连接大陆和台湾的精神纽带。通过研究闽台两地共同的风狮爷民俗文化，我们就能够更好地促进两岸文化的交流。在某种意义上，以"闽台风狮爷崇拜"这一民俗文化和民间信仰所折射出来的是最为真切的，也是最为鲜活的社会文化心理，更是两岸人民血脉相连的精神纽带和共同拥有的文化记忆！

参考文献

[1]徐心希. 泉州和金门的风狮爷及相关问题研究 [J]. 闽台文化交流，2008，4（1）：91-95.

[2]陈方达. 闽台风狮爷崇拜及其审美意象探析 [J]. 雕塑期刊，2016，4（3）：44-46.

[3]周星. "风狮爷""屋顶狮子"及其它 [J]. 民俗研究，2002，4（1）：106-114.

[4]林闽敏. 闽台狮文化信仰——风狮爷 [J]. 才智，2014，4（21）：249+253.

[5]李诗虹，方泽明. 闽南"风狮爷"元素在童装上的应用研究 [J]. 武汉纺织大学学报，2018，31（6）：56-58.

[6]黄辉全. 闽台同宗的石狮文化 [N]. 闽南日报，2008-04-04（3）.

[7]徐心希.略论中华传统狮文化与闽南风狮爷的由来[J].闽西职业技术学院学报,2008,10(4):23-30.

[8]段晓川,洪荣文.金门风狮爷探析[J].泉州师范学院学报,2010,28(1):24-28.

地域形象构建中福建舞狮活动研究

苏雪莉

一、舞狮源起

舞狮是极具特色的民间游艺表演活动,多由1~2个表演者披挂狮身道具,模拟一头狮起舞,或由4人分扮两头狮起舞,"狮子"出场,通常会有一逗引者(引狮员)持球与"狮"共舞,遂成一组群舞。根据阵容情况,可以一组起舞,也可以多组共舞。舞狮在中国流传已久,据有关学者研究,狮子最早作为西域贡品来到中国。李时珍在《本草纲目》中写道:"狮子出西域诸国。"[1]初入中国因长相凶狠不被人们喜爱,后受到佛道二教的双重影响成为祥瑞之兽。学者们对舞狮活动的起源说法不一,大部分学者认为最早是张骞出使西域带来了人扮狮子的表演,为向朝廷展示"狮子",披挂"狮子"装束进行表演,这就是舞狮的雏形。有的学者则认为舞狮活动起源于三国[2]。不论是哪一种说法,舞狮在中国已有千年的历史了。

从神话和民间传说角度探索舞狮的起源,狮子的形象与中国古代"年"兽的外形相似。相传古代社会，有一种叫作"年"的怪兽，尖嘴利齿，残暴异常，每到除夕，会到村庄伤害百姓。人们用爆竹和红纸驱赶年兽，于是形成了每年春节放鞭炮、贴春联的习俗。后来人们用竹篾扎成"年"的样子，走街串巷，体现古代劳动人民机智骁勇、能够对抗强大怪兽的形象和祈求风调雨顺的愿望。随着时间推移，"年"的形象渐渐被"狮子"替换，并发展成了舞动着的狮子形象。[3]另一民间传说来自广东佛山，每年年末都会有一只猛兽肆意残害百姓、迫害庄稼，人们为了赶走猛兽用竹篾扎成狮子的形象，再配以鼓乐，猛兽果真被吓走了。因此人们把狮子视为吉祥的动物，"舞狮"也成为带来好运、驱逐厄运的庆祝活动。[4]2006年5月20日，狮舞（广东醒狮）入选第一批国家级非物质文化遗产名录。

除了广东佛山的醒狮表演。广州醒狮表演、遂溪县舞狮表演是第一批国家级非物质文化遗产；[5]梅州舞狮表演是第二批国家级非物质文化遗产；揭阳舞狮表演、深圳舞狮表演是第三批国家级非物质文化遗产。与广东相邻的福建，也盛行舞狮活动，二者有相似之处，但福建舞狮也有本省独特的地方风貌，本文以福建舞狮为例，探讨地域形象的构建如何在舞狮活动当中得到实现。

二、舞狮分类

中国现代的舞狮，根据竞技类划分为北狮、南狮。又根据舞步的不同，被称为"南狮北舞"。北狮造型酷似真狮，狮用彩色布条扎成，头上有红结为雄狮，绿结为雌狮，身披金黄色，连脚也是金黄色。北狮的表演形式是模仿真狮，做一些连贯、逼真的动作展现狮态，时而憨厚娇俏，时而勇猛无比。舞狮的动作以扑、滚、跌为主，传统表演内容有过桥、戏球、吐幅。北狮多为平地表演，也有在高台、高梯、梅花桩等器具器材上进行表演，并伴随着铍锣鼓的奏乐。北狮表演通常是由三人组成：引狮员和两只狮子，引狮员起引导、调节、承上启下的作用，三人配合展示狮态和狮形动作，通过动作传递情感，具有很高的观赏性和教育价值。北狮表演消除了局部界限，打造出富有艺术感的整体布局和戏剧性的艺术表演。北狮以河北省保定市徐水舞狮为代表，徐水舞狮素有"北狮之宗"的美誉[6]。

南狮是从北狮演变而来的，南狮又称"醒狮"，"醒"是广东等地的方言，有祥瑞之意。在南方地区以及华人华侨地区，重大节日和活动必会有舞狮助兴。南狮在外形上比北狮庞大，取威猛高大的狮子形态，狮头有红、黄、黑三种颜色，分别代表刘备、关羽、张飞。代表的人物不同，表演舞步也就不同。南狮的舞步比北狮丰富，依着鼓点节奏展现千种姿态。不同于北狮喜在平地表演，南狮多在立桩上演出，与武术结合，其动作危险性更高。南狮通常由一只狮子单独表演，二人（三人）配合，一人舞头，一人舞尾，一人舞大头佛，造型夸张又富有浪漫主义色彩，运用各种神态配合高难度的舞步，达到采青的目的。"青"是需要狮子捕获的食物，采青是南狮表演的核心和主线。

福建地区自古以来信奉鬼神，汉人的大量南迁，给福建地区带来了中原文化，闽南地域文化与中原文化在交糅混杂中碰撞出新的文化意识形态，形成多元化的宗教信仰，佛释道三教合力孕育出具有泛普化的民间信仰。中原的舞狮活动（北狮）流传到福建地区，与闽南地域文化巧妙结合，形成既与北狮有所不同，又与南狮显现个性差异的、独特的舞狮艺术表现形式。福建人视狮子为祥瑞之物，民间常常以石狮子作为辟邪纳吉圣物摆放在街头村尾，闽南甚至以"石狮"作为城市名称，泉厦一带将"风狮爷"作为抵御台风的厌胜之物。让静态的石狮子"活动"起来，模拟狮子的舞动，成了福建民俗的一个极具特色的内容。福建舞狮多出现在祭祖、傩仪等大型民间活动，其种类丰富，形式多样，内含写意的表演技法，分为"文狮""武狮"，以有无武术成分作为区分的依据。

文狮流传于闽南漳州一带，多为开口狮的表演形式，其耳朵、眼睛、嘴巴都可以活动，还要在颈肩部挂上铃铛。狮身采用红、绿、蓝等饱和度高的颜色，做工简单，外形上更加注重写意，因此并不十分美观。文狮表演通常需要3~4人配合进行，一只狮子，一人持头，一人持尾；另有一狮团，抑或称为狮童（闽南语"大安头"），狮童的作用与北狮的引狮员相类似，在舞狮中扮演着"训狮""斗狮"的角色。与北狮引狮员不同的是，狮童会手持蒲扇和榕树枝，将外来文化与区域文化融合，创造出有益于己的舞狮新模式，这是闽南地区兼容并蓄、厚德载物的体现。榕树在福建地区象征力非凡，它是福建福州市、江西赣州市的市树，它遍布福建省各个地区，给福建省带来绿荫满城的景象，同时，它还具有经济价值、药用价值、观赏价值。作为福建地区特色的植被采纳到舞狮表演中，这是福建人对本土文化的认同感和自豪感的表现。

武狮又被称为"杀狮""刣狮"。以泉州"刣狮"为典型代表。泉州刣狮于2021年5月24日被列入第五批国家级非物质文化遗产代表性名录。闽人尚武，民风彪悍，闽南地区习武历史悠久，南少林、咏春拳闻名遐迩。福建省属于沿海城市，古代人民多以海洋渔业为生，沿海多海盗。到了明代，倭寇肆意横行，对沿海村落造成生存威胁，当时的朝廷也帮助沿海地区发展武术，这些都使得闽南地区习武风气盛行。武狮是多人表演运动，表演过程中众人组成方阵或手持武器擒拿狮子，狮子数量也不固定。舞狮人通常做习武人的打扮，狮子的动作有撕咬、打斗、跳跃等。武狮表演突出"杀"狮的过程，有很强的故事性和戏剧性特点，其表演过程对武术功底要求较高，因此福建地区武狮活动表面是舞狮表演，实为武术较量。武狮表演不仅娱人娱神，还是借舞狮进行习武，既是一种民俗游艺，也是一种民间体育，武狮表演对闽南地区武术传承有着十分重要的作用。

三、福建舞狮的社会价值

（一）文化传承

福建舞狮是一种文化，从表演形式到动作编排，从颜色选择到道具制作，无不体现着福建地区的民族传统文化气息。福建舞狮是构建本省地域文化、塑造地方文化形象的重要手段。福建舞狮活动的发展与当地居民的生活息息相关，是历代劳动人民对本民族的宗教信仰、民族文化、风俗习惯的一种表达，带有显著的民族特色。传承和发展闽南舞狮活动，就是传承闽南地区的精神和文化。因为闽南地区舞狮活动与武术相结合，因此闽南地区舞狮活动的发展对武术的传承有着积极的推动作用。

（二）海峡两岸沟通交流

随着社会的不断进步，人员的流动增多，闽南舞狮与台湾舞狮在传承中趋于一致。海峡两岸体育项目交流登上舞台，闽南舞狮活动蕴含闽南地区的风土人情和精神文化，开展两岸舞狮交流活动，可提高台湾民众对闽南文化的认同感，是维系两岸人民情感的重要手段。[7]

四、福建舞狮现实意义

（一）丰富校园活动

中国改革开放以来，对外来文化秉承着兼容并蓄、博采众长的态度，使西方文化大量涌入我国，相应地带来了诸多现代化运动，西方人的娱乐方式渐渐被我国年轻人所接纳，诸如舞狮这样的民俗活动却遭到越来越多的冷遇，得不到国人重视。

因此，发展与推动民族传统文化娱乐活动刻不容缓。近几年，我国大力提倡将舞狮活动引入校园。福建省舞狮活动从道具、服饰、舞步等方面都体现了较强的区域性特征，闽南本土优秀传统文化也渗入其中。福建省若是在年轻人中复兴舞狮娱乐方式，一方面，可以丰富学生的校园生活，增强学生的身体素质。另一方面，也能够让学生了解本地区的舞狮文化，感受其情景和氛围，能够增强学生的民族自豪感和自信心。

（二）新型娱乐方式

随着经济的发展，科技力量的增强，网络媒体蓬勃发展。大众媒体对福建舞狮活动发展带来了大有可为的广阔空间，人们可以更有效、更便捷地获取舞狮活动的信息，满足人们对精神娱乐的需求。在融媒体时代，福建舞狮活动的信息化、卡通化，使更多优秀的舞狮文化和故事、典籍受到人民群众的关注。近年来，中国掀起了非物质文化遗产保护热潮和民族传统文化复兴热潮，福建舞狮活动作为活态的文化遗产必然会受到更多关注。其实，将舞狮活动作为表演活动已并不稀见，如今我国的舞狮竞技赛已经纳入民族体育赛事，极大提高了人民群众的参与热情。增加舞狮活动的创新性和趣味性，不仅可带来可观的经济效益，还可以提升人民群众的文化认同与文化自信。

（三）城市文化标识

闽南舞狮活动的演变多源于本地民间对超自然力量的信

仰，远古时代或源于狮图腾崇拜。闽南的舞狮与北狮的"写实"和广东醒狮的"写意"有着很大的区别。在闽南特定地理环境和文化背景的影响下，闽南舞狮更加注重"武"，这在中国舞狮文化中也是独树一帜的。舞狮活动既是活态的文化遗产，又是现当代民族传统体育运动项目，传统与现代双向迈进，迸发出保护非物质文化遗产的各种创新型新方式，扩大了福建省文化层面、精神层面的影响力。应该鼓励把福建舞狮外貌形象设计成标识（徽标），进而延伸出图画、挂件等装饰产品，作为地域性标志投入大众生活领域中，让舞狮形象成为人们喜闻乐见的新形象，进一步扩大福建省传统文化的关注度和影响力。我们认为，将舞狮形象作为福建地区的文化标识，具有可行性和可操作性。

结语

福建舞狮活动是我国优秀的传统文化遗产，具有很强的地域性、民族性、娱乐性、竞技性等特征。近年来国家开展非物质文化遗产保护工作，各地舞狮也入选国家级非物质文化遗产名录。今天，在发展和传承本民族优秀文化的同时，要推出具有锚定意义的"文化标识"，让传统的舞狮文化与现代生活结合，成为大众日常生活中常见的文化符号，促进舞狮活动的良性发展，增强民族团结和文化自信心，让舞狮标识成为福建省独特而丰富的影响力标志。

参考文献

[1]（明）李时珍.本草纲目：卷51 [M].北京：人民卫生出版社，1982.

[2]冯国超.中国传统体育 [M].北京：首都师范大学出版社，2006：348.

[3]张国斌.中国传统舞龙舞狮运动历史文化探索及传播研究 [J].散文百家（新语文活页），2019（10）：157-158.

[4]王永利，兰文婷.中国传统舞龙舞狮运动历史文化探索及传播 [J].搏击·武术科学，2011，8（1）：100-103.

[5]姜喜平，黎宇."醒狮"文化 [J].搏击·武术科学，2012（6）.

[6]张进军.北派舞狮及其传承发展 [J].杂志与魔术，2016（1）.

[7]杨广波，莫菲.闽南传统舞狮文化的源流及社会价值研究 [J].体育科学研究，2017（4）.

第四部分

海丝文化产业的探索与开拓

寿山石雕刻艺术发展现状及其对策

王来文

为深入贯彻落实省委关于"再学习、再调研、再落实"活动安排部署，根据《福建省文联开展"再学习、再调研、再落实"活动的实施方案》精神，2021年3月，省文联党组成员、书记处书记、副主席王来文再次带领省文联组联处、省民间文艺家协会有关同志组成调研组，前往晋安区中国寿山石交易中心、福兴特艺城、中国寿山石馆、寿山石古矿洞以及中国工艺美术大师工作室、省工艺美术大师工作室等，以实地调研、座谈交流等形式开展寿山石雕刻艺术发展现状及对策调研。

一、调研意义

福建文化积淀深厚，是工艺美术强省，孕育出了包括寿山石文化在内的福建十大特色文化。作为福建的传统民间雕刻艺术，寿山石雕以其独特的魅力发展至今，是福建的传统特色工艺，更是福建一张亮丽的名片。2006年，寿山石雕被列入首批国家级非物质文化遗产名录。党的十九届五中全会吹响了建设文化强国的号角，进一步繁荣发展文化事业和文化产业，更好满足人民精神文化需求，提高国家文化软实力。寿山石雕界要以高度的文化自信展现中华美学风范，扎实推进寿山石雕刻艺术行业高质量发展。

寿山石文化是福建独有的特色文化，近年来福建省文联高度重视寿山石文化的当代传承与创新发展，对寿山石文化的宣传推广、指导精品创作做了大量卓有成效的工作。受中国文联、中国民间文艺家协会委托代管的中国民协中国寿山石文化发展研究中心作为专业机构，在寿山石雕刻艺术的学术研究、展览展示、组织交流、人才培养扶持等方面，充分发挥了资源优势、专家优势，积极推进寿山石雕刻艺术产业发展，不断提升寿山石文化品牌影响力。

2020年初，突如其来的新型冠状病毒感染疫情使各个领域的经营和生产活动受到严重影响，寿山石雕刻艺术行业也在其中，下行态势不断加剧。为摸清寿山石雕刻艺术家的生存现状和创作发展瓶颈，分析新时期寿山石雕刻艺术行业中有关创作内容、题材、技法及传承发展现状。结合"大学习、大宣讲、大创作"，精心组织"再学习、再调研、再落实"寿山石雕刻艺术行业调研活动，对寿山石雕刻行业的政策环境、社会环境以及发展状况等方面做调研，深入探索如何更好地创造性转化、创新性发展，推动寿山石雕刻艺术大繁荣。调研以资料查阅、实地走访听取意见和建议，召开座谈、研讨交流、专家论证会等方式，就寿山石雕刻艺术发展的现状及存在问题、发展对策等进行调查研究。

2021年3月，围绕"找准问题，精准施策"的靶心，结合当前省文联扎实推进"再学习、再调研、再落实"工作部署，王来文书记再次带领调研组专门下基层深入寿山石雕刻艺术家工作室开展再调研、再落实，并召开专题座谈会，进一步研究推动寿山石雕刻艺术高质量发展的具体措施。

自寿山石雕刻艺术调研工作开展以来，共走访了5位中国工艺美术大师工作室，22家寿山石雕新文艺群体代表工作室，并组织召开4场专题座谈会。现将调研实际情况编制成《寿山石雕刻艺术发展现状及对策调研报告》，旨在促进寿山石雕刻艺术产业健康发展，加强寿山石文化品牌建设，提升福建省传统工艺影响力和文化软实力，以实际行动为文化强省建设和全方位推动高质量发展超越贡献力量。

二、现状与问题

（一）寿山石雕刻艺术概况

寿山石是我国传统"四大名石"之一，于1999年8月被评为候选"国石"，并连续四次在"国石"竞评中名列国石候选石榜首。寿山石雕作为福建的传统雕刻艺术，深具中国特色和民族韵味，于2006年被国务院列入第一批国家级非物质文化遗产保护名录，享誉海内外。

寿山石雕刻艺术源于南朝，兴于唐宋，盛于明清，复兴于当代。据考察，其实早在四千年前先民就已经懂得制造并使用寿山石制品。且在1500年前的南朝，人们已经开始将寿山石雕制品作为殉葬用品而使用。1954年在福州市仓山区福建师范大学发掘的南朝墓葬中发现的"石猪"就是最好的见证，为后续深入研究寿山石雕的发展历史提供了重要信息。

鼎盛时期，寿山石雕刻艺术行业形成了各种艺术流派争奇斗艳的繁荣景象。"东门派"与"西门派"就是众多流派中对后世影响深远的两大雕刻流派。东门派主攻人物圆雕，而西门派则主要以薄意印章纽饰为主，雕刻门类囊括了人物、印章、动物、摆件、把件等多种门类。直至抗日战争爆发，我国经济遭受重击，寿山石雕行业发展也受到严重影响，行业人员因生计纷纷被迫改行谋生。

中华人民共和国成立后，寿山石雕刻艺术行业开始复苏。雕刻艺术家们逐渐恢复创作，寿山石雕刻艺人们的身份也从卑微的社会底层转变为受人尊敬的民间艺术家。东、西门派艺人摒弃宗派之见，开始相互交流、借鉴，实现了在寿山石雕刻艺术上的"东西合璧"，并联合成立了合作社，最终成了有数百人规模的福州工艺石雕厂，结束了长期以来单干的局面。涌现出郭功森、周宝庭、林寿煁、冯久和、林亨云、林元康、林发述、陈敬祥等一批雕刻精英，创作出如《长征组雕》《闽西组雕》《二十八古兽》《花果篮》《海底世界》等大批佳作。

改革开放以来，寿山石雕刻艺术迎来了繁荣发展新机遇。除东、西两大门派外，还出现了"学院派"，一些美术院校毕业的新生力量陆续加入寿山石雕刻艺术行业中来，逐步形成了百花齐放的新局面，雕刻内容及表现手法也越来越丰富。先后出现了王祖光、叶子贤、林飞、陈益晶、陈礼忠、黄丽娟、林东、潘惊石、郑幼林等一大批优秀雕刻人才，不断繁荣创作，新作、巨作层出不穷，寿山石雕刻艺术行业呈现出蓬勃发展的景象，为我省推荐参评民间文艺作品中获评中国文学艺术界联合会、中国民间文艺家协会共同颁发的"中国民间文艺山花奖·优秀民间工艺美术作品"中最多的雕刻门类。伴随着中外文化交流日益密切，寿山石所独有的艺术韵味与文化魅力，不仅令中国的文人墨客叹为观止，寿山石雕刻工艺品也成了中国与东南亚各国文化交流的重要载体，风靡海外。

（二）发展现状

为增强国家文化软实力，促进我国经济社会高质量发展，近年来国家大力实施文化强国战略，政府十分重视民间工艺美术产业的发展与传承，相继出台了一系列保护和奖励政策，抢救性地挖掘、推广、扶持优秀民间传统工艺，以促进民间传统工艺产业的健康发展。不少民间传统工艺在政府部门、社会力量的支持和自身努力下，均呈良好趋势稳步发展，取得了一定的成绩。

福建寿山石雕刻艺术已形成了较为完善的雕刻体系，技法丰富、精湛纯熟。但受市场、经济等各方面的因素影响，寿山石雕刻艺术产业的传承与发展现状并不乐观，面临着一些亟待正视和解决的问题。权威数据分析显示，自2009年起，寿山石市场成交量呈爆发式增长，寿山石雕由一个地域性的传统工艺品，**逐渐发展为全国性的工艺美术艺术品，当代寿山石雕刻作品的价位也水涨船高，至2011年达到顶峰。2012年，国内艺术品市场正式进入调整期，寿山石市场的虚假繁荣也逐渐消失，雕刻艺术价值更加凸显。**

从2019年福州寿山石雕创作的状况，可以看出寿山石雕刻领域当前正处于一个大的文化转型的潜沉孕育期，总体创作上呈现出一种保守中的活力。"天下石，福州工"这句话就可以大体一窥近年来寿山石雕创作的开阔走向。寿山石雕界正广泛运用来自世界各地的优质雕刻玉石，全面整理汇集三百年来三次发展高潮的遗产，并进行雕刻代际传承与转化的重要累积。

从创作文脉上来看，福建寿山石雕技艺有三百多年的积累，大概有三个高潮期的三大遗产。第一个是清前中期的宫廷样式，第二个是清末民初的民间样式（东门派为主）与文人样式（西门派为主），第三个是中华人民共和国成立以来现代的艺术创作样式。20世纪50年代是寿山石雕刻艺术发展的新时期，经历着从传统工艺到现代"工艺艺术"的转型。由于生产关系的改变，国营合作化的管理经营，使东门、西门两大流派整合成一个统一的行业单位，两派逐渐打破门户之见，互相学习，逐渐融合。同时，大批艺术学校毕业生进入寿山石雕行业，不少老艺人也进入艺术学校进修，新老艺人的文化眼界与艺术修养均大大提高，在设计和雕刻过程中大量吸收了国内外其他艺术门类的营养，开始有了新的"艺术创作"的意识，至80年代发展出声势很大的"学院派"新传统，与传统雕刻并驾齐驱。所谓"学院派"，已经不再依据传统师承门派而来的概念，更多指向一种创作风格与技法上的新风尚，受写实能力、结构塑造、主题创作的影响，其中包含了西方学院派美术传来的造型理念，本身就有多元的文化元素。这些遗产在当下的创作中得到了全面的继承。

在创作风格上，相比于附近地域如浙江雕刻的精细纤巧，广东雕刻的活泼热闹，福州寿山石雕总体上偏于圆润、含蓄、厚重，这种鲜明的地域艺术风格在当下创作中得到了比较充分的彰显。而就目前创作情况来看，已经功成名就的老一辈雕刻家大多数延续成熟期的创作风格与方向，如中国工艺美术大师林飞，他带领一批弟子一直挑战重大历史题材的大型雕刻创作，不断有新的作品问世，引人注目。中国工艺美术大师陈礼忠长期致力于寿山石雕花卉、禽鸟题材的创作，苍鹰和秋荷题材精品佳作不断涌现。中国工艺美术大师黄丽娟持续创作了一系列现代感、装饰感强、生活气息浓的优秀作品。中国工艺美术大师潘惊石多年来浸淫于古兽创作，已经形成了雄浑古朴、典雅厚重的个人风格。中国工艺美术大师郑幼林更多地把作品寄托在山水、田园之间，注重山水自然与人的融合，把作品变得更有情怀。也出现了一批成长中的实力派青年雕刻家，如姚仲达、郑世斌、陈为新、何马、谢麟、李香邮等，他们在前辈的创作基础上继续累积与前进，不开风气却潜沉深入，好作品不断涌现。此外，还有不少外地甚至外省中青年艺人的加入，壮大了这个队伍。他们表现出自己对寿山石雕传统的独特理解，他们的创作正在激发一些新的内涵与要素。总体来说，寿山石雕刻界青年雕刻家已经形成一支很强劲的创作力量，哪怕在风格样式上并没有非常鲜明的个人性创造，但在前人样式的基础上都已经能够做出精湛的作品。

一大批青年雕刻家的成长，代表了寿山石雕未来的格局与走向，其成长演变值得持续关注。雕刻石材的广泛使用，也彻底改变了福州雕刻传统物理上的"寿山石"概念，降低行业的门槛与成本的同时，使大量年轻雕刻师获得了创作机会与市场机会。除此之外，便捷化的信息传播方式，也使得寿山石雕工艺品的收藏群体从带有一定地域性的小众市场逐渐拓展为更为宽广的大众化市场，未来的发展值得关注与期待。但受市场、资源及其他因素影响，目前寿山石的价格已经低至十年前的水准。如何破解寿山石雕刻艺术产业发展困境，使之进一步发展壮大，已成为当前的一个重要课题。

（三）存在主要问题

1. 石材资源稀缺，创作空间受限

环顾当今市场，优秀的寿山石雕作品鲜有得见，其中原因复杂，但最根本的原因就是寿山石资源的匮乏。由于寿山石原材料的稀缺，没有充沛的寿山石供艺人大量创作，很大程度上局限了创作空间，限制了艺人的发挥。也正是因为寿山石原材料的珍稀，寿山石原石交易市场还一度出现了寿山石原石价格哄抬的现象，原石价格普遍翻倍，甚至翻至两番。过高的价格更是导致初入行业经济效益不佳的青年工艺师无力购买原石，从而无石可雕，很难在这一行中得到实际锻炼和成长。

2.各自为政，视野局限

寿山石雕刻艺术行业一直以来都呈现一种各自为政式的单干状态，艺术家之间鲜于合作，所以在创作上往往"身单力薄"，很难打开局面。在寿山石雕刻创作中，一个优秀的艺术家有自身的优势能够将某一方面的表现达到极致。"人永远看不到自己的后脑勺"，在创作中往往很难察觉到自身技艺的短板，无法跳出固有模式和思想的局限。

3.技艺繁难，效益不佳，青年优秀人才短缺

寿山石雕刻技艺具有悠久的发展历史和鲜明的时代特征，由于单一的保护方式、地域的差异性等特点使其传承起来并非一件容易的事情。寿山石雕刻技艺的学习需要花费很大的精力和心血，在雕琢的过程中又要雕刻艺术家有自己独到的想法与思维，加之当代社会思潮的冲击以及收入不高，致使很多年轻人不愿意从事寿山石雕刻艺术行业，行业面临人才青黄不接、后继无人的困境。

4.同质化严重，创新明显不足

寿山石雕刻作品是雕刻者的心血结晶，新颖、独特的作品将给人以深刻印象。然而目前寿山石雕刻艺术行业许多工艺品从材质到表现题材，再到作品造型都存在严重的同质化现象。从设计上来看，大都缺乏创意，仅是在原有古物件的基础上仿制或增加一些装饰，并没有对作品形态进行改变和创新，趋同的现象严重，缺少精品力作。

5.思想保守，品牌意识薄弱

目前工艺品市场同质化现象严重也直接导致了商家对品牌

关注的降低。除部分业内名望较高或有一些名气的工艺师外，大多数工艺师都没有自己独立的品牌。即便少数工作室或工艺师已经具有自己的品牌，由于效益不佳，也不愿在品牌宣传上投入过高的费用，因而品牌知名度和影响力不高，未能激发工艺师创造精品的积极性。市场上或是旅游景区所销售的雕刻品也均以"寿山石雕"等字样标注，更有甚者直接仿制名师作品和款式，然而没有固定的商家对艺术品的质量负责，市场鱼龙混杂、真假难辨，外行人很难从作品的外观上看出端倪。

6. 对外宣传不足，社会关注认知度不够

要发展好文化产业，不仅要有优势资源作为基础，还要树立优秀的品牌形象和发展战略。寿山石作为"中国四大名石"之首，在国内玉石雕刻界有一定的知名度，但与沿海地区其他民间传统工艺品类相比还是有很大差距的，尤其是在国际上的知名度和影响力还不够。目前，我省还存在对民间文化艺术产业化工作安排缺乏战略高度和紧迫感的问题，仅从帮助群众挣点小钱、发展小产业的层面来认识，没有从建设文化强省的高度对民俗文化产业进行考量和谋划。因此，有关寿山石雕等民间工艺的展览展示宣传活动多局限于省内，缺乏强大的对外宣传攻势。即便到省外或国外组织展览展示活动，宣传力度也不够，对外影响较小，没有形成自己的品牌和特色。旅游业是对外交流和自我宣传的一个重要渠道和窗口。根据近年旅游市场情况来看，寿山石文化与旅游产业的融合不够，尚未形成生态链和产业圈。旅游窗口的缺失也一定程度上制约了寿山石雕刻艺术产业的发展，以至社会关注认识度不高。

7. 规划统筹不够有力，市场分散，人才流失严重

寿山石行业交流展示的场所较为分散、产业化工作存在不系统、不均衡、不充分的问题。缺乏推动寿山石雕刻艺术文化产业发展的专项规划方案，多数寿山石雕刻艺术产业还处于小、散、弱的状态，没有形成寿山石雕刻艺术产业集聚的优势。且随着部分寿山石雕刻聚集区拆迁旧改项目的启动，许多寿山石雕产业从业人员的安置也成了难题。如福州市鼓山镇樟林村有数千家的寿山石雕作坊，数万名从业人员，旧改项目启动后，有近500家寿山石雕作坊迁入鼓山镇东方石艺城，部分迁入福兴特艺城、寿山石文化城等地。但还有一部分从业者返乡转行，人才流失严重。

8. 政策扶持不足，危机冲击，应对失衡

因经费不足，导致寿山石雕刻艺术普查、整理、保护等工作难以顺利实施；鼓励引导寿山石雕刻艺术产业发展的政策措施不多，部分微型企业或工作团队因抗风险能力较弱，在业务受限、现金流短缺的情况下难以支撑。

寿山石雕刻艺术产业正处在发展的阶段，受2020年年初新型冠状病毒感染疫情影响，寿山石雕刻艺术产业线下实体经营存在一定困难，出货渠道窄是目前行业面临的较大瓶颈。在民间传统手工艺很难获得经济效益的情况下，不少寿山石商家纷纷关门歇业，部分雕刻从业人员也不得不为生存而改行，另谋他路，寿山石雕刻艺术行业面临着雕刻人才流失更加严峻的问题。

三、对策与思考

围绕传承发展寿山石雕刻艺术非物质文化遗产这一核心，分析寿山石雕刻艺术发展形势，寿山石雕刻艺术产业在我省具有自然、社会、技术人才等方面的资源优势，若要进一步提升寿山石雕刻艺术产业的创造力和品牌价值，推动寿山石雕刻艺术产业高质量发展，还需采取以下措施。

（一）加强人才队伍建设，持续培育后备力量

人才是推动发展的第一资源，寿山石雕刻艺术要发展壮大，离不开人才的培养。高校是我国人才培养的主要阵地，近年来，各大高校学习工艺美术的人数呈递增趋势，然而真正能够从事寿山石雕刻艺术行业的青年人才却不多。建议政府层面建立健全人才培养机制，完善优秀人才培养通道，着力解决寿山石雕刻艺术行业后备人才储备不足的问题。鼓励大中专技校开设寿山石雕刻艺术专业，通过设立"寿山石雕产学研习中心""名师工作室""学生实工坊""寿山石雕刻艺术文化兴趣班"等，让广大青少年接受传统文化熏陶，提高寿山石雕刻艺术专业人才培养质量。同时支持国家级和省级工艺美术师创建"大师示范工作室"，依托工作室带徒授艺，发挥工艺美术大师和非遗传承人的"传、帮、带"作用，同时组织大师进高校开展授课讲学活动，不断引导高校人才加入寿山石雕刻艺术行业，扩大传承队伍。并为青年雕刻人才提供更多的锻炼机会，培养造就一支技艺精湛、技能高超和素质优良的高技能人

才队伍,激励更多技艺精湛的优秀苗子选择寿山石雕刻艺术之路。

此外,还需要加快培养一批既有寿山石雕刻专业技能又懂市场经营的复合型人才,形成具有国际视野、资本运作能力的行业领军人物,推动寿山石雕刻艺术产业的健康发展。

(二)强化精品意识,推进行业创新发展

福建发展寿山石文化产业具有得天独厚的优势,既要充分发挥好这个优势,又要坚持创造性转化、创新性发展,培育出我们真正的工艺精品。寿山石雕刻艺术行业从业人员应改变固有的思想观念,强化寿山石文化发展的时代性意识,构建符合时代发展需要的先进文化;在创作上,把握当前造物文化思潮,坚持艺术精品创作,汲取中外优秀美术作品的元素,融入现代艺术理念、创新思路,改造提升传统工艺,创作出承载中国形象认知、符合时代理念的工艺精品。可定期广泛开展技术交流,由协会方面选送优秀的技能人才参加行业及协会举办的相关会议,加强与同行之间尤其是标杆大师的技术交流,促进相互交流、相互学习、相互提高。

(三)切实发挥政府职能作用,规划引导寿山石矿绿色开采,进一步推进寿山石产业良性发展

长期以来,寿山石产业发展受到资源和开采的掣肘,如何既能保护原产地的矿产资源,又能为产业发展提供原动力,是一个亟待解决的问题。寿山石雕刻艺术价值在于寿山石文化的

概念，为打好寿山石文化品牌，促进寿山石雕刻艺术产业健康持续发展，建议由福州国土资源部门牵头，组织有关部门和专家，在坚持生态优先、绿色发展、牢牢守好发展和生态两条底线的基础上，对寿山乡区域内石矿开采拟定统一规划。划出可采区和禁采区，并拟定自然生态环境治理标准，实行有计划、保护性地开采寿山石原矿。劳动、公安、林业、水利、规划、旅游等有关管理部门按照各自的职责协助同级地矿主管部门做好寿山石矿开采规划和开采的监督管理工作，确保寿山石资源有序、合理开采，采矿规范推进。此外，还需邀请社会监督员，借助社会力量强化监督，并加大执法力度，防止滥挖、盗采、无证开矿等现象的发生，保障生态环境的良性循环。

当前，寿山石雕刻艺术从业人员达20余万，加之不少雕塑或木雕从业者也陆续介入寿山石雕刻艺术创作中，寿山石雕刻石材需求越来越难得到保障，陷入了资源危机。适当开放寿山石矿开采是解决寿山石原材料短缺的根本途径，同时也有利于推动寿山石产业良性发展。为此，建议政府主管部门立足行业长远发展，全面分析通盘考虑，切实发挥引导作用，有序放开部分原矿开采，引领带动寿山石雕刻艺术高质量发展，让这一珍贵的文化名片变成福建省乃至全国独具特色的亮点产业，从而为地方经济的发展带来源源不断的动力。同时，通过市场引导和监督管理，引导有囤积石材的企业、个人将原材料投放市场。

（四）多措并举拓展渠道建设，充分发挥"海丝"门户区位优势

充分发挥福州作为21世纪海上丝绸之路门户枢纽和省会城市的区位优势，依托寿山石专业市场、文化街区、旅游景区和交通枢纽展销、自营店、专卖店、网络直销等多元化营销渠道，多措并举恢复市场活力。（1）进一步完善市场产业链条。建立以市场为基础的稳定的配件、装饰等供应、生产和销售协作关系，同时与木雕、竹雕、家具等相关产业加强联动，扩大发展空间。（2）创建电子商务平台。鼓励寿山石雕刻艺术行业从业人员广泛使用信息化手段拓展市场空间，创新销售模式。同时可组织行业人员通过网络平台开展展览展示等宣传活动和拍卖等业务。（3）积极拓展海外市场。鼓励行业人员参加国内外各大专业展会，并积极开展境外考察交流、宣传推介等活动，不断加强寿山石文化"走出去"力度。借助华侨资源，拓展"海上丝绸之路"沿线国家市场，推进寿山石雕刻艺术产业转型升级。（4）规范市场经营秩序。加大对市场知识产权的保护力度，防范以次充好、假冒伪劣产品。强化名家作品可追溯体系和诚信体系建设。

（五）加大宣传力度，提升品牌影响力

要发展好文化产业，就需要利用各种媒体，加大对文化产业品牌的宣传力度，扩大知名度。相关部门要充分认识寿山石雕刻艺术的重要性，给予政策上的扶持。一是充分利用电视、

电台、报刊、网站、微信公众平台等宣传寿山石雕刻艺术成就，弘扬工匠精神，并利用政府的公信力多渠道对艺术家进行组织宣传，如拍摄专题片、开设直播和寿山石文化专栏等传播寿山石文化，推广、弘扬寿山石这张"文化名片"。二是加强在重要的国家级博物馆、展览馆等宣传展示，并与民间社团扩大协作，更好地整合资源，合作办展办会，创造条件让民众亲身体验寿山石雕刻工艺，扩大影响力。三是支持在机场、火车站、汽车站以及高速公路服务区设立寿山石文化形象牌匾、电子屏幕等，展示寿山石文化及寿山石雕技艺。四是助推创新网络"云"阵地，借力多元化媒体和各类信息传播平台实现多样化推广。通过推进宣传主阵地上网、入"云"，最大限度发挥融媒体、自媒体等媒介传播优势，开展"云展播""云分享""云讲座"和短视频等形式新颖、互动性强的线上活动集中展示寿山石雕刻艺术作品，吸引线上线下广泛关注，扩大宣传，提升知名度。五是同时加大寿山石雕刻艺术产业对外的宣传力度，组织艺术家赴海外宣传、推介寿山石文化，提升寿山石海外知名度。六是支持创新方式，激发线上培训活力；强化效果，发挥线下学习实效。通过线上线下相结合开展寿山石雕刻艺术相关培训，切实增强广大从业人员理论水平，使寿山石雕刻艺术行业人员不受时间和空间的限制灵活学习。

此外，艺术家应拓宽创意思路，将寿山石雕和中国特色元素紧密结合，设计出独具特色的"馆藏"系列。如配合国内的重要节日、传统节日开发出一系列文创产品，甚至形成固定品牌，巩固提升寿山石雕刻艺术产业品牌影响力，打造优势品牌和大师品牌，进而扩大寿山石雕刻艺术产业在国内乃至国际上的影响力。

(六) 抱团取暖，助推产业升级

越是在形势不明朗的时期，行业之间越需要加强合作、抱团取暖。2020年的新冠疫情使国内艺术品下行态势不断加剧，包括美术馆、展览馆在内的所有艺术品市场几乎全部进入"休眠"状态，不少经营商户更是关门歇业，也有部分青年雕刻人员因疫情冲击，封刀改业。值此行业动荡、艺人信心低迷之际，行业人员应突破思维的禁锢，抛弃各自为政的观念，着手新的建构与整合，共同携手推动寿山石雕技艺的创新发展和升级。

2020年5月，福州市非物质文化遗产寿山石雕项目代表性传承人、福建省工艺美术大师杨明以自己的工作室为基础，与8位青年寿山石雕刻艺术家组合成创作团队，充分发挥各自优势，融生产创作、宣传推广、经营销售为一体，走出了一条既有别于传统寿山石雕各自为政的创作方式，又不同于常规师徒联手创作模式的新路径，为行业乃至福建省工艺美术行业做出了表率和示范。目前，团队已相继创作出了《三坊七巷》《格桑花》《红楼梦》《牧归映晚霞》《水乡风情》《难忘下党》等一批具有民族特色的优秀寿山石雕刻艺术作品。

值得一提的是中国工艺美术大师林飞，一直以来，他带领一批徒弟和行业内中青年骨干不断挑战大型寿山石雕刻艺术创作。持续创作出了《古田会议》《井冈山会师》《过雪山》

《大观园》等大批脍炙人口的红色文化题材作品和中国历史文学中的故事情景创作，精品佳作层出不穷。

此外，以中国工艺美术大师陈礼忠的弟子为主，集结多位业内优秀雕刻师共同创立的"雕客界"寿山石团队模式也呈现出了寿山石雕刻艺术行业一种新的"抱团"模式。"雕客界"项目团队成员近20人，除陈礼忠大师的弟子外，还有多名业内优秀青年雕刻人才及专注于传统文化艺术运营交流和推广的新媒体工作者。他们通过师门传承的力量共同搭建寿山石平台，集合业内资源，团结一致，共创事业，共同致力于弘扬寿山石文化，探索出了一条中华优秀传统文化寿山石雕刻艺术传承弘扬新路子。

（七）新传播推动新的营销动能转换

近年来，随着互联网的蓬勃发展，线上销售越发火热。疫情的暴发更是加速了互联网销售的崛起，许多行业面临新的商业模式的冲击。作为传统营销的延伸，网络销售成本低、传播范围广、传播速度快等诸多优势已经让人们开始意识到网络营销的重要性和大趋势。寿山石雕刻艺术行业作为传统手工艺产业，销售模式多以线下实体经营为主。面对疫情影响下工艺品销售线下遇冷的情况，传统的经营、发展模式已然不能适应当下行业发展需求，亟须进行转型升级以更好地促进行业发展。

"无传播，不营销"，营销的核心就是传播。在新的互联网环境下，传统的寿山石雕刻艺术行业必须插上互联网的"翅膀"，借助新的传播手段，转换新的营销方式，促进销售。这种转换不仅是手段的转换，更需要的是营销理念的深度转换。传统的线下销售覆盖面窄，有着地域的局限性，买家只能上门购物。而线上销售不仅成本低，还打破了时空的限制、简化交易程序，可以帮助寿山石雕刻行业从业人员更好地促进销售。政府层面应多鼓励、多关注，并给予适当的政策支持，帮助寿山石雕刻艺人们创新销售模式，拓宽销售路子。

调研中发现寿山石雕刻艺术行业的销售模式已由被动转为主动，不少年轻的从业人员以新媒体平台为载体，开始做线上直播、微拍等方面的尝试。积极开展全渠道营销，努力发展线上销售渠道，将寿山石雕刻艺术品销往全国各地。同时打通线上和线下，通过线上为线下引流促进寿山石雕刻艺术品的销售，带动寿山石整体销售上一个台阶。由于寿山石作为无法复制的创作艺术品，存在着无法大量复购的问题，且其价格高昂。线上销售只能通过图片、视频、卖家描述等方式，买家无法对材质、作者的真伪进行辨识。因此，线上意向客户也可通过前往线下实体店观看实物来了解、品鉴自己想要购买的藏品，降低购买风险。

（八）健全激励机制，提振行业信心

在推进寿山石雕刻艺术传承发展和青年人才培养工作中，完善激励机制、考核机制，如对省级以上的工艺美术大师在带徒授艺、成果转化等方面给予支持，并建立健全跟踪考核机制，定期对目标的完成情况进行考核、评估、跟进，充分发挥考核激励机制的督导作用，使名家大师以更加饱满的热情和信心投入青年人才培养工作中，助力成果转化。同时设立优秀青年人才引领计划或公益扶持基金，重点培养和扶持在业内思想开放、眼界开阔、雕刻技法独特的中青年人才，加快提升我省青年雕刻骨干人才的创新创造能力，培养造就优秀青年雕刻领军人才。为了解扶持对象工作进展情况，加强对项目执行和资金使用情况的监督，需成立项目工作委员会，定期对各扶持单位或个人的资助项目进行考核。并根据考核评估结果，对项目取得明显成果的资助对象适当追加资助经费；对项目进展不力、资金使用不当或有其他违规行为的，责令限期整改，严重的取消资助资格，追回资助资金。此外，积极鼓励支持青年雕刻人才参加国际国内权威性的作品展会、赛事及交流活动，并给予适当的补贴及奖励；开展民间文艺精品创作扶持，对行业发展作用大、经济效益显著的寿山石文化活动，给予适当扶持，激发创新创作，提振行业信心。

近年来，福建省文联、福建省民间文艺家协会充分发挥了资源优势和专家优势，在人才培养扶持方面做了诸多工作。对名家、青年艺术家的重要项目给予推荐中国文联文艺创作扶持、省文艺发展基金重点项目。如：扶持刘爱珠团队《寿山石雕·吴哥之美》成功申报省文艺专项资金，该作品重约15吨，将吴哥窟人面浮雕、虬枝盘曲的古树、尖顶宝塔和壁画等内容完美呈现。此外，还通过设立福建省民间文艺名家工作室、扶持寿山石雕刻人员出版专集、专著等形式，激励广大寿山石雕艺人的创作热情，促进文艺精品创作生产。

此外，福建省文学艺术界联合会、福建省民间文艺家协会也将有针对性地推出"文艺英才计划",多渠道、多形式搭建交流培训、展览展示、宣传推广平台,帮助优秀人才开阔视野、提升技艺、创新创造,让优秀青年艺术人才脱颖而出,艺术精品不断涌现,真正实现从"高原"迈向"高峰"。

(九)跨界学习长见地,多维融合增涵养

鼓励行业人员积极参加各类人才培训、技艺交流等活动,跨界学习,拓宽视野。借鉴其他行业先进经验,激发创新活力。近年来,福建省民间文艺家协会通过搭建民间工艺美术文化的交流平台,组织我省民间艺术家参加学术研究、技艺传承、人才培养、展览展示、对外交流等活动,推动各门类民间工艺美术行业人员互相学习、跨界融合。先后赴北京、上海、杭州、台湾、西安等地举办了"纪念改革开放40周年·开放与创新——青年寿山石雕印纽邀请展"(杭州站),"第三届海峡两岸中青年篆刻大赛作品展暨陈为新印纽雕刻精品上展""礼赞新时代,奋进新福建——福建省青年传统工艺省外巡展·西安站""礼赞新时代,奋进新福建——福建省青年传统工艺作品展"等活动。同时积极推荐我省民间艺术家参与中国民间文艺家协会举办的培训、交流等系列活动,通过不同地域、行业的工艺美术文化交流,拓展艺术家创作思维,为创造多元艺术精品奠定基础,同时促进提高艺术家们的内涵素养。

(十)建设寿山石文化特色小镇,助推文旅融合发展

福州是"中国寿山石文化之都",这意味着福州寿山石雕

刻艺术产业的规模庞大，同时也强调着这里是全国寿山石文化产业的核心之地，在产业中具有代表性地位。为推动寿山石行业发展，进一步构建更加完善的福州市寿山石文化体系，建议中共福州市晋安区委、晋安区人民政府，实施品牌战略，发挥寿山石原产地的资源优势，在福州晋安区樟林村建设寿山石文化特色小镇，大力推广"中国寿山石文化之都"品牌形象，助推寿山石文化产业与旅游产业融合发展，有计划、分步骤地采取有效措施率先在晋安区乃至福州市内构建一个良好的寿山石文化发展生态、和谐共生的机制。

寿山石文化特色小镇将以创新为内核，以文化为导向，以旅游为载体，设立东门别院、寿山石文化馆、大师精品展览馆、大型寿山石工艺品购物中心、寿山石鉴定机构等功能区域，系统化、专业化地展示寿山石文化历史、寿山石雕刻名师风采、寿山石派系发展传承脉络等内容。结合寿山石雕行业实际，引导寿山石雕刻从业人员、商户向寿山石文化特色小镇集中，形成集创作、展览、交易、旅游等多种功能于一体、大师集聚、充分彰显寿山石文化底蕴的地标品牌。

雕刻从业人员在保留寿山石雕刻工艺精品水准的同时，可尝试文旅结合的发展模式进行作品的延伸，生产一些文创衍生品，依托旅游产业提升文化品牌内涵，让寿山石雕刻重新"潮"起来，推动寿山石文化品牌和技艺的弘扬。并在园区内设立寿山石鉴定机构，免费为消费者提供寿山石鉴定服务，保障寿山石行业健康发展。

此外，还可在小镇内开设线下寿山石雕刻体验馆，打造出可与旅游结合的寿山石文化品牌，供来榕游客进行雕刻体验。也可作为工艺美术类专业大学生实训基地，形成创研学一体的发展基地，培养寿山石雕行业后续力量，弘扬寿山石文化。

（十一）充分发挥文联主导作用，着力推动寿山石雕刻艺术高质量发展

近年来，在福建省文联的领导下，积极引导寿山石雕刻艺术产业发展、挖掘新人新作、宣传推广、传承艺术技艺等方面取得了一定成效，寿山石文化影响力逐步扩大。下一步，在做好传承传统手工艺的同时，将充分发挥文联在行业建设中的主导作用，进一步激发组织活力，提升服务保障能力，积极引领寿山石雕刻艺术行业健康发展，主要从以下几个方面着力。（1）侧重引导青年雕刻艺术家创新意识的提升。以人才培养为根本，着眼于繁荣寿山石雕刻艺术精品创作的目标，积极推荐优秀青年优秀人才参加福建省文联"十四五"时期"文艺英才计划"，培养一批锐意创新、富有潜质、勇攀高峰的拔尖寿山石雕青年创作人才。（2）组织做好国家级、省级文艺展览、赛事的人才推荐工作。通过评奖评优，推介新人新作，不断发现人才、扶持人才，使他们有平台、有声音、有影响。（3）积极组织青年人才外出交流学习，不断加强寿山石文化"走出去"力度。调动寿山石雕刻艺术行业从业人员参与的积极性，通过赴外展演、展览、展销等方式，积极对外传播寿山石文化，向全国各地乃至世界各地展示寿山石雕刻艺术魅力，形成多层次多渠道多元化的对外交流新格局。（4）策划推出"寿山石雕

刻大师系列访谈"《三连章》及《国宝田黄》等书籍出版等工作,从学术角度做好寿山石雕精品文艺评论及宣传推广工作,促进寿山石雕行业进一步繁荣发展。(5)强化文联在交流、培训、宣传等方面服务职能。支持与寿山石雕刻艺术相关的宣传、拍卖、交流等社会组织的发展,完善行业配套服务功能,着力推动寿山石雕刻艺术高质量发展。

福建漆艺发展现状与转型升级策略

郑　鑫

　　福建漆艺在中国漆艺发展进程中扮演着重要的角色，福州、厦门、泉州等地是中国漆艺发展的核心区域，以福州脱胎漆器、厦门漆线雕、泉州漆篮为代表的髹漆工艺，体现了中国漆艺发展领域特有的"福建现象"。

　　受福建省民间文艺家协会委托，闽江学院美术学院组织了调研团队，针对福建漆艺发展现状开展历时半年多的调研，重点围绕我省漆艺核心城市：福州、厦门、泉州的漆艺发展现状，就技艺保护、传承、创新及强化政策扶持力度、加强人才保护、完善培养模式、企业协同发展、保护漆艺精品、打造宣传平台、展示场所建设、开展保护研究等方面展开。调研团队通过实地考察企业（大师工作室）、开展相关专业的院校以及漆艺基地、朱紫坊漆艺文化街区、市非遗文化展示馆，与行业从业人员、专家学者以座谈的形式进行了深入交流，并拜访中国工艺美术大师，详细了解福建漆艺的发展脉络与现状，以期推动漆艺术的理论研究向纵深领域发展，促进漆艺产业链、人才链、学科链有效对接。

一、福建漆艺的基本情况

福建漆艺的历史源远流长，凝聚了独特的地域文化，其中以福州脱胎漆器、厦门漆线雕、泉州漆篮最具代表性。

（一）福州脱胎漆器

福州是漆艺重镇，福州脱胎漆器历史悠久、风格独特、品种繁多、技艺精湛，在国内外享有盛誉，是福州的历史文化名片。脱胎漆器与北京景泰蓝、景德镇瓷器并誉为中国传统工艺品"三宝"。但是20世纪90年代以来，受企业改制、生活方式转变和市场经济冲击等影响，随着福州第一、第二脱胎漆器厂、福州市漆器研究所、福州市脱胎漆器检测中心等大型国企相继退出历史舞台，漆艺行业陷入了发展困境。

近年来，福州市委、市政府高度重视漆艺的发展，组织编制漆艺保护和产业发展专项规划，编写《福州脱胎漆艺技法》等书籍。2006年，将漆艺苑作为福州漆艺抢救和保护基地，并先后出台《福州市保护发展传统工艺美术实施意见》《福州市人民政府关于推进文化创意和设计服务与相关产业融合发展的实施意见》等政策规定。经过市委、市政府以及各方共同努力，福州脱胎漆器技艺保护取得了一定成效。2006年，福州脱胎漆器髹饰技艺列入首批国家级非物质文化遗产名录；2009年，福州脱胎漆器获得国家地理标志产品保护；2012年，福州被评为"中国脱胎漆艺之都";2015年,福州市政府着手打造朱紫坊漆文化街区;2016年至今,福州已举办两届福州国际漆艺双年展。

据《福州市脱胎漆器技艺保护和产业发展调研报告(征求意见稿)》统计,目前福州市从事脱胎漆器生产加工、销售的企业和个体户1000多家。从业人员约10000人,其中中国工艺美术大师5名(郑益坤、王和举、吴川、黄时中、郑修铃)、福建省工艺美术大师15名。

随着集体、乡镇、民营企业不断兴起壮大,福州市脱胎漆器企业发展到近千家,主要分布在闽侯上街、荆溪和竹岐、晋安漆艺基地、鼓楼朱紫坊漆艺文化街区、仓山福湾工业园、仓山建新镇洪塘等地,以中小企业、个人工作室和家庭作坊为主,年销售额约10亿元。

(二)厦门漆线雕

厦门漆线雕是闽南地区独具特色的民间工艺珍品。2006年,厦门漆线雕经国务院批准列入首批国家级非物质文化遗产名录。

2000年之前,厦门漆线雕企业只有寥寥几家,通过发展扩大了规模和影响力。厦门市委、市政府决定将厦门打造成海峡两岸文化产业交流基地,分别制定了如资金支持、税收减免等相关政策对漆线雕产业进行扶持,同时加大宣传力度,在对外交往、中国国际投资贸易洽谈会、厦门国际马拉松赛等重要场合上频频让厦门漆线雕亮相。2008年8月优必德漆线雕因作品入选北京奥运会主会场"鸟巢"要员接待室，受到中外嘉宾的好评，获中国和平促进会颁发的奥运特殊贡献奖；2008年11月优必德漆线雕被文化部命名为"全国文化产业示范基地"。2012年是厦门漆线雕产业最辉煌的时期，光是厦门本地售卖漆线雕的店面就有57家，年销售约为3亿。有两个主要品牌：蔡氏漆线雕和优必德漆线雕。近几年，由于受国际金融危机的影响，厦门漆线雕出现出口萎缩，年产值仅剩1亿多元，年销售量在60万件左右，产品30%左右销往东南亚、欧美等国家和地区。

（三）泉州漆篮

"永春漆篮"是福建泉州永春县著名的民间传统纯手工制品，号称"桃园一绝"，闻名海内外。18至19世纪大量闽南人到台湾和东南亚等地区居住，使用漆篮的习俗也被带到了那里，因此这些地方成为如今漆篮的主要销售地。20世纪五六十年代以来，龙水漆篮得到了较快的发展。相继成立"龙水漆篮生产互助小组""永春县龙水漆篮生产供销合作社"，1958年，改组为"地方国营永春工艺美术厂"，成为漆篮在永春乃至整个闽南地区最大的生产中心。随着我国的改革开放，漆篮产品跟随时代步伐进行了创新，提高了附加值，生产规模不断扩大。但是由于1997年亚洲金融危机的影响，漆篮行业陷入困境：人员流失，订单减少，永春漆篮的生产从团体合作经营转变为家庭作坊式。2006年创立了"永春县龙水漆篮工艺有限公司"和"龙水传习所"。2009年龙水漆篮被列入福建省非物质文化遗产保护名录。福建省非遗传承人、龙水漆篮工艺有限公司董事长郭志煌为传承漆篮文化，放弃了生意返乡创业，以点带面发动当地工匠和居民继续投入漆篮制作中去，主要销售地依然是以东南亚为主的实用型漆篮，带动当地漆篮产业发展的同时也实现了脱贫致富。此外，也不乏像李海生与陈志伟等驻扎永春的当代艺术家对漆篮的创新与探索。

二、福建漆艺的现状及瓶颈

当前我国大力实施文化强国战略，福建漆艺的复兴对促进我国传统手工技艺的保护和推进文化产业的建设具有重要意义。振兴福建漆艺，不仅有助于福州非物质文化遗产的保护和地域文化的传承，还有助于发现手工劳动的创造性价值，弘扬精益求精的工匠精神，提振文化自信。

2021年1月16日，省委书记尹力在南平调研时强调："要不断优化线上交易平台，线上线下联动，以现代科技手段，把建盏、白瓷、漆器等具有福建代表性的艺术作品打造成为艺术品牌，做大做强文化产业，不断满足人民群众需要。"但由于主客观条件限制，福建漆艺的技艺保护和产业发展仍存在以下问题。

（一）生产场所分散，难以形成规模化生产结构

目前，厦门市漆线雕企业的生产与研发分散在湖里区、思明区、同安区等地，以中小型工作室为主。福州市脱胎漆器生产地相对集中在闽侯上街、荆溪和竹岐等乡镇。泉州漆篮产业

集中于仙夹镇的龙水漆篮基地,地处偏远,交通较为不便。

同时,由于当代传统漆器行业以民间私营企业为主,有个人工作室、家庭作坊等模式,缺少大型龙头企业引领带动,订单少、产值小、产品单一,总体呈现生产场所零散,难以形成规模化生产基地的现状。

(二)从业人员较少,传承人才匮乏

众多非物质文化遗产在现代社会都面临传承人才匮乏的困境,漆艺也不例外。无论是脱胎漆器、漆线雕还是漆篮,都是复杂、精深的技艺,工序甚至多达上百道。技术含量高,成品工期长,收入较低,专业毕业生转业率高,造成地底从业人员数量逐年递减。从业者中具备较好美术基础和实践技能的人才较少,导致人才断层,许多技法濒临失传,这在相当大的程度上制约了福建漆艺产业的创新与发展。

(三)宣传途径单一,传播力度不足

目前虽有进行相关纪录片、宣传片的拍摄,但缺乏持续开展系统化、常态化的宣传和展示。首先,宣传途径较单一,目前较多的宣传方式集中于线下宣传,忽视了现代生活中网络这一重要的宣传与展示渠道;其次,各展览馆、博物馆内漆艺作品少,能体现福建漆艺文化内涵和精湛技艺的精品更是寥寥无几;最后,福建漆艺对外宣传以成品的展示为主,对漆艺的制作流程、制作技艺的系统性介绍尚有不足。

（四）缺乏品牌意识，市场竞争力不足

在新时代背景下，人们的审美水平和对生活品质的要求逐渐提升。目前行业内的漆艺产品大都缺乏品牌意识，同时创新研发较为滞后，营销手法单一，产品包装及营销模式难以满足市场多变的需求，产品性质依然以观赏为主，与时代审美和需求脱节。且传统的手工制作周期长、工艺复杂，导致漆器产品价格高昂，难以被普通消费者所接受。应将漆艺产品转化为地域特色明显、人文内涵深厚、市场竞争力强的文化产品，以更好地融入群众日常生活。

三、促进福建漆艺发展的设想与建议

与大多数传统技艺一样，福建漆艺作为宝贵的非物质文化遗产，也面临技艺传承和发展的问题。党的十八大以来，习近平总书记对文化遗产保护高度重视，对文化遗产保护传承多次做出重要指示批示。党的十九大将"加强文物保护利用和文化遗产保护传承"作为坚定文化自信的一个部分写进报告中。针对调研后的福建漆艺产业现状与瓶颈，提出以下几点建议：

（一）强化政策扶持力度

相关部门可通过进一步强化组织领导，促进福建漆艺产业发展相关条例的修订，形成推动福建漆艺行业发展的合力。充分利用现有政策，从扶持保护及让其更好发挥社会效益角度出发，适当减免有关税费，加强财政扶持，同时优化人才评定与

项目申报流程，激发从业人员参与申报的积极性，帮助福建漆艺产业更好地生存发展。

闽江学院积极配合《福州市脱胎漆器技艺保护办法》的立法调研工作，就如何保护传承创新脱胎漆器技艺、强化人才培养等方面工作提出了有前瞻性和针对性的意见和建议。

（二）加强传承人才保护

福建漆艺作为宝贵的非物质文化遗产，保护的关键在于保护传承人。通过提供优惠条件和政策，提高非物质文化遗产传承人的社会地位和荣誉感，在摸清传承人现状的基础上，继续完善各级名录项目代表性非遗传承人的认定和管理工作，同时支持、表彰、奖励有突出贡献的传承人及传承团体。提高非遗传承人的补贴标准、扩大覆盖范围，资助传承人开展授徒传艺等活动。采取积极措施，开展对传承人的授课与培训，增强对技艺的认识和理论升华，更新传承理念和思路，增强职业认同感。制定合理的继承人吸引和培养制度，以综合措施保障非遗传承的持续性。

（三）完善人才培养模式

积极构建引领福建漆艺文化传承和地方产业振兴的应用型人才培养体系建设，积极与开展相关专业的高校教学平台、实践平台及研究平台合作，深度实现非遗传承与高校人才培养体系的深度融合。目前省内许多高校设立了漆艺相关的专业和课程，甚至闽江学院与致道中国漆文化产业机构还共同组建了全国首个"漆艺产业学院",即"闽江学院致道国际漆艺产业学院"。学院围绕漆艺产业开展科研、教学、市场推广等一系列工作,打造漆文化品牌、培养具有高水平漆艺产业创新创业人才为目标,开展深度合作,推进产教融合,促进福建漆艺产业发展。

闽江学院依托中国漆新型材料工程研究中心、漆文化与产业研究中心和中国工艺美术(漆艺)传承创新基地形成的全产业链融合发展新模式,与漆树产业国家创新联盟共同召开生漆科学与漆艺传承国际研讨会,共同搭建互相沟通、相互学习、展示成果的平台,共同研讨生漆科学与漆文化发展的前沿热点,共同推动我国漆艺非物质文化和新材料领域的研究。

同时,闽江学院还积极与教育部中外文人交流中心积极推动高校服务地方特色文化产业发展,拟共建"'一带一路'漆艺产业中外人文交流研究院",推进福建漆文化的国际化传播与交流。

(四)促进企业协同发展

要支持行业内综合实力强、研发设计能力突出、人才优势明显、带动能力显著的龙头骨干企业,积极引导有技艺潜力的小微型企业和艺人走特色发展之路。鼓励行业内龙头骨干企业引领和带动中小微型企业共同发展,形成产业链间的紧密协作关系。推动木根雕、家具等大中型工艺美术企业与漆艺企业开展跨地区、跨行业合作,增强漆艺行业发展活力和内在动力。

（五）保护精品漆艺作品

要鼓励大师们创作无愧于时代、无愧于传统技艺代表性传承人称号、能够彰显福建技艺特色的漆艺精品；依托省民间文艺家协会等举办的漆艺大赛和展览，搭建全国漆艺精品展示、评审和技艺交流的平台；有计划地组织开展一定数量的作品参加全国性展示交流，并通过企业和个人珍藏、政府收购、组织捐赠等多种形式，保存体现着传承人精湛技艺的漆艺精品。

（六）打造媒体宣传平台

将福建漆艺结合时代的特点进行宣传和推广，积极采用各种媒体平台扩大知名度。结合报纸、广播、电视、杂志等传统媒体与网站、自媒体、微信公众号等新媒体宣传，让福建漆艺回归人们的视野，弘扬工匠精神，进一步了解这项传统的工艺和它独特的魅力。同时在人流量较大的公共场所，结合户外媒体，以福建漆艺为主体，设立宣传牌、电子屏幕、灯箱等，展示福州脱胎漆器制作流程、特色技艺和产品。

（七）加强展示场所建设

筹建福建漆艺博物馆。利用博物馆的展示形式向大众宣传漆艺历史文化及产品成果。福建漆艺博物馆可集阐发研究、教育普及、保护传承、创新发展、传播交流、拍卖销售、定制定作等功能于一体。立足福建本土风情，通过展示漆艺作品、制作技艺、历史传承等文化，让漆艺更多地展现于大众眼前。有助于推动漆艺产业发展、人才培养和文化展示交流。

(八)开展漆艺保护研究

加强对福建漆艺技艺及保护方法的理论研究。非物质文化遗产保护相关理论、政策、措施、方法、经验在不断实践和不断探索之中。要主动与国内外同行合作,推动福建漆艺的对外文化交流和合作,学习借鉴其他地区漆艺保护的经验和做法,有针对性地解决实际问题。以学术研讨会等形式主动与高校、科研机构合作,推动漆艺理论研究向纵深领域发展。

为推动漆艺术产业理论研究向纵深领域发展,福建省民间文艺家协会与闽江学院美术学院共同开展了漆艺横向课题研究,举办了福州传统技艺"雕漆(福犀)"的传承与发展学术研讨活动。围绕福州漆艺发展历程及福州雕漆(福犀)历史地位,福州雕漆技艺的时代传承与特色,福州雕漆工艺的复兴、创新与发展,福州雕漆艺术的保护、传承与发展的现实意义等议题展开讨论与交流,为"福犀"技艺的传承与创新提出了许多建设性意见与方案。

结语

福建漆艺的发展正处于转型升级阶段,应结合文化产业的发展规律,围绕加强传承人才保护、完善人才培养模式、促进企业协同发展、打造媒体宣传平台、加强展示场所建设、保护精品漆艺作品、开展漆艺保护研究等方面进一步完善福建漆艺产业结构；同时也可通过正向引导和资金扶持，加大宣传力度，扩大影响范围，促进福建漆艺产品文化内涵的提升。在各方的共同努力下，福建漆艺将朝着规模化、产业化、品牌化的方向迈进，走上稳定、健康的发展道路。

博物馆文创与传统文化资源的开发

尚光一

习近平总书记2021年3月在福建考察期间强调，要推动中华优秀传统文化创造性转化、创新性发展，以时代精神激活中华优秀传统文化的生命力[1]。同时，进入新时代，随着社会经济的发展和物质生活水平的提高，民众文化消费需求不断增强，要满足"人民日益增长的美好生活需要"[2]，也必然呼唤多层次、多形式、多样化的优秀文化产品，而博物馆经由优秀传统文化资源所开发的文创产品、文创活动，不仅是承载人们寻求心灵栖居与审美体验的载体，也对推进经济社会协调发展有着独特意义。此外，《中华人民共和国国民经济和社会发展第十四个五年规划和2035年远景目标纲要》中也将"健全现代文化产业体系和市场体系"明确为"发展社会主义先进文化、提升国家文化软实力"[3]的目标之一。然而，近年来博物馆所进行的文创开发，例如故宫博物院举办的"上元之夜灯光秀"等，在学界与民间却又引发了不少讨论，反映出当前博物馆文创开发所面临的共通性问题，因而细致探讨博物馆文创开发理念，对今后博物馆的内容建设与文创活动、文创产品开发，都有着参考意义与借鉴价值。

一、博物馆文创开发应重视提升互动体验

在博物馆文创开发过程中，要有意识地植入体验模块，提升访客的互动体验。实践证明，博物馆在文创开发过程中，如单纯依靠场景展示或产品呈现，往往难以有效激发访客的兴趣，而多点多态地融入互动性体验环节是提升博物馆文创开发效果的关键举措。例如，四川博物院在陶瓷馆专门设置了制陶体验区，按50元每人的收费标准，由入驻陶瓷馆的工艺师指导访客亲手制陶，就得到访客尤其是亲子客群的普遍欢迎。

（一）文创活动要植入互动性体验环节

就博物馆以往开展的文创活动而言，往往在互动性体验方面比较薄弱，常常局限于聘请考古专家开设讲座、举办系列文化论坛、现场播放影像资料、组织青少年活动等刻板形式，导致访客仅仅获得了"我来到、我看到、我听到"的浅层体验。为提升文创活动的吸引力和实际效果，博物馆应在文创活动中尽力彰显自身所涵育的优秀传统文化资源，而要做到这一点，就要在访客参观游览的过程中植入多种形态、多种类型的互动性体验环节来打破访客与博物馆之间的隔阂，从而提升博物馆文创活动的实际效果。近年来，一些博物馆在利用虚拟现实和全息影像技术提升访客沉浸式体验方面做出了尝试，包括

邀请访客与全息展示的鲸鱼进行亲密互动（新北市十三行博物馆）、吸引访客在"星空沉浸厅"感受还原成3D场景的梵高名作（中国国家博物馆）、秉持"可触摸、可互动、可体验"的理念引导访客直观感受科技魅力（北京汽车博物馆）等，都有意突破传统博物馆活动中访客单纯作为旁观者的局限，从而产生了良好的效果。特别是，在"国际博物馆日"活动中，中国主会场启动了"博物馆5G新生活""中国国宝大会""金话筒走进博物馆、带你一起读中国"等文创活动，其中都特别强调了访客的互动体验，把提升互动性作为博物馆举办文创活动的新理念。可以说，近年来的这些尝试与探索，都隐含了博物馆文创活动应植入互动性体验环节的理念，今后应进一步强化。

（二）文创产品展示要与互动体验结合

对于博物馆所开发的文创产品，要以"活态互动"体验作为"静态展示"的有机补充，在文创产品的展示销售过程中，要利用VR等新技术使访客沉浸式体验到相关文创产品所涉及的创意与制作过程；要以协助举办展示活动、提供配套服务等举措，鼓励文创产品的设计师、工艺师入驻博物馆现场演示或介绍；此外，要结合文创产品所蕴含的文化特质，聘请有关专家常态化开展与文创产品相关的系列文化公益讲座，并为其提供场地、技术等各项支持，从而提升访客对文创产品文化内涵的认知，增强其对文创产品的认可度与喜爱度。以博物馆的雕版印刷藏品为例，今后应将刻字、印刷、装订、拓本临摹等体验环节与展品展览、文创产品销售相搭配，并将其融入博物馆文创开发的整体体验模块之中，从而满足访客深层次的文化体验需求。并且，访客在体验环节中参与制作的雕版印刷品，也可通过加盖博物馆特色标记或附赠博物馆纪念证书等方式，将其返售给访客，以进一步扩大文创开发收益。

（三）文创开发要持续强化互动性理念

今后，博物馆在进行文创开发时，为更好地优化文创项目的体验环节、提升访客的体验良好度，仍需进一步强化互动性理念。例如，故宫博物院在2019年元宵节举办了"上元之夜灯光秀"活动，这是故宫内首次举办的元宵节群众文化活动，也是故宫博物院建院94年来首次开放的夜游活动。然而，活动举办之后，引发了众多讨论。一些访客基于自身的审美观点，表达了在活动现场体验到"乾隆亲自操刀的农家乐审美""大型蹦迪现场"等不佳感受。当然，正如不能苛求第一次蹒跚起步的孩子就能步态优美，作为故宫博物院首次尝试的夜游活动，难免会有不尽如人意之处。今后，随着故宫博物院运营经验的积累、观念的革新以及文创活动运营能力的提升，此类夜间活动应会越来越有品质，应能越来越好地满足民众的审美体验与文化需求。

综上，通过梳理博物馆文创开发方式方法，可以看出，只有在文创开发过程中有意识地、更多地植入体验性环节，在具体展示和活动中提升互动性，改变浮光掠影、到此一游式的浅层观览模式，才能更好地彰显优秀传统文化、提升博物馆文创开发的实际效果。因而，今后在文创开发过程中，博物馆应积极通过互动模块的创新，不断打破访客与博物馆及其所涵育的优秀传统文化资源之间的隔阂，从而持续提升博物馆实际效益与社会影响。

二、博物馆文创开发应理性看待不同评价

社会的进步，必然带来审美观点的多元。西方谚语有"谈到趣味无争辩"，我国俗语也说"萝卜白菜各有所爱"。就博物馆具体推出的文创产品或文创活动而言，出现不同评价是自然而然的现象，应理性看待。

（一）博物馆文创所引发的讨论

近年来，各级各类博物馆开发了众多文创产品，例如朝珠耳机（故宫博物院）、马王堆养生枕（湖南博物院）、国宝味道之秘色瓷莲花碗曲奇（苏州博物馆）、文衡山先生手植藤种子（苏州博物馆）、"相对饮"酒（成都杜甫草堂博物馆）等，这些文创产品使访客对博物馆及相关藏品留下了更深刻的印象，增强了访客对博物馆所涵育的优秀传统文化资源的理解，也强化了博物馆的文化传播和文化教育功能。目前，南京博物院、陕西历史博物馆、首都博物馆、中国丝绸博物馆等博物馆，所开发的文创产品已涉及日常生活的方方面面，包括丝巾、书签、领带、首饰、袖扣、钥匙链、图书、箱包等。特别是，故宫博物院开发的各类文创产品已接近万种，其所持有的"故宫"和"紫禁城"商标也被国家工商总局列入驰名商标名

册表。不过，博物馆所开发的文创产品中，也有不少被访客认为雷同、无新意，市场反馈并不好。例如，故宫淘宝商店上架的文创产品，有不少被访客认为价格昂贵、质量一般，无异于旅游纪念品，未能很好实现文创产品与馆藏文物所蕴含的文化寓意、背后故事相融通的期待。

博物馆近年来"试水"的文创活动，在具体执行中所暴露出的缺憾，也常常引发热烈讨论。以"上元之夜灯光秀"活动为例，故宫博物院由于活动筹备时间不足、执行中一些细节考虑不周，影响了访客的观感与体验。同时，期望越大，失望越大，一些抱有美好想象的访客因感到落差而对其屡有苛责之语。而就本质而言，针对此次活动出现的两极评价，既体现出当前文化发展上的不平衡与不充分，也体现出民众文化需求的多元与审美素养的参差，这是社会发展过程中的阶段性现象。

（二）博物馆对负面反馈应持的态度

对于博物馆而言，今后在文创开发过程中应理性看待访客与社会各界的多元化评价，不能因噎废食，不能因出现负面反馈而在文创开发中放弃大胆尝试，要相信随着社会发展、文化繁荣和博物馆运营水平的提高，更多更好的文创产品、文创活动将会不断涌现，从而更好地满足民众多样化的文创体验需求。另外，文化自信是一个国家、一个民族发展中更基本、更深沉、更持久的力量，文化建设也是"五位一体"总体布局的重要组成部分。习近平总书记指出，提高国家文化软实力，不仅关系我国在世界文化格局中的定位，而且关系我国国际地位和国际影响力，关系"两个一百年"奋斗目标和中华民族伟大复兴中国梦的实现。[4]可以说，文化自信不仅是中华民族应有的气质，也是社会发展的深层动力。而从文化创意产业的视角来看，博物馆所涵育的优秀传统文化资源，经由举办文创活动、销售文创产品的市场行为，能够更好地将文物展品等与现代生活相对接，从而更好地实现优秀传统文化的活态保护、更好地向世界彰显文化自信。可以说，博物馆只有基于文创开发的一般规律勇于创新、融入生活，其所涵育的优秀传统文化资源才能有绵延不绝、不断重生的活力，而无论是排斥任何时代元素、沉醉于古物的"学究式"痴迷，还是苛求百分百还原所谓旧时美好生活的"文青式"想象，都不是传统文化资源永葆青春的理性发展方向。一言以蔽之，当前访客对博物馆文创开发的各类尝试或许看法各异，但在文创开发中，不敢进行创新就如同坐视优秀传统文化资源流失，因而对博物馆来说，在今后的文创开发中应理性看待访客的多元评价及社会上的不同看法，时刻保有创新的勇气。

三、博物馆文创开发应坚持双效统一理念

近年来，学界和民间对博物馆文创开发过程中所涉及的商业化与公益性的矛盾有着热烈的讨论。事实上，博物馆文创开发属于文化创意产业范畴，必须始终坚持把社会效益放在首位、努力实现社会效益和经济效益相统一，在经济效益与社会效益发生矛盾时，经济效益必须服从社会效益。从宏观来看，

博物馆的商业化文创开发行为，有助于将优秀传统文化以蕴含时代因子的面貌出现，而不是任由相关文物展品在玻璃挡板的背后叹息时光不复的落寞，正如国务院办公厅《关于推动文化文物单位文化创意产品开发的若干意见》指出："深入发掘文化文物单位馆藏文化资源，推动文化创意产品开发，对弘扬中华优秀传统文化，传承中华文明，推进经济社会协调发展，具有重要意义。"[5]今后，博物馆应积极申请作为"文化部确定的文化文物单位文化创意产品开发试点单位"，借助相关政策支持更好地开展文创开发，进一步理顺商业化与公益性的关系。

（一）博物馆文创开发应调动社会力量

具体就博物馆的文创开发行为而言，一方面，虽然作为客观存在的实体，博物馆本身对于访客容量有其限制，但文物展品等优秀传统文化资源的开发在思维上不应有限度的边界，只要是有助于弘扬中华优秀传统文化、提升国家文化软实力，文创开发的体量不应有刻意的限制。对于博物馆而言，今后更需重视的应是文创活动、文创产品本身的开发水平。就此而言，与社会力量合作是有效途径。例如，故宫博物院为开发融图书与游戏于一体的文创产品《谜宫·如意琳琅图籍》，就主动整合了学界、企业、媒体等各方力量。其中，故宫博物院依靠自身的专家团队与丰富的资料库，厘清了该文创产品所涉及的历史背景、文化寓意、背后故事等，完成了故事大纲的编纂与学术考证；游戏团队"奥秘之家"负责游戏设计，在该文创产品中植入了丰富的解谜闯关与趣味挑战环节，以提升读者的学习效果与成就感；摩点网则负责众筹及媒体推广，借助新华社、《人民日报》等官方媒体和微博、微信等新媒体平台，有效扩大了该文创产品的影响力。众筹信息发布仅38天后，该文创产品众筹的金额已达2020万元，打破了我国出版物众筹的纪录。究其原因，《谜宫·如意琳琅图籍》之所以能获得社会认可和良好市场回报，正在于故宫博物院秉持开放心态，主动与社会力量合作，在文创产品开发过程中有效整合了相关社会资源。事实上，近年来，各级各类的博物馆，有不少都在文创开发中依据自身情况，通过不同形式与社会力量开展了合作。例如，中国国家博物馆与阿里集团开展了合作，北京鲁迅博物馆、湖北省博物馆、中国文物交流中心共同牵头成立了中小型博物馆文创联盟，成都杜甫草堂博物馆委托倬彼云汉（成都）文化传播有限公司全面运营杜甫草堂文创馆及其线上店铺等。今后，博物馆应进一步与社会力量开展深度合作，认真梳理自身的文物展品等优秀传统文化资源，以共享开放的精神来提升文创活动、文创产品的品质，不断完善营销体系与强化品牌建设。从这一意义上来说，博物馆文创开发的潜力绵绵不绝、没有边界。特别是基于当代互联网的传播优势与网购平台优势，博物馆未来在文创开发领域将大有可为。

（二）博物馆文创开发应以社会效益为首

在走向市场和商业化的过程中，博物馆要坚持将社会效益放在首位。博物馆文创开发的主要目的应是增强博物馆的参与性、互动性，拉近访客与文物展品的距离，以更好地传承优秀传统文化、实现博物馆的文化传播和文化教育功能。为此，博物馆应在履行好开展公益服务、保护国家文物等主要功能的前提下，积极进行文创产品、文创活动的开发，并将文创开发行为作为公益文化服务、藏品征集保护等核心业务的有力支撑，明确不是为开发而开发，而是为保护与弘扬而开发。同时，博物馆内部要构建科学合理的文创开发机制，在符合规定的前提下重视创建对员工的激励措施，并积极培养与引进高素质文创人才、特别是高层次文创经营管理人才，确保文创活动、文创产品的高品质，以更好地满足民众的期待与需要，充分实现社会效益。

四、博物馆文创开发应逐步克服制约因素

基于文化创意产业的特质，文创活动、文创产品的开发不同于日用品开发，其更需要时间的沉淀与运营的耐心。"上元之夜灯光秀"活动所引发的讨论，也显示出当前博物馆在进行文创开发时亟待破解相关制约因素。

（一）逐步克服运营管理水平不高的制约

从时间来看，我国博物馆进行文创开发的时间还不长，需要经历模仿他者、自我创新、树立品牌的不同发展阶段，从而使文创活动、文创产品的开发逐渐得到完善与提升。当下，具体就博物馆的一些文创开发行为而言，其中或许存在着"授

权混乱、品质欠佳"的现象,但是面对褒贬不一的评价,发展中的问题终究还是要靠发展来解决。以故宫博物院所藏的《海错图》为例,其仅是康熙年间民间画师所绘的海洋生物图册,既不是艺术名作,也不是国家一级文物,更不是学界研究的对象。然而,近年来,基于文化创意产业理论,并借鉴同类文创开发的经验,故宫博物院成功对《海错图》进行了IP版权多元化运营,形成了独特的业态链条。据报道,故宫博物院首先在与腾讯合作的"NEXT IDEA"大赛中,将《海错图》作为QQ表情包大赛素材广泛宣传,并邀请动物学专家进行分析研究,包括特邀有着广泛影响力的微博大V"博物君"来具体讲述《海错图》里的生物。同时,故宫博物院着手开发了"海错"主题的各类文创产品,包括小家电、装饰画、家居用品等。而且,为激发广泛参与与社会关注,故宫博物院还举办了"海错"主题文创设计方案投票活动,让粉丝决定文创产品的最终呈现方式。之后,故宫博物院又与招商局合作,将"海错"元素融进多媒体数字海洋科普教育展并在全国巡展。此外,故宫博物院还与中信出版社合作,依托《海错图》联合出版了针对少年儿童的《给孩子的清宫海错图》一书,并很快成为知名畅销书。[6]正是通过不断完善与提升文创开发的理念与举措,"海错"成为知名的IP版权,实现了多元化运营,并延伸出文化创意产业链条,激发出文创开发的"长尾效应"。鉴于此,整体而言,博物馆文创开发今后应在运营管理上做出更大努力,不断优化具体文创活动、文创产品在开发过程中的机制与模式,逐步克服运营管理水平不高的制约。

（二）逐步克服优秀文创人才稀缺的制约

人才的制约也是当前博物馆提升文创开发效果亟须破解的普遍难题。近年来，我国文化创意产业发展势头强劲，但与此同时也存在着一些亟待破解的难题，制约了文创开发水平的进一步提升。其中，最主要的制约在于文创开发领域的专业人才供给不充分，特别是高层次经营管理人才匮乏。文创开发领域的高层次经营管理人才应通晓文化创意产业的产业规律与产业特性，熟稔文化产品的文化属性与市场属性，善于根据文化创意产业的特点进行具体文化产品的运营与管理，然而从实践来看，这类人才是目前博物馆文创开发所急需却又稀缺的人才。对于这一难题，需要政府、学校、社会各方面形成合力，通过共同努力来逐渐破解。特别是，为理性回应民众对博物馆文创开发褒贬不一的看法，就需重视引入高素质的专业人才与团队，克服优秀文创人才稀缺的制约，以不断提升具体文创活动、文创产品的品质与受欢迎度。

五、博物馆文创开发应具备开阔的国际视野

近年来，随着国际交流的频繁，民众和学者纷纷将国内博物馆与国外博物馆的文创开发活动进行对比，开展了比较深入的讨论，反映出国内博物馆今后开展文创开发活动时，有必要参考借鉴国外博物馆相关经验与做法，以更好地提升我国博物馆文创开发的水平与实际效果。

（一）参考国外博物馆进行文创开发的经验

追溯国外博物馆的商业化历程，众多知名博物馆在文创开发方面起步较早，积累了许多成功经验与有效做法。例如，美国大都会博物馆商店积极围绕艺术品资源进行图书出版、3D复制等文创开发，目前已建立了一个分布于世界各地的大都会博物馆商店体系，商店数量达16家。这些举措，不仅强化了大都会博物馆的品牌、普及了艺术，也为大都会博物馆的高效维持与高品质运行提供了强有力的支撑。再如，法国卢浮宫博物馆以"蒙娜丽莎"为主题，开发出涉及文具、家居用品等在内的系列文创产品，包括将"蒙娜丽莎为小猫导览卢浮宫"作为故事情节，专门开发出为儿童定制的导览手册，产生了良好的经济效益与社会效益。

（二）审视国外博物馆抢占我国市场的做法

近年来，一些国外博物馆已通过文创开发来抢占我国市场。例如，2018年7月，大英博物馆天猫旗舰店正式上线，第一个月即吸引了13万店铺粉丝。鉴于此，对我国博物馆而言，今后应在坚持社会效益为首位的前提下，理性审视国外博物馆抢占市场的做法，将独立创新与经验借鉴相结合，汲取国外博物馆比较成熟的市场拓展经验，通过合作开发、授权开发、独立开发等多种方式方法，不断提升自身文创开发的水平，进一步开拓市场，以更好地实现活态保护优秀传统文化资源、推动中华文化走出去的目标。

六、博物馆文创开发应不断优化管理机制

鉴于前期博物馆文创开发所引发的讨论,今后博物馆应重视在文创开发中不断提升运营管理水平,特别是在文创活动、文创产品的具体开发过程中,要注重不断优化管理机制。具体而言,在开发体系、人才制度、运营模式三个方面,博物馆应积极在机制上进行优化与提升,确保文创开发机制的优化性。

（一）要构建以跨界融合为理念的立体开发体系

博物馆今后应秉持跨界合作、融合推进的理念,在文创活动、文创产品的开发过程中要灵活、积极地采用独立开发、IP授权、多方合作等多类型开发,构建立体化开发模式,更深入地发掘优秀传统文化资源,从而更多样地推出富含传统文化意蕴的文创活动与文创产品。同时,博物馆在文创活动、文创产品的开发过程中,也要不断完善自身营销体系,理顺自营与授权的关系,在管理模式上构建避免内部纠纷的"防火墙"。

（二）要建立以集聚各方人才为特征的人才制度

鉴于文创开发领域专业人才供给不充分,特别是高层次经营管理人才匮乏的现状,博物馆今后应树立"但为所用、不问所有"的人才观,努力更有效地利用国有和民营、事业单位和企业之间的多重人才流动渠道,更灵活地汲取所需的创意研发、营销推广等各种人才力量,为自身文创活动、文创产品的可持续、高品质开发奠定坚实人才基础。

（三）要优化以多层植入为举措重点的运营模式

在具体运营过程中，博物馆今后应对文创活动、文创产品的开发形态、成败标准等进行综合考量，不断优化以多层植入为举措重点的运营模式。首先，博物馆在文创产品开发中应强化文化底蕴与审美内涵植入，努力开发多类型、多形态、具有市场吸引力的特色创意产品，不断拓展定制化文创产品、社交化文创产品、智能化文创产品等新型文创产品。其次，博物馆今后应更主动地将文创活动、文创产品开发植入当地文创开发体系之中，使其成为当地文创开发体系的有机组成部分，从而在宣传上借势、在活动中借力、在人才上借智，实现自身文创开发的放大效果。最后，在具体运营中，博物馆还应通过构建激励机制来促使相关人员在文创开发过程中自觉植入体验性环节、体验性元素，以激发文创开发收益的长尾效应。

结论

博物馆基于优秀传统文化资源所开发的文创产品、文创活动，不仅是承载人们寻求心灵栖居与审美体验的载体，也对推进经济社会协调发展有着独特意义。鉴于此，就文创开发理念而言，今后博物馆文创开发应重视提升互动体验、理性看待不同评价、坚持双效统一理念、逐步克服制约因素、不断开阔国际视野、不断优化管理机制。特别是，对于管理机制，今后在文创活动、文创产品的运营中，博物馆要注重不断优化开发体系、人才制度、运营模式三个方面的机制。具体而言，在运营管理过程中，博物馆要构建以跨界融合为理念的立体开发体系、要建立以集聚各方人才为特征的人才制度、要优化以多层植入为举措重点的运营模式。只有如此，博物馆文创开发才能不断打破访客与博物馆及其涵育的优秀传统文化之间的隔阂，更好地顺应访客的审美需要与文化需求，持续提升实际社会效益与自身影响，从而助力满足"人民日益增长的美好生活需要"。

参考文献

[1]新华网. 习近平在福建考察时强调在服务和融入新发展格局上展现更大作为奋力谱写全面建设社会主义现代化国家福建篇章[EB/OL]. [2021-03-26]. http：//www. xinhuanet. com/politics/leaders/2021-03/25/c_1127254519. htm.

[2]习近平. 决胜全面建成小康社会,夺取新时代中国特色社会主义伟大胜利——在中国共产党第十九次全国代表大会上的报告[M]. 北京：人民出版社，2017：11.

[3]新华社. 中华人民共和国国民经济和社会发展第十四个五年规划和2035年远景目标纲要[EB/OL]. [2021-03-16]. http：//www. xinhuanet. com/2021-03/13/c_1127205564_17. htm.

[4]中国共产党新闻网. 习近平关于社会主义文化建设论述摘编[EB/OL]. [2021-02-05]. http：//theory. people. com. cn/n1/2019/0107/c40531-30507321. html.

[5]国务院办公厅. 关于推动文化文物单位文化创意产品开发的若干意见[EB/OL]. （2016-05-16）[2021-03-03]. http：//www. xinhuanet. com/politics/2016-05/16/c_1118875319. htm.

[6]刘辉. 关于博物馆文创的几点思考——以故宫博物院为例[N]. 光明日报，2020-09-13（12）.

建盏产业中的共生模式与文创模式

王晓戈

建盏在宋代的兴起是福建乃至中国陶瓷史上的一段传奇。斗茶，一个在宋代建阳兴起的饮茶风俗，在全国范围内迅速得到推广与普及。建阳所产黑釉"建盏"由于非常适合观察茶汤的"乳花""云脚"，成为宋代茶人珍爱的茶器，并带动全国范围内黑釉瓷器发展。其影响远播日本、朝鲜。

元代以后，由于饮茶方式的再度转变，黑釉瓷器迅速衰落，建盏到明代已经绝烧，技艺失传。1979年，在建窑断烧600余年后，在中央工艺美术学院、福建省科委、福建省轻工所和建阳瓷厂等部门和单位共同努力下，开始启动对宋代建盏烧制技艺的研究，并于1981年成功地烧制出了仿宋建盏。2009年，"建窑建盏烧制技艺"被列入福建省第三批非物质文化遗产名录；2011年，又被列入第三批国家级非物质文化遗产名录。据相关人士的介绍，从1979年至今，不到40年的时间内，整个南平地区生产建盏的单位已经达到2000多家。无论是从发展速度还是产业规模上看，建盏行业的当代复兴堪称福建当代工艺美术发展史上的又一个奇迹。

然而，在当代建盏行业整体繁荣的背后，依然存在许多不容回避又亟待解决的现实问题。笔者2017年下半年又两次在建阳调研，走访了多家建盏生产企业。现就近期调研的所思所想做一个简要梳理，就教于各位方家。

一、宋代建盏：工艺与文化的共生模式

如果从现代产品开发与营销的视角来考察，建盏在宋代的崛起是多方面因素共同造成的，尤其饮茶风俗与艺术品鉴的发展，指明并带动了建盏工艺发展方向。

宋代建盏的兴盛与当时"斗茶"习俗的流行相辅相成。宋代的饮茶方式从唐代的"煮茶"转变为具有一定竞赛性、游戏性的"点茶""斗茶"，因"茶色白，宜黑盏。建安所造者，绀黑，纹如兔毫。其杯微厚，熁之久热难冷，最为要用。出他处者，或薄或色紫，皆不及也。其青白盏，斗试家自不用"[1]。饮茶方式、品赏方式的改变带动茶具的变革，客观上促进了黑釉茶具的流行。日本茶道深受我国宋代"点茶"技艺影响，因此，日本茶人至今依然对黑釉的"天目盏"十分珍爱。

宋代建盏工艺精到，在细节的处理上，堪称手工艺时代的设计典范。赵佶在其《大观茶论》之"茶盏"条云："底必差深而微宽，底深则茶宜立而易于取乳，宽则运筅旋彻，不碍击拂。"[2]宋代斗茶比评的内容丰富，对于点茶器具和点茶技巧提出了近乎苛刻的要求，直接促成了宋代茶具全面、细致、周

到的适用性设计，其中又以束口盏的设计最具代表性。

束口盏的特色在于其口沿往下1厘米处设计了一圈凹槽。首先，因为有这个环形的内凹，加强了口沿处的强度，降低了器形在1300摄氏度高温下烧制时变形的可能性，提高了成品率；其次，因束口的设计能改变水流方向，往盏内注水时，不必担心高温的汤水冲出建盏的口沿；再次，盏沿上的束口线自然而然地成为点茶时注水量的标尺，便于操作；最后，这个口沿的线条也与口唇形状极为贴合，喝茶时口唇部位感觉极为舒适。一个细节上的精心设计，解决了多个问题，这是建窑历代工匠智慧的结晶，也使束口盏成为建盏最具代表性的器形。

文化艺术进一步带动建盏消费热潮。在宋代，建盏得到皇家的官方认可，宋徽宗《大观茶论》、蔡襄《茶录》等著作的发行，进一步促进斗茶习俗在宋代文人与士大夫阶层的流行。同时，宋代文学中大量茶诗、茶词，极大丰富了斗茶及建盏的文化内涵。这又反过来刺激了皇家贵族、文人士大夫及富商巨贾对建盏的消费欲望，带动了建盏的市场需求，最终促进了精品建盏的生产与新品种创新。

建盏艺术充分体现了宋代造物美学中"朴素无华""自然天成"的审美理想，而建盏丰富的釉色变化也体现了宋瓷烧制技艺的最高水准。

宋瓷以"简、素、淡、雅"见长，追求器形的简练优美与釉色的自然天成的意趣。古代的建盏生产，"入窑一色，出窑千变"，建盏上的兔毫、油滴、鹧鸪斑以及曜变等肌理效果，均是在烧制过程中自然呈现的，具有极大的偶然性，这又加强了建盏独特的艺术魅力。

宋代建窑的兴盛，带动了周边地区以建盏黑釉陶瓷技艺为核心的黑釉窑系的发展，对我国陶瓷发展影响深远。各地窑口的黑釉瓷器又发展出各自特色，出现了"白覆轮、玳瑁斑、剪纸贴花、木叶纹、描金"等多种装饰手法，丰富了我国古代黑釉瓷器的烧制工艺与艺术风格。存世的宋代曜变建盏，足以代表我国古代陶瓷技艺的最高水准。

二、当代建盏行业发展的不足与隐忧

宋代建盏因为适合"斗茶"这一特殊的饮茶方式而兴盛；至元代，也因为饮茶方式的改变而逐渐衰落直至断烧。近30年来，随着建盏烧制技艺的恢复，建盏独特的文化与艺术价值重新得到市场认同，如今的建盏生产无论在产量还是在规模上都大大超过宋代，但从整体上看，还存在许多不足之处。

产品开发上创新不足。产品同质化的情况较为严重。建盏烧制技艺的当代复兴得益于对古代建盏形制的模仿，同时由于当代收藏热带动的仿古热潮，进一步加深了市场对古代茶器形制的推崇。这种趋向从短期看，能迅速提升行业的技术水准，满足了一部分小众、高端群体的需求；而从长远看，没有突破古代建盏的固有模式，没有从当代茶文化的高度，来深入思考和开发适应当代人生活方式的茶具和茶道。与此同时，太多同质化的产品涌入市场，必然会引发价格战，最终将稀释高端产品的市场价值，无助于整个行业的健康发展。

传统手工技艺传承不足。传统建盏生产是依靠手工完成的，而当代建盏生产中，为降低成本，满足市场需求，不少企业会采用模压工艺来提高生产效率，甚至直接购买现成的陶坯与配制好的釉料，简化生产流程。这种做法直接影响到传统建盏手工技艺的完整传承。以拉坯为例。就目前的情况看，拉坯手艺较好的青年建盏艺人并不多，笔者在调研中就发现有些工作室直接聘请景德镇的师傅完成拉坯工作。手工艺品的生产历来重视质感、触感、手感和使用体验，需要制作者能对产品的每一个细节加以仔细调整，如果从业者不能较好掌握完整的工艺流程，是很难对产品做进一步细化和优化的；更重要的是，如果当代建盏的生产在设计和制作的过程中脱离了匠人手工造物的那份情感注入，一定会影响到这个器物所能体现的造物精神与审美格局。因此从长远看，手工技艺上的传承不足必然会削弱建阳建盏产业的创新能力。

对建盏釉色开发视野不够开阔。目前市场上的产品以油滴建盏最为常见，而兔毫釉、茶末釉相对较少，其他如黑釉金彩、珍珠斑、灰背、玳瑁纹、白覆轮等古代的建盏品类则极为少见。常见油滴建盏的出品，这其中固然有电窑普及，且油滴釉工艺较为成熟，容易生产的原因。但如果一味追随市场，而不去主动制造新的热点，很难带动消费市场的持续发展。高端市场强调"物以稀为贵"，如果没有与众不同的特殊工艺，也很难激发高端收藏市场的消费热情。采用龙窑柴烧的建盏生产开始得到重视，柴烧建盏这一概念也逐渐得到广泛认可。柴烧的精品建盏已经成为市场的新宠。柴烧建盏"入窑一色，出窑千变"，釉色华美，但因其烧制成品率低，成本高昂，且不够环保，是否符合国家环保标准，能否持续发展，还有待观察。

三、文创模式与建盏技艺的当代创新

所谓"文创模式"，是"文化创意模式"的简称。如今，文创模式已经逐渐成为全球范围内文化发展的主要潮流，是当代文化产业、创意产业相互融合而形成的新型产业发展模式。2016年初，联合国教科文组织发布的《文化时代：全球文化创意产业总览》中明确指出：文创产业是全球经济的支柱产业，对世界经济和社会就业做出了巨大贡献。无论在发达国家还是在新兴市场经济体，都正在成为国家和地区经济的战略性产业。

从"文创模式"的视角来看，文化与产业的发展是相辅相成的，而且这种共生关系在当代互联网、自媒体时代，显得尤为突出。当然，文化不是抽象的概念，任何一种文化都必须通过具体的方式来呈现。文化创意产业，本质上是以某一特定文化为基础，以创意为指引的文化产品的生产过程。

当下，世界各国对制造业的数字化智能化展开了新一轮的发展和转型，工业4.0、数字化智能制造的趋势已经显现。现代科技的生产力能完全满足我们物质需求的同时，对产品的品质及文化内涵提出了更高的要求。当代的产品设计必须要充分呈现某种特有的文化精神，并通过器物的使用方式，推广与此文化内涵相对应的生活方式。

近几年，国内传统工艺美术行业的不景气，恰好也反映了在这个物质过剩的时代下,以往面向大众的"复制型""薄利多销"的量产模式已经难以满足消费者的物质与文化需求,面向小众市场的个性化、少量化、精品化才是未来工艺美术发展的主要方向,建盏行业的未来发展必须依托"文创模式",全面审视现有的文化资源,以创新的产品来引领未来的市场发展方向,促进整个行业的升级换代。

(一)全面整合本地区文化资源

闽北地区有着丰富的自然与人文资源,这些都将是未来建盏产业发展所必须倚重的。首先,闽北地区历来是茶叶的重要产地,历史上出产北苑贡茶、龙凤团茶(并带动了建盏的流行);当代闽北地区以武夷岩茶的知名度最高,也产白茶、红茶。闽北地区茶产业的兴起是当代建盏发展的重要契机。建盏作为茶具,如能在形制与功能加以调整来配合武夷岩茶的冲泡方式,这将进一步推动武夷地区的茶叶与茶器行业。

恢复并推广传统的"斗茶"技艺,依托宋代茶道的文化,塑造并完善"斗茶"作为高端茶道的形象与内涵,并以此带动传统建盏的消费与生产,这是另一种值得重视的方向,事实上建阳本地目前也确实有很多青年茶道家在从事这一方面的尝试。

其次,闽北地区历史上也曾经出产过青瓷、青白瓷,虽然闽北的青瓷与青白瓷器的知名度并不高,但青瓷与青白瓷非常适应当代饮茶方式,如果能进一步从地域文化的高度,开发历史上建阳地区的青瓷、青白瓷技艺,并扬长避短,以本地的材料与工艺特色作为市场推广的诉求重点,并与武夷地区茶文化加以整合，作为建窑黑釉瓷器补充的青瓷、青白瓷是极具开发潜力的。

(二) 整合黑釉陶瓷文化资源

建盏技艺的复兴始于仿古。现代陶瓷科技的发展，使建盏烧制的成功率大大提高。再经过近三十余年的技术探索，一部分古代建盏异毫釉的工艺已经被掌握。基于黑色釉面效果的黑釉金彩、木叶盏、珍珠斑、玳瑁纹等效果也都可以仿制出来。不少当代建盏艺人一直致力于破解宋代"曜变建盏"工艺，成果喜人。

如今的建盏在釉色上早已突破了单一的黑色的局限，可谓绚丽多彩，有银兔毫、金兔毫、蓝油滴、金油滴、柿红釉、茶末釉、灰背等，琳琅满目。加之现代控温技术下的龙窑柴烧工艺的加入，建盏烧制水平得到进一步提升，出现了许多新的肌理效果。

当代建盏产业，发掘历史上建窑及其相关黑釉瓷器的各种工艺与样式，充实和深化黑釉工艺的同时，也要考虑如何整合黑釉资源，利用现有的烧制技术，促进市场的有序发展。建盏产业需要在与白瓷、青瓷、青花瓷、紫砂、柴烧陶器等热门陶瓷品类竞争的市场环境中，仔细分析黑釉瓷器的优势和不足，开发能发挥黑釉瓷器特长的系列产品；也需要通过与白瓷、青瓷等陶瓷品类，以及金银镶嵌、釦器、漆器等其他工艺品种的相互配合，取长补短，共同发展。

(三) 从地方文化品牌营销的视角

建阳作为建盏文化的发源地，在当前的情势下，可以考虑借鉴景德镇（青花）、德化（白瓷）、宜兴（紫砂）等城市的发展经验，打造建阳"黑瓷之都"这一城市文化名片，依托武夷山的旅游资源，推广建盏文化。同时，也要通过各类评比与展示活动，包装高端产品，推广高端品牌，推介工艺明星，提升建盏这一文化品牌在国内外的影响。

在具体的推广手法上，也要刻意营造建盏的品牌形象。养盏，是时下较为时兴的营销概念。将建盏纳入文玩品，以类似"盘玩"的方式提升观赏性，这种营销方式会令消费者质疑建盏本身的审美品质，并不可取。而那些宣称"建盏能软化水质、改善口感、促进健康"的说法，很难让消费者信服。如果宣传的内容缺乏有力的科学佐证，反而会降低建盏的文化价值。相对而言，通过电影、电视等现代媒体的力量，通过影视作品中的隐性广告来塑造建盏"时尚高雅"的品牌形象，反而是更为务实的举措。

采用龙窑柴烧的工艺来烧制的精品建盏，是近年来的市场热点。然而，目前的柴烧工艺能耗高，也不够环保，不符合国家的环保标准。如果要保证这一传统技艺，还需要改进和研发更清洁的柴烧窑炉，在保证品质的前提下，减少污染，节能降耗。

四、结语

一个行业的发展，是市场化发展的结果，本质上是不以个人意志为转移的。但具体到产品的生产和营销上，个体的创意和灵感，却能实实在在地推动行业的整体进步。工艺美术的发展是技艺与艺术共同作用的结果，没有理论研究的指引，单纯的技艺发展是缺乏方向的，也是难以做大、做强、做深的。

传统的工艺美术代表了工业化时代以前，手工制造业的最高技艺。但在现代工业文化的冲击下，传统手工技艺的重要性也逐渐下降。特别是融合了人工智能的现代加工技术，正在极大地模仿和超越最高超和最经典的手工技艺。当代的工艺美术行业必须要思考如何在审美品格与质感等方面不停地制造关注热点，推出正确的消费概念。文创模式对于建盏行业未来发展的重要性在于，它需要从创新视角、科技视角、社会视角来观察事物，而这种跨界思考的方式，是我们突破传统艺术固有模式所必需的。

当前建盏行业发展最核心的问题是整个行业的发展过于追随市场，缺少明确的发展方向与规划；产品开发能力的不足，更多的是暴露出理论研究薄弱与文化行销能力的不足，而建盏的文化内涵的建设不是短期内靠单一的技能培养和政策扶植能解决的问题。

最后需要补充的是：2017年7月底到8月初，笔者两次前往建阳考察调研，看到一批采用古法龙窑柴烧的精品建盏，部分作品与古代建盏相比，在形制、釉色等方面有了许多新的发展，令人印象深刻。而这两次调研最大的收获是认识了一批勇于探索和尝试的中青年建盏艺人与茶艺师，这让我们有理由对当代建盏的未来发展充满期待。